临安之变

绍兴体制与南宋中兴

郭瑞祥 ◎ 著

浙江人民出版社

图书在版编目（CIP）数据

临安之变：绍兴体制与南宋中兴 / 郭瑞祥著.
杭州：浙江人民出版社，2025.1. -- ISBN 978-7-213-11624-7

Ⅰ．K245.07
中国国家版本馆CIP数据核字第2024UY4605号

临安之变：绍兴体制与南宋中兴
LIN'AN ZHI BIAN:SHAOXING TIZHI YU NANSONG ZHONGXING

郭瑞祥 著

出版发行：	浙江人民出版社（杭州市环城北路177号 邮编 310006）
	市场部电话：（0571）85061682 85176516
责任编辑：	方 程 魏 力
特约编辑：	刘秀芹
营销编辑：	陈雯怡 霍凌云 游赛赛
责任校对：	汪景芬
责任印务：	幸天骄
封面设计：	水玉银文化
电脑制版：	北京九章文化有限公司
印　　刷：	杭州丰源印刷有限公司
开　　本：	880毫米×1230毫米 1/32 　　印　张：10
字　　数：	211千字　　　　　　　　　　　插　页：4
版　　次：	2025年1月第1版　　　　　　　印　次：2025年1月第1次印刷
书　　号：	ISBN 978-7-213-11624-7
定　　价：	68.00元

如发现印装质量问题，影响阅读，请与市场部联系调换。

目录

序　言 //001
楔　子　黄天荡之战与南宋的根基 //001

第一章　行都的考量

西北望长安 //011
天下之腰膂 //016
"绍兴"暗含玄机 //021
"临安"别有深意 //028
番外：运河与城市 //034

第二章　亡国的检讨

"最爱元祐" //044
历史的重新书写 //049
贡举变革与光武故事 //054
洛学异军突起 //060
民族意识和忠义气节 //066
苏轼、黄庭坚与江西诗派 //074
番外：洛学的无趣和有趣 //080

第三章　独裁政治

秦桧来了 //090

秦桧与吕颐浩的角力 //097

从亲如兄弟到水火难容 //105

宋高宗的"专委之道" //111

番外：帝王的宰相策略 //117

第四章　收复的努力

伪齐政权 //127

军阀自主北伐 //131

外交的触底反弹 //137

收复的曙光 //143

六大危机与金齐南侵 //147

移跸建康 //152

番外：长江天堑与南北战争 //157

第五章　历史的转折点

武将跋扈 //165

岳飞的情绪 //172

淮西兵叛 //178

新赵鼎路线 //182

战和之争 //186

金国反目 //192

番外：草创时期的大国外交 //200

第六章 罢兵与议和

顺昌保卫战 //211

差一点收复汴京 //217

钱粮之困 //222

淮西之战 //228

收兵权 //233

岳飞之死 //239

绍兴和议 //244

迎还太后 //252

番外：从抗金英雄到精神偶像 //256

尾 声 苟且的中兴

君相的权力交易 //268

谀颂之风 //274

西湖歌舞 //278

大事记（1130—1142） //286

参考文献 //293

序言

北宋靖康元年（1126），金军第一次南下，包围汴京。宋钦宗仓皇失措，答应战争赔款和割让太原、中山、河间三个要害之地。金人要求押一名亲王作人质，皇室惶恐。关键时刻，宋钦宗同父异母的弟弟康王赵构自告奋勇，慷慨请行，成为宋朝皇族成员中第一位金人的囚徒。

一同被押为人质的还有少宰张邦昌。张邦昌因恐惧而哭泣，赵构不屑："这是大丈夫应当去做的，你像什么样子！"[①]

赵构在金营中的表现相当亮眼。二月，京畿宣抚司都统制姚平仲偷袭金营，金帅完颜宗望召见并斥责人质，张邦昌跪地求饶，不停地辩解皇帝和人质均不知情；而赵构面色如常，对答从容。金国太子让赵构陪他射箭，本打算借机羞辱一番，不料赵构三箭皆中靶心。完颜宗望甚至怀疑他是假冒的——亲王生于深宫，怎会有这般高超的武艺？

---

① ［宋］徐梦莘：《三朝北盟会编》卷三十，上海古籍出版社，2019年，第220页。既行，邦昌垂涕，康王慨然曰："此男子事，相公不可如此。"邦昌惭而止。

种种事例表明，汴京沦落前，赵构有勇有谋，有胆有识，能够担当大事。

然而，登基为帝后，赵构成了宋高宗，却畏敌如虎，一路南逃，最后驻跸临安，屈膝苟安，为后世所不齿。

同一个人，前后反差为何如此之大？

南宋建炎四年（1130）至绍兴十二年（1142），是南宋定鼎的关键时期。日本学者寺地遵称南宋开国至绍兴十二年为"摇篮期"。其实建炎四年前，初建政权一直在逃避金国的军事打击和军事搜捕，根本无暇顾及内政，真正的建国历程应从建炎四年开始。

建炎四年，金军跨过长江，搜捕江南，宋高宗仓皇入海，南宋国家形势跌入谷底。此后，韩世忠在黄天荡阻击金军，岳飞收复建康，金帅完颜宗弼险些丧命。金军退去，北方压力得到缓解，南宋朝廷才有时间、有精力应对内部事务，平定蜂起的盗匪，厘定纷乱的国是，正式建立了影响中国古代数百年的政治体制、军事体制，奠定了基本的文化形态和意识形态。

在内外乱局中，南宋军力强势崛起，不但平定了匪乱，而且具备了与金军抗衡的实力，接连取得和尚原、饶凤关、大仪镇、仙人关、藕塘关、顺昌、郾城、拓皋等重要战役的胜利。就在人们依稀看到收复曙光的时刻，宋高宗却选择了与金国媾和，甘心称臣纳贡、偏安江南，大宋历史在这里激荡起漩涡，而后朝着萎靡不振的方向滑去。

历史的草蛇灰线，在宋高宗选择定都临安那一刻即渐次展开。一切变化，自有因果，皆为临安之变。

定都临安，标志着朝廷把安全作为一切行动的指南，什么国家、社稷、恢复、中兴，在安全面前，都脆弱得不堪一击。定都临安，标志着朝廷失去了收复故土的信念，失去了捭阖天下的雄心，失去了开拓进取的意志，和平成为第一要务，苟全成为安身立命的根本！

临安之变，就是偏安一隅，苟且偷生，"暖风熏得游人醉，直把杭州作汴州"。

临安之变，就是收兵权，杀岳飞，重拾偃武修文、守内虚外的祖宗之法，变得外交软弱，内政苛刻。

临安之变，就是钳制舆论，重兴文字狱，粉饰谀颂之风盛行，朝野奢靡浮华，蝇营狗苟，得过且过，再无开放包容、昂扬向上的社会心态。

临安之变，造成国力孱弱，自始至终受到北方政权的压迫，民族自信心遭受空前打击，民族性格变得极为敏感脆弱。

临安之变，影响深远，表现在诸多方面：重塑了民族性格，民族自觉性极大地增强；意识形态趋于保守，儒学逐渐归于一体，文化模式走向稳定、内向，甚至沉滞僵化；开创了"绍兴体制"，结束了北宋皇帝"与士大夫治天下"的政权模式，中国古代政治进入专制专权时期。

日本学者寺地遵评价："以后的一百五十年间，贯穿南宋朝的基本架构与国家运营大纲，都已在绍兴十二年前的南宋政权确立过程中整备完成。"[①] 虞云国先生则认为，绍兴体制"固然包含着

---

① ［日］寺地遵：《南宋初期政治史研究》，刘静贞、李今芸译，复旦大学出版社，2016年，第230页。

致力于达成和议与固守和议的因素,但当时与其后的实际内涵已超出了政治、军事与外交的领域"①。

而刘子健的观点或许更为深刻:"事实上,就在12世纪持续发展的表象之下,质变已经出现。"②

临安之变引发的这种质变,就是"中国转向内在"!

南宋何以选择偏安?中国何以转向内在?

本书截取建炎四年(1130)四月至绍兴十二年(1142)二月的时间维度,通过具体历史事件、历史现象,全方位地展现南宋初期激烈的政治、军事、文化震荡,揭示南宋疆域上偏安、政治上独裁、文化上沉滞的形成过程和内在逻辑。用通俗的讲述,揭示临安之变、绍兴体制的内涵,回答"南宋何以选择偏安""中国何以转向内在"这两个对历史走向产生深远影响的大问题。

这是一段纷繁复杂的历史,也是一段值得咀嚼的历史。成功与失败,经验与教训,屈辱与荣耀,斗争与妥协,都能够在这里找到理性的反刍与精神的依附。

---

① 虞云国:《南渡君臣:宋高宗及其时代》,上海人民出版社,2019年,第1页。
② [美]刘子健:《中国转向内在:两宋之际的文化转向》,赵冬梅译,江苏人民出版社,2012年,第9页。

楔
子

黄天荡之战与南宋的根基

江南运河自杭州起,过平江府(今江苏苏州)、常州、丹阳至镇江府入海。建炎四年(1130)三月,金国元帅完颜宗弼[①]在两浙追杀宋高宗赵构未果,抢劫了大量金银财帛,装上船只,从这条水路运回北方。

运河入江处,东焦山,西金山,扼守要冲。若在这里设一支奇兵,将筑起坚固的封锁线,金国水师未必能够顺利进入长江。

宋浙西制置使韩世忠早就想到了这一点,率八千水师在这里严阵以待。[②]

与金军相比,宋朝的水师熟悉水战,习惯了船上的颠簸,船上行走跳跃与平地无异。更为重要的是,宋军船大,海船长度可达百步——一步以一米八计,近二百米——是标准足球场的两倍。

[①] 女真名"兀术",即民间所谓"金兀术"。
[②] 关于黄天荡战斗的详细经过,《宋史·韩世忠传》《金史·宗弼传》《三朝北盟会编》《建炎以来系年要录》等几部史书记载较为混乱。本书综合了各书说法,并参考了学者们的研究成果。见周宝珠:《关于宋金黄天荡之战的几个史实问题》,载《史学月刊》1981年第5期。

船上不仅可以载人，还可以跑车跑马，简直就是冷兵器时代的航空母舰。而金军虽善于骑射，骑兵所向无敌，但水师却是其短板，所乘之船也大多是艓子类的小船。

不过，金军势头正劲，自靖康①以来在中原如入无人之境，令宋军闻"金"色变，经常一触即溃。更严峻的是，金军号称十万，以八千对十万，无疑鸡蛋硬碰卵石，这仗能不能赢，委实难料。

要想赢面大一些，就须争取每个机会。

韩世忠推演着战斗的每一步进程和每一个细节：金军遇到宋军船只的阻拦，一定不会贸然开战，而是先观察军情。金山、焦山都已被宋军控制，观察军情的最佳地点只有一处，那就是金山对面的银山！银山树木葱茏，风景幽绝，既是观赏江波的绝佳去处，又是伏击擒拿的最好场所。韩世忠抬头仰望银山，一个大胆的战术在脑海中酝酿……

果如韩世忠所料，当完颜宗弼押解着财物大摇大摆地来到镇江，他本以为会畅通无阻，不料百余艘宋军海船列队江上，舳舻相继，鼓帆如大鹏之翼，旌旗如蔽日之云，气势高昂，跃跃欲战。以前同宋军打仗，哪里见过这样的阵势，完颜宗弼吃了一惊，先自胆怯了三分——眼前的宋军水师，决不似过去的宋军步骑，必须稳扎稳打！

经过简单的观察，完颜宗弼终于发现了地势高兀的银山，登上山可以将江面一览无余。他一边派人到韩世忠营，名义上约战，实际上是试探虚实；一边骑着高马骝驹，带着四名随从亲自上山

---

① "靖康"是北宋最后一位皇帝宋钦宗的年号，北宋在靖康二年（1127）灭亡。

窥视宋军的长江防线。

银山的最高峰，建有一座龙王庙，颇负盛名，是香客祈愿、游客望江的好去处。完颜宗弼带着随从来到庙门前，下马系缰，推门而入。韩世忠早在银山上布下两队伏兵，一队在山下江岸，一队就在庙内！按照事先部署，完颜宗弼进门后，听到江中擂响战鼓，发出信号，岸边的伏兵先冲上来断绝完颜宗弼的归路，然后由庙里的伏兵将其擒获。谁料庙里的伏兵立功心切，还未等鼓声敲响，就贸然冲了出来。金人一看情况不好，回头上马便跑。庙里的宋军在后面猛追，而岸边的伏兵没有得到信号，依然按兵不动。由于两股伏兵缺乏配合，最终只擒获了五人中的两位，其他三人成了"漏网之鱼"。穿绛色长袍、腰盘玉带的敌酋跑得最快，仓皇之中从马上掉了下来，又一跃而起，策马绝尘而去。宋军后来才知道，那个人就是完颜宗弼。

完颜宗弼差点丢了性命，恼羞成怒。回船之后，下令冲击韩世忠船队，与宋军短兵相接，决一胜负。韩世忠亲自驾船冲锋在前，他的妻子梁氏也是女中豪杰，于阵后擂鼓助威，宋军个个争先恐后，拼死向前。宋军船大，金军船小，宋军用带有铁锁的大挠钩将金军小船钩住掀翻到江中，金兵便只有扑腾求救的份儿了。

过不了长江，完颜宗弼一时束手无策，只好向韩世忠献上橄榄枝，打出免战牌。先是承诺把在江南掠夺的财物全部留下，以换取安全北归，韩世忠没答应；又许诺用名马交换，韩世忠还是拒绝。

完颜宗弼见用金钱不能收买韩世忠，又无力对战，只好沿长江南岸溯流而上，目的是绕过韩世忠的防区。韩世忠占据江中，紧追不舍，边追边战，击柝之声日夜不止。两军如猫与老鼠，一个溜墙跑，一个沿墙追，猫时不时地扑过去挠上几爪子。

几天后，宋军将金军逼进黄天荡。

黄天荡在今南京市栖霞山东北，建有湿地公园，芳草萋萋，绿树茵茵，鸟禽交鸣，一派平静和谐的气象。如果不是有一组古代战斗雕像群，如果不了解那段历史，没有人会想到这里曾是一片辽阔的水域，曾发生一场著名的战役，成为宋金战争史上的转折点。

宋时黄天荡横阔三十余里，港汊交错，只有一个出入口，利于水军作战。韩世忠将金军堵截在荡中，这里眼看将成为完颜宗弼的刑场！

完颜宗弼不愿坐以待毙，亲率水军突围，韩世忠凭借大船优势，夹击金军小船，从上面缒下挠钩，不多时便钩沉一只敌船。战斗一个多时辰，二百多金军浮尸水面。金军大窘，把全部船队聚拢在一起，不敢有稍许行动。完颜宗弼亲自走上船头向韩世忠喊话，请求放行，语气极其悲哀，仿佛一只等待受死的麋鹿。而韩世忠悠闲自在地坐在大船船头，取下随身悬挂的金凤瓶，饮了几口醇厚的江南黄酒。韩世忠从容的姿态让完颜宗弼更加沮丧，哀求更切。韩世忠这才慢悠悠地递过话："想让我放你走？也不难。还我两宫，复我疆土，咱们可以相安无事。"①

完颜宗弼感受到前所未有的穷途末路，但很快传来一个令

---

① ［元］马端临：《文献通考》卷一百五十八，中华书局，1986年，第1381页。世忠酬答如响，时于所佩金凤瓶传酒纵饮示之。兀朮见世忠整暇，色益沮，乃求假道甚恭。世忠曰："是不难，但迎还两宫，复旧疆土，归报明主，足相全也。"

他振奋的消息：完颜昌在潍州（今山东潍坊）听闻他被困的消息，派大将太一孛堇前来接应，太一孛堇已经屯兵长江北岸，对韩世忠形成夹击之势。完颜宗弼受到鼓舞，又登船与韩世忠协商。韩世忠这次更不客气，引弓搭箭，振臂要射。完颜宗弼吓得掉头便跑。

完颜宗弼与太一孛堇夹攻韩世忠，但宋军掌握了对付金军的诀窍，加上船大、艺熟、士气高，虽南北接战，却丝毫不占下风，完颜宗弼被困在黄天荡里，仍然无法脱身。

四月十二日，完颜宗弼已被韩世忠围困二十六天，只好再寻其他脱身之策。有人献计：曾有一条老鹳河从这里通向建康的秦淮河，后来被淤塞，如果能挖通老鹳河故道，就可以摆脱韩世忠。完颜宗弼大喜，动员士兵用一个晚上挖了五十里河渠，终于离开镇江到达建康。扬帆启航时，被韩世忠发觉，宋军紧追不舍，金兵驻留建康，仍未能渡江。

完颜宗弼貌似真的走投无路了。但背水一战往往会有奇功！完颜宗弼愿出重金征求对付大船的办法，重赏之下，必有惊喜。有一位姓王的福建人真的给完颜宗弼献上一策：在船上装些黄土，土上铺木板，这样行驶起来既平稳又迅捷，关键是防火！趁江面无风的时候悉数驰出，宋军的大船没有风就无法行动，这时候用火箭射击大船的竹篷，宋军不攻自破。

用火攻的难点是需要在对方的上游攻击，这样才有冲击力，快速点火，速战速决。有了挖河开渠的经验，完颜宗弼故技重施，于四月二十四日夜里再开新河，从白鹭洲西南通往大江，把士兵调到韩世忠的上游。

完颜宗弼听从卜卦的方士建议，杀了一匹白马，残忍地剜了一颗女人的心脏，又在自己的额头上划个口子，滴出血来，以此祭告天地河神，祈求次日风静浪止。果然，二十五日，天色晴好，丽日高照，即使在江面上也感受不到一丝的空气流动。

完颜宗弼一声令下，金军小船一齐冲向宋军大船。宋军的海船虽然张着帆，却难以移动起航，只能被动挨打。一支支火箭从金军小船上射来，矢如雨下，宋军海船的帆篷燃烧起来，火势迅速蔓延，远望大火蔽江，热浪滚滚。宋军海船准备有水陆两战装备，士兵裹有铠甲，战马铁面皮甲，在大火烧烤下，炙烫无比。人乱而号叫，马惊而嘶鸣，唯有江水能够灭火降温，于是人、马落水甚众。

金军趁机擂鼓追袭，震天动地。宋军大败，溃退七十里，将领孙世询、严永吉力战而死。多亏韩世忠事先安排有小船千余艘进行接应，才阻击住金军。

五月十一日，金军焚烧建康后渡江而去。

黄天荡之战最终以韩世忠失败告终，但韩世忠军队只有八千人，而金军号称十万，以八千抵十万，阻挡金军四十多天，败犹胜也。

金人南下以来，宋军接连战败，畏之如虎，往往敌未至而将先逃，或者金人刚到城下，守将就主动献城。包括宋高宗本人，一路南逃，浮舟大海，远涉温州。经黄天荡一战，宋人忽然发现，金军不过如此，我们照样能打胜仗！军民抗金的信心极大地增强了，战争形势发生了微妙的变化。宋高宗听到捷报，高兴地说："金人侵犯以来，诸军率望风奔溃，今岁知世忠辈，虽不成大功，皆累获捷,若益训卒缮兵,今冬金人南来,似有可胜之理。"① 如果好好训练,冬天金军再来,就可以战胜他们了!

参知政事范宗尹则透过这场战役洞察了"天意":"臣观自古临敌取胜,……并非谋画,全是天意。前此兵将望风奔溃,而今岁皆能力战,此天意似稍回。"②

古人认为皇帝拥有天下,是天命,天命不可违,天意大于人为。若天意稍回,大宋自然不会灭亡。

天意也好,人为也罢,黄天荡之战是宋金关系的重要转折点,奠定了南宋与金的对峙局面。自此金人不敢轻言渡江,南宋则将目光转向国内,开始了国家的重建。

---

① [宋]李心传:《建炎以来系年要录》卷三十二"建炎四年四月戊子"条,商务印书馆,1936年,第632页。
② 同上。

第一章
行都的考量

上元节（元宵节）是宋朝最盛大的节日之一。正月十五日前后三天，京城大街小巷张灯结彩，万盏花灯金碧相射，辉映夜空，如山叠锦绣。还有各种杂耍，舞狮子、踩高跷、敲大鼓、划旱船，以及各色艺人走上街头，尽逞显其能。

李清照曾描述上元节的白日："中州盛日，闺门多暇，记得偏重三五。铺翠冠儿，捻金雪柳，簇带争济楚。"周邦彦写夜晚："风销绛蜡，露浥红莲，灯市光相射。桂华流瓦，纤云散、耿耿素娥欲下。衣裳淡雅，看楚女纤腰一把。箫鼓喧，人影参差，满路飘香麝。"宝马雕车，盈盈暗香，火树银花，鞭炮齐鸣，恁是热闹。

而建炎四年（1130）的上元节格外凄清。

这一天，南宋朝廷为躲避金军围剿，漂泊在东海之上，海风呼啸，饥寒交加。士兵们拦截了一艘商船，宋高宗吩咐买下船上所有柑橘，这才一解饥渴之苦。入夜，士兵们在橘子皮中灌上油，点燃后放在海面上漂浮,像漆黑天幕里的繁星,勾起人们对昔日和平与繁华的记忆……

万点灯火在浩渺的大海上闪烁摇曳,构成一幅奇丽的幻境,引得岸上居民纷纷登高遥望。漂泊的皇族,好奇的民众,组成了历史上罕见的逃亡流寓图。这幅图是孤独的,但因为有了民众,又有几分温馨。

这番场景,恐怕会成为宋高宗一生最独特的记忆。

西北望长安

建炎四年(1130)四月,宋高宗赵构经明州(今浙江宁波)回到越州(今浙江绍兴),终于结束了四个多月的海上流亡生活。

三年前,金军攻陷汴京,掳走太上皇宋徽宗、皇帝宋钦宗以及宗亲大臣。作为皇九弟的赵构因在河北而侥幸逃脱,成为除徽宗年仅一岁的幼女外唯一没有北狩的皇室成员。江山残破,社稷无主,赵构被拥立登基,避难江南,是为宋高宗。金人既然与赵宋为敌,就要斩草除根,他们千里奔袭,势如排山倒海,要活捉宋高宗。宋高宗仓皇出逃,漂泊东海。金军主帅完颜宗弼追到海边,恰巧遇到飓风,只能望洋兴叹。听到金军撤退的消息,宋高宗长长地舒了口气,他有一种预感,最艰难的时刻已经过去,赵宋衣冠南渡,终将扎根江南。

宋高宗刚登陆越州,就收到前线捷报:金完颜宗弼率水军回师,三月初一到太湖时,宋统制官陈思恭埋伏在险要之地,袭击完颜宗弼后军,小胜而退;三月中旬,浙西制置使韩世忠率八千水师,将完颜宗弼十万大军围堵在江上湖泊黄天荡里,完颜宗弼苦挨四十多天，后在南人的指点下才侥幸逃脱。

这一战给宋高宗吃了一颗定心丸，也让金人意识到，短期内很难灭掉南宋。完颜宗弼最了解其中实情："江南卑湿，我们连年征战，兵马困顿，粮草也不充沛，现在绝不是南下伐宋的时机。"①

大局初定，是该认真考虑复国的事了。

两宋与两汉不同，东汉开国皇帝刘秀虽是汉高祖刘邦九世孙，但若论血统根本轮不到他，他的江山是一刀一枪打下来的。而宋高宗的天下完全来自皇子、皇弟的身份，来自家族传承。从法理上讲，南宋还是徽、钦二宗那个"宋"，从没有亡过，只是丢失了北方的大片领土。所以，对于南宋君臣来说，重建国家不能叫"建国"，而叫"中兴"。法律上的都城还是汴京，现在皇帝安身的地方只能叫"行在"或者"行都"。

不管用什么名称，定都是当务之急，毕竟安身才能立命，"万乘所居，必择形胜以为驻跸之所，然后能制服中外，以图事业"②。

宋高宗与宰相吕颐浩商量："越州不能久住，住时间长产生惰性，就不想走了，那可不行。"③ 当时南宋还拥有关中、四川、淮河以南大部，以及河北部分疆土，越州在两浙路东部，地理位置偏于一角，交通也不便利，不是"形胜"之地，并不适合作行都。

---

① [清] 毕沅:《续资治通鉴》卷一百一十三"绍兴四年六月"条，中华书局，1957年，第3013页。至是，诸将会议，宗翰坚执以为可伐，宗弼曰："江南卑湿，今士马困惫，粮储未丰，恐无成功。"
② [宋] 李纲:《李纲全集》卷七十八《奉诏条具边防利害奏状》，王瑞明点校，岳麓书社，2004年，第793页。
③ [宋] 李心传:《建炎以来系年要录》卷三十二"建炎四年三月乙丑"条，商务印书馆，1936年，第625页。上曰："……朕以谓会稽只可暂驻，若稍久，则人怀安而不乐屡迁。"

吕颐浩主张驻跸浙右。古人以西为右，浙右即两浙西路，包括杭州、平江、镇江、湖州、常州、严州（今浙江建德）、秀州（今浙江嘉兴）等地。

御史中丞赵鼎主张去荆襄一带，并精准地指出行都设于江陵府（今湖北荆州）。

对于应设都哪里，宋高宗举棋难定。建炎四年（1130）六月，专门下诏"侍从、台谏、诸将集议驻跸事宜"[1]。

然而，群臣各有主张，一直难有定论。

宋高宗即位是在北宋的南京应天府（今河南商丘），定都当然首先会考虑应天府。应天府是宋太祖赵匡胤的龙兴之地，又在南北之中，大运河过境，漕运方便，这些都是定都的优势。这里距汴京仅二百五十里，在这里定都，最终瞄准的还是汴京。名将宗泽、李纲等都曾劝赵构驻跸中原，领导抗金斗争，当时任武翼郎的岳飞上书"臣愿陛下乘敌穴未固，亲率六军北渡，则将士作气，中原可复"[2]。但定都汴京和应天府都不现实，这里一马平川，无险可守，北宋八十万大军尚且抵御不了金军，何况此时各路大军已被打得落花流水！宋高宗对这些建议束之高阁，还斥责岳飞小臣越职言事，将其革去军职。

排除了中原，建都候选地集中在三个区域：关中、京湖、江南。

一年前，大臣张浚提出经营川陕，认为应把长安作为都城，监登闻检院汪若海也认为"天下若常山蛇势，秦、蜀为首，东南

---

[1] ［元］脱脱等：《宋史》卷二十六《高宗三》，中州古籍出版社，1998年，第83页。
[2] 同上书，卷三百六十五《岳飞》，第1679页。

为尾，中原为脊；将图恢复，必在川陕。"① 这里的"秦"即关中，犹如蛇之头部，最为重要。宋朝之前，西周、秦、西汉、隋、唐都是从关中得天下，在大多数人的认知中，关中是全国的要领，是汉人的"郡望"，抓住了关中，就可以撼动天下。

如果可能，谁不愿定都长安呢？宋高宗颇为心动，任命张浚为川陕宣抚处置使，为移跸关中做准备。

不过，定都关中只是追忆历史的幻想，并不适合当下的形势。整个宋朝，江南鱼米之乡，钱粮充沛，最为富裕，而关中战争频繁，农业生产滞后，经济相形见绌，特别是粮食供应不足。宋朝的物资输送主要靠水路漕运，从江南到关中，来回万里，运金钱、布帛这些轻物资尚可，运粮食、器械就太难了！即便从四川运粮到关中，要翻越秦岭，也殊非易事。况且盗匪横行，金军觊觎，风险极大。

吕颐浩为宋高宗算了这笔经济账，而张浚又传来消息，关中粮食只能供给一万人！宋高宗一下子泄了气：这些粮食怎么能养活庞大的军队？！行在如果设在关中，吃喝难题不好解决。

御史中丞张守想得更全面一些，他上书极言其不可：

> 五军将士，禁卫班直扈从，久劳人思息肩，一旦复为万里之行，跋涉险远，必生肘腋之变。……东南今为国家根本之地，陛下既已远适，则奸雄必生窥伺之意，则是举根本之地而弃之。②

---

① [清] 毕沅：《续资治通鉴》卷一〇五"建炎三年五月戊寅"条，中华书局，1957年，第2763页。
② [宋] 张守：《毘陵集》卷七，载《钦定四库全书·集部四·别集类》，影印古籍。

张守说出了一个宋高宗不愿想、不敢想的问题：将士们长途跋涉，容易发生兵变！将士们从中原跟着圣驾到了江南，实属不得已而为之，因为金人在后面如豺狼虎豹似的追赶着。即便如此，建炎三年（1129）三月，侍卫军将领苗傅、刘正彦还是在杭州发动兵变，逼迫赵构退位，幸亏二人见识短浅，驻守长江防线的张浚、张俊、吕颐浩、韩世忠、刘光世驱兵救驾，时任宰相朱胜非在朝中斡旋，才平息了叛乱。现在好不容易江南有所安稳，如若又要远涉险阻，将士难免怨声载道，谁能保证不会再发生一次"苗刘之变"呢？！

宋高宗对"苗刘之变"心有余悸。军队不稳，是他最不愿看到的。

乱世生匪盗，君臣被金人搜山检海，自顾不暇，境内盗贼、匪寇蜂拥而起，趁机打家劫舍、奸杀抢掠，无恶不作。张守的第二层意思就是，朝廷这时候离开，江南的局势怕难以收拾。

没有了江南，就失去了税收和经济来源。所以江南为国家根本之地，绝不能丢。

上述这两条理由，击中了赵构和流亡朝廷的要害，看来移跸关中不可取。

正犹豫未定之际，形势突变，关中也被金军占领了。

秋冬之际，江南没有那么濡湿，水浅河窄，适合骑兵作战，北方游牧民族一般会选择在秋冬南下劫掠，所谓"沙场秋点兵"是也。事实上，自靖康元年金军围攻汴京，每年秋冬都要对南方进行一次扫荡。张浚在关中经营川陕，他担心建炎四年秋冬金军对江南再来一次搜山检海，为了减轻朝廷的压力，决定在陕西开展"秋季攻势"，牵制金军。

是年七月，张浚发布檄文，公开对金宣战。金主听到陕西战报，下令驻扎在南方的重兵向陕西进发，一路由完颜宗弼率领，一路由完颜娄室指挥。

九月，张浚将陕西所有军马，共永兴军路、环庆路、熙河路、秦凤路、泾原路五路大军号称四十万士卒、七万匹战马集结在耀州富平地区，由熙河路经略使刘锡协调指挥，迎战金军。吴玠等几位将领反对这种一战定乾坤的赌博式作战，张浚却以纾困江南为由，一意孤行。

九月二十四日，金军骑兵如山呼海啸般杀向宋营。宋军各路军马仓促应战，各自迎敌，统一指挥失灵。宋环庆路赵哲部行动缓慢，军容不整，赵哲又擅自离阵，士兵信心动摇，败象显露。众军见状，乱哄哄喊道："赵经略跑了。"①喊得人心惶惶，各路无心再战，宋军大溃，金军攻占了陕西大部。

宋军被迫全线扼守秦岭，防止金军一鼓作气进击四川。

陕西丢失，驻跸关中的议论自然偃旗息鼓。

天下之腰膂

川陕方案流产，但张浚还有"备选方案"。他去经营川陕时，把长安作为今后行都之所，建议皇帝先驻跸鄂州（今湖北武汉），留当时最有作战能力的韩世忠镇守江淮，形成川陕、京湖、江淮三大地缘板块首尾相应、声援相接的格局。

---

① ［宋］李心传：《建炎以来系年要录》卷三十七"建炎四年九月癸丑"条，商务印书馆，1936年，第712页。敌更薄环庆军，他路军无与援者。会哲擅离所部，将士望见尘起，惊遁，军遂大溃。哲旗牌未及卷，众呼曰："环庆赵经略先走！"

南宋所谓京湖是京西南路、荆湖北路、荆湖南路的统称，京西南路包括邓州、襄阳一带，就是现在的河南南阳、湖北襄阳及其周边，荆湖北路、荆湖南路大致相当于现在的湖北、湖南。

朝廷坐镇襄阳、鄂州或者潭州（今湖南长沙），主要从地缘政治考虑。南宋统治区域，京湖居中，长江、汉水通达各地，便于调度，掌控全局。

以襄阳为例，西有武当山，东有大洪山，两山相夹，形成一条南北长二百里的狭长通道，襄阳正位于通道的北口，相当于这条通道的关隘。水路方面，汉水从襄阳西境而入，环绕北、东两面调头南下，上游是汉中平原，下游过江陵通鄂州，直达江南。扼守住襄阳，就能锁汉水而控荆豫，是连接中原、荆湖、汉中、江东的十字路口。中原有之，可以浮汉入江，并东南；东南得之，亦可以图西北，实"天下之腰膂"[1]。

每逢天下骚动，襄阳都是关注的焦点。三国时期诸葛亮"隆中对"规划两条线路伐魏，其中一条就是从荆州夺襄阳而得洛阳。[2]后来，关羽从荆州北伐，围攻襄阳以及附属的樊城，利用汉水暴涨的时机水淹七军，逼降于禁，擒获庞德，威震华夏。可惜被东吴偷袭江陵，抄了后路，功败垂成。[3]

---

[1] ［清］顾祖禹：《读史方舆纪要·湖广方舆纪要序》，中华书局，2005年，第3484页。"夫襄阳者，天下之腰膂也。"

[2] ［晋］陈寿：《三国志·蜀志》卷三十五，中州古籍出版社，1996年，第212页。（诸葛）亮答曰："……天下有变，则命一上将将荆州之军以向宛、洛……"

[3] 关羽围攻襄阳，事见［晋］陈寿：《三国志·魏书》卷一、卷九、卷十八，中州古籍出版社，1996年，第6页、63页、127页；《三国志·蜀志》卷三十六，中州古籍出版社，1996年，第219页。

东晋太元三年（378），前秦伐东晋，以襄阳为突破口，攻占襄阳后浮舟东下，与东晋会战淮南。

南宋灭亡，始于襄阳之战。蒙古围困襄阳用了六年，而从襄阳出发迫降京城临安，只用了一年又四个月。襄阳的战略意义不言而喻。

如果把天下比作一个人，川陕是头部的话，襄阳一带就是心脏。以襄阳、邓州为行都，自有道理。

但这个方案很早就被剔除了，原因跟汴京、应天府差不多。襄阳向北，一马平川，更利于骑兵作战，防守不足，在敌强我弱的情况下，驻跸襄阳、邓州实在危险。宋金战争的事实验证了这一点，建炎二年（1128）金人焚烧邓州，在这里为驻跸准备的大量物资尽被劫掠。

鄂州也位于战争前沿，不利于迅速撤退。

如果从退守的角度考虑，当然还可以考虑江陵甚至长沙。武当山、大洪山在北面形成天然屏障，向南有湖南、两广作为纵深，便于腾挪。因此，赵鼎认为，荆襄左顾川陕，右视湖湘，下瞰京洛。如果以公安为行阙，屯重兵于襄阳作为屏障，可以通过江汉将江浙的粮食运到川陕，将来兵出川陕，进取中原。

驻跸京湖的另一个好处是，能够很方便地从广西、湖南获取军事资源。广西、湖南相对偏远，这里生活着大量峒蛮原生居民，秦汉以来，一直是羁縻地区，有自己独立的武装，民风彪悍，作战潜力大，如果能将他们纳入军事体系，无疑是强大的国防力量。

宋高宗曾就定都之事询问武将意见，御前右军都统制张俊、御营都统制辛企宗支持京湖方案，建议高宗自岳州、鄂州幸长沙。

而韩世忠坚决反对：

> 国家已失河北、山东，若又弃江淮，更有何地？①

皇帝广纳言论，诸将各自发表意见，本属正常，但赵构从中窥到玄机，背后向吕颐浩发牢骚说，张俊、辛企宗让驻跸湖南，是他们贪生怕死，为了逃避金军啊！金军所依仗的是骑兵，浙西水道纵横，才是限制骑兵的最好地形。赵构认为，如果人心动摇，逃到哪里都是敌国，即使四川、两广也难以避敌。

在这一点上，赵构把形势看得透彻：同样是京湖地区，如果把都城建在襄阳、邓州，那是积极进取之态，可以出南阳、向洛阳，收复中原。若要向长沙，那是为了留后路，时刻准备向两广、四川逃亡。

张俊、辛企宗这样的武将，缺乏置之死地而后生的勇气。

尽管如此，支持京湖的声音依然很大，宰相吕颐浩、御史中丞赵鼎、起居郎胡寅这些皇帝身边的近臣，都曾是京湖方案的推动者。赵构把京湖方案当作一个选项认真对待。建炎四年（1130）六月，任命谢潜为荆南镇抚使，其中心位置就是江陵，诏其筹备巡幸事务，并且在婺州（今浙江金华）、信州（今江西上饶）、饶州（今江西鄱阳）、归州（今湖北秭归）、峡州（今湖北宜昌）、夔州（今重庆奉节）储备粮食、准备船只。而这条道，

---

① 见［宋］李心传：《建炎以来系年要录》卷二十七"建炎三年闰八月丁亥"条，商务印书馆，1936年，第532页。

正是从江南通往荆南然后进入川蜀的线路。

但朝廷最终还是放弃了京湖方案，连象征性地巡幸一次都没有。从道理上讲，正如赵构所言，无论驻跸江陵还是长沙，都是退守之势，若论退守，江南本身就利守不利攻，再行移跸确实意义不大。

赵构不愿移跸京湖，还有一个原因，京湖匪寇蜂起，是当时最乱的地区之一。据《续资治通鉴》："时江北、荆湖诸路盗益起，大者至数万人，据有州郡。朝廷力不能制，盗所不能至者，则以土豪、溃将或摄官守之，皆羁縻而已。"[①]一是盗寇，二是土豪这些地方武装，三是从前线溃退的军队，他们名义上归顺南宋，实际上占地为王、据地为质，根本不听朝廷号令。

张用、曹成、马友、李宏四人曾是河北、中原一带的乡兵，金人围汴京时，他们各自拉起队伍勤王，结义为异姓兄弟。北宋灭亡后，作为抗金力量中的一支，他们受开封留守宗泽调遣。

宗泽死后，杜充继任，各地收编的义军屯驻在开封周围，拱卫京城，其中张用屯城南，王善屯城东，岳飞、桑仲、李宝等屯城西。杜充生性残忍，专断好杀，对义军猜忌、排斥。张用部队最盛，是杜充重点抑制的对象。

建炎三年（1129）正月十六，杜充派城西的部队突袭张用、王善，挑起义军内讧。尽管岳飞反对，但军令如山，不得不执行。张用、王善不能抵御，引兵南下，沿途抢掠为生，成为流寇。后

---

① ［清］毕沅：《续资治通鉴》卷一百〇七"建炎四年五月甲辰"条，中华书局，1957年，第2832页。

来王善投降了金军，张用在京西路一带作乱，建炎四年被知鄂州李允文招安。曹成、李宏、马友等遭遇跟张用差不多，也被李允文招安，屯驻在荆湖一带。

宋高宗深知，这些人靠不住。如果行在设在京湖，他们将是重大隐患。而赵构信任的韩世忠、张俊等将领，均布防在江淮一带。

不仅贼寇横行，地方军阀也包藏祸心。知鄂州李允文受张浚赏识才领兵驻防，其野心很大，依仗张用、曹成这些匪军，拥寇自重，不服从朝廷调遣，拒绝朝廷委任的官员，在江面上拦截四川等地上贡朝廷的物资，私刑杀害弹劾他的岳州（今湖南岳阳）守臣袁植，渐渐成为割据一方的军阀。李允文还指使、放纵张用、曹成等部属到湖南抢劫，将京湖地区搞得乌烟瘴气。

宋高宗在越州立足未稳，李允文就上书请求圣驾巡幸鄂州。这样的军阀，无异于汉末之董卓，赵构怎能放心？自然予以回绝。

大多数朝臣也不愿意离开江南。江南富庶，相对稳定，谁愿意放弃繁华锦绣之地，而栖身于偏远蛮荒之土呢？当年赵匡胤想把都城从开封迁到较为险要的洛阳，就因为洛阳漕运不便、经济凋敝、不如汴京繁华而阻力重重，不了了之。

江南还是税赋所在，失去江南，朝廷的存在还有多少意义？！张守和韩世忠都说到了要害：东南今为国家根本，根本之地不能丢！只有把控住国家财赋来源之地，新朝才有立国的可能。

道理越辩越明，南宋君臣越来越倾向于将都城设在江南一带。

"绍兴"暗含玄机

传统话语中的江南，不仅是地理概念，也指生活习惯和文化习俗上的认同。宋朝设有江南东路、江南西路和两浙路，江南西路约略相当于现在的江西，江南东路和两浙路约略相当于现在江苏南部、安徽南部和浙江省。江南东路和两浙路，就是一般意义上的江南。江南的重要城市有建康、杭州、越州、镇江、平江、明州等，扬州、真州（今江苏仪征）等在长江北岸，属于江淮东路，但通常也被认为是江南城市。

扬州与镇江隔江相望，是大运河的重要节点城市。早在唐代，扬州就与泉州、广州、交州（今越南境内）并列为四大贸易港[①]，其繁华程度号称全国第一[②]。

习惯了汴京的豪奢，能驻跸扬州也不错。

宋高宗曾于建炎元年（1127）视察扬州，一直住到建炎三年二月。但正如学者曾祥波分析的那样，扬州的劣势非常突出：

> 扬州作为南方政权在长江以北的最后一个重要驻守城市，向来都是北方入侵者席卷之势达到顶点时的一个"祭旗式"的牺牲品。试想，北方军队从黄淮平原一鼓作气南下，眼看就要直抵长江，在北岸稍作休整，即可渡江一统南方，而扬州横亘眼前，成为北方军队休整之前需要最后攻克的据点。北人亟需喘息，南人背水一战，就此铸成了历来扬州战况之惨烈，以及由此带来的对扬州的报复性屠城的频繁发生。……由此可见，虽然扬州地处运

---

① 麻健敏：《略述南宋对泉州蕃客的政策——兼论阿拉伯商人对繁荣泉州所起的历史作用》，载《中央民族大学学报（哲学社会科学版）》1990年第6期。
② ［宋］司马光：《资治通鉴（精装典藏本）》卷二百五十九，［元］胡三省音注，中华书局，2013年，第26册，第8660页。"先是，扬州富庶甲天下，时人称扬一益二。"

河系统的枢纽位置，漕运便利，可以满足建都的经济要求，但就军事地理的意义而言则总是处于背水而战的绝境，不符合建都的防御要求。①

建炎三年（1129）二月，金军南下，宋高宗仓皇逃离扬州，暂驻杭州，从此再未讨论过建都扬州的事。

江南最有建都资格的应数建康。建康旧称金陵、秣陵、建业、江宁等，秦朝时就传言有"都邑之气"，秦始皇因此放心不下。②三国孙吴最早在此建都，此后东晋和南朝宋、齐、梁、陈"相继沿袭"。在一般人心中，建康是建都首选之地，正如吏部员外郎廖刚所言，定都的事根本不用商议，凡在东南建国的，肯定都城在建康。中书舍人胡安国则把建康比作关中、河内，汉高祖从关中争夺天下，光武帝得河内而中兴汉朝，宋朝复兴只能以建康为基业。赵构建炎三年的诏书也说："钱塘（这里指杭州）非久留之地，便当稍进，务要驻江宁，经理中原。"③

金人退去，廖刚和翰林学士汪藻便催促尽快定都建康。考虑到刚刚经历战争，淮西还没有稳定下来，十室九空，田地撂荒，建康北面失去屏障，汪藻建议派刘光世或吕颐浩在淮西营建军事据点，稳定人心，驱逐群盗，进而开展屯田，吸引老百姓返乡耕种。

朝中的主流声音是定都建康，但正如汪藻所言，现在移跸还

---

① 曾祥波：《南宋初年的建都之议及其影响》，载《国学学刊》2014年第1期。
② ［唐］李吉甫：《元和郡县图志》卷二十五，贺次君校，中华书局，1983年，第594页。
③ ［宋］佚名：《建炎维扬遗录》，载《全宋笔记》第四编八，大象出版社，2008年，第84、85页。

不现实，原因依然是时局动荡，天子不能立于危墙之下。

江淮比较有影响的匪寇有两拨：李成和戚方。

戚方原为江淮宣抚使杜充的部将，杜充任建康守臣时投降了金军，戚方带领手下数千兵卒流窜到镇江。镇江由韩世忠驻守，但韩世忠抗击金军去了，城内空虚，戚方杀掉浙西安抚使兼知镇江府胡唐老，蜕变成一支叛军。

建炎四年（1130）三月，戚方破广德（今安徽广德），接着围困宣州（今安徽宣城）。宣州告急，朝廷急令驻守苏州的统领官巨师古、驻守常州的统领刘晏前去支援。

刘晏援军先到，他自恃骁勇，率人马直捣戚方大帐，戚方败退。刘晏立功心切，单骑在后面紧追不舍，被戚方断了后路，中埋伏而死。

巨师古到后，率援军三千与戚方作战，也不能获胜，只好暂时退入城中，固守城池。几天后，乘叛军骄急，抓住机会，突然从城中杀出，大败叛军，解了宣州之围。戚方围困宣州二十九天，宣州城墙被摧毁数十丈，险些城破。

六月中旬，朝廷腾出手来，诏令浙西江东制置使张俊镇压戚方，张俊令部将王再兴攻其前，统制官岳飞断其后，戚方无路可走，乞降。赵构亲自召见戚方，封他为武翼大夫。

李成也是抗金战争中崛起的民兵武装，战乱中南下。有相面的恭维李成有王侯之相，助长了他的野心，遂走上叛国自立的道路。他带兵攻打宿州，转而扰掠淮西诸镇。此后李成走投无路或者经济拮据时，就接受南宋招安，向朝廷索要军饷、粮食和布匹。休养生息之后，再次叛乱，称王称霸。

建炎四年（1130）年初，李成趁金军南下，南宋君臣亡命海上，率部队攻占了六安（今安徽六安）、舒州（今安徽潜山），并杀死朝廷命官。为了稳住李成，朝廷不但没有追究，还任命他为舒、蕲、光、黄镇抚使，兼知舒州。而李成除了向朝廷索要物资，依然我行我素，对诏令一律不理不睬。

是年冬天，李成进犯江州（今江西九江），攻破城池，大肆掠夺；随后又占据了筠州（今江西高安），大有席卷东南之势。这时福建还有范汝为作乱，朝廷腹背受敌，处境十分艰难。遍视全国，只有越州周边比较安宁，只好多静少动。

江北、江西虽然不得安宁，但总的来看，全国形势向好。截至建炎四年（1130）年底，金军已全部退到淮河一线，洞庭湖钟相、房州桑仲、浙西戚方、福建范汝为这些大的叛乱或被镇压，或接受了招安，李允文、张用等矛盾还没有激化，张俊、杨沂中、岳飞这些大将暂时无事，专职平叛，很快将收拾掉李成。过去的藩属好久不联系了，今年安南（今越南）竟遣使者请求恢复朝贡。种种迹象表明，时局转危为安，国家正在恢复元气，走向正轨，赵构心情大好。

绍兴元年（1131）大年初一，太阳从地平线上升起，宋高宗率领百官在行宫北门，遥拜徽、钦二帝。

若是以往在汴京，元旦要举行大朝会，皇帝率文武大臣于大庆殿庆祝新年，接受辽、西夏、高丽、回纥、于阗、三佛齐、南蛮、真腊、大理、大食等国使臣朝贺。冬至要举行盛大的冬祀仪式，皇帝提前三天夜宿大庆殿，次日五更起身，戴通天冠，着红色龙袍，手持玄圭，乘坐玉辂，到太庙祭祀先祖；再次日出南熏门，郊祭昊天大帝。①

时移世易，如今仓皇，诸多礼节能省则省。只是君君臣臣、父父子子，这是人伦大常，况且他们尚在人世，不拜即不敬。自去年冬至开始，宋高宗安排了遥拜的礼仪，以后形成制度，每年元旦举行，以示不忘靖康之耻，迎回父兄宗室，致力大宋中兴。

遥拜礼毕，宋高宗下诏改元"绍兴"。改元诏书中解释了年号的含义："绍奕世之宏休，兴百年之丕绪。"②大意是，继承累世之洪福，中兴百年的基业。

至于为什么要改元，曾两次为相的朱胜非给出的非官方解释为："人言建炎多盗，炎字是两火。"③当初选用"建炎"这个年号，是因为按五行学说，宋属火德，建炎即"绍建隆开国之基，用赫丕图，益光前烈"④，光大太祖皇帝祖业的意思。南渡以来，匪寇横行，人们从年号上检讨，认为火太盛，是盗贼出没的象征；又把"炎"字拆开，两火若即若离，让人想起二帝不能归国，以为不祥。

这样的解释当然浅妄，但皇帝比常人更迷信，经历过步步惊心的日子，过够了朝不保夕的生活，宋高宗希望能够稳定下来，重拾信心，唤回生机，只能寄托于年号了。

---

① 据〔宋〕孟元老：《东京梦华录》卷十，载《全宋笔记》第五编一，大象出版社，2012年，第152、153页，第182—185页。
② 〔清〕徐松编：《宋会要辑稿·礼五十四·改元诏》，刘琳等校点，上海古籍出版社，2014年，第1957页。
③ 〔宋〕朱胜非：《秀水闲居录》，载《全宋笔记》第九编一，大象出版社，2018年，第378页。
④ 〔清〕徐松编：《宋会要辑稿·礼五十四·改元诏》，刘琳等校点，上海古籍出版社，2014年，第1956页。

细究起来,"绍兴"两个字或能代表宋高宗的政治追求和社会的主流舆论:太祖那样的基业难以企及,只盼望能收复故土,中兴大宋。比起"建炎",在目标上确有萎缩,不过更切合实际了。

行都的选择,考量的也是"建国"和"中兴"。主张向南比如选择江陵、长沙、杭州、越州的,思路是先建国,再中兴,先安定下来,再徐图中原。主张向北的比如选择长安、襄阳、建康、扬州的,他们把建国与中兴捆绑起来,认为二者一体,大宋不能只偏安东南,收复故土之时,是国家再建之日。

宋高宗将年号定为"绍兴",说明他还不忘理想,其中蕴含的意思,更倾向于建国即中兴,想得更多的还是抗击金军,再现大宋荣光。同时,他也脱去浮躁,不像"建炎"时期那样天真和张狂了。

这年十月,西北传来战报,金军试图突破秦岭防线,进入汉中,吴玠在和尚原(今陕西宝鸡西南)阻击金军,大获全胜,金军主将完颜宗弼身中两箭,剃发割须,伪装成士兵才侥幸逃脱。

宋高宗大喜,遂决定离开越州,找一个更适合作都城的地方。越州守臣陈汝锡无比留恋短暂的行都荣耀,请求皇帝为越州赐名题匾,因为中兴之功从越州开始,不能不留下纪念。按惯例,皇帝驻跸的地方应当由州升府。十月二十六日,宋高宗以年号为府名,改越州为"绍兴府"。

看来宋高宗真的很喜欢"绍兴"二字,认为能给他和这个国家带来好运。

绍兴二年(1132)正月初十,新年刚过,宋高宗依依不舍地离开绍兴府,不过此行的目的地不是大家认可的新都建康,而是杭州。

"临安"别有深意

杭州的"杭",作名词指"小木船",作动词意思是"摆渡",总之与水有关。

杭州正是一座水城。南边有钱塘江临城而过,秦汉在此地设县,取名"钱唐县",唐朝时避国号讳,写作"钱塘"。城西有湖泊,就是著名的西湖,白居易对它情有独钟,"最爱湖东行不足,绿杨阴里白沙堤";苏轼为它倾倒,"欲把西湖比西子,淡妆浓抹总相宜"。

魏晋之后,中原多事,江南相对安定富饶,统治者想方设法把江南的货物运到中原,其中重要的手段是疏浚河道,发展漕运。隋朝修建了浙西运河,连通长江和钱塘江,南起点就在杭州,北至镇江,过长江通过邗沟、汴水、永济渠,连接起黄河、淮河、海河,这就是著名的京杭大运河。

京杭大运河为杭州的发展提供了腾飞的机会,到唐开元年间,人口达八万六千户,是隋朝时的六倍。到宋初,杭州人口十万户;北宋末二十万三千多户,超过了江宁、苏州,成为江南人口最多的州郡。

经济上,唐朝开元年间,杭州商税每年50万缗,占全国财政收入的二十四分之一。北宋熙宁十年(1077),朝廷在杭州及下辖九县征收的夏税是:绢95831匹、绸4486匹、绫5234匹、绵5.4万两。[①] 北宋末年杭州所在的两浙路,税收占全国十九路的

---

① 林正秋:《南宋定都杭州的经过与原因》,载《杭州:生活品质》2008年第3期。

三分之一。[①]

北宋柳永的一首《望海潮》，道尽了杭州的繁华：

东南形胜，三吴都会，钱塘自古繁华。烟柳画桥，风帘翠幕，参差十万人家。云树绕堤沙，怒涛卷霜雪，天堑无涯。市列珠玑，户盈罗绮，竞豪奢。

重湖叠巘清嘉，有三秋桂子，十里荷花。羌管弄晴，菱歌泛夜，嬉嬉钓叟莲娃。千骑拥高牙，乘醉听箫鼓，吟赏烟霞。异日图将好景，归去凤池夸。

杭州虽好，但自古以来很少被作为都城，只有五代吴越国一家而已。那是因为吴越国地域狭小，没有可都之城。大臣卫肤敏曾论述杭州不可为都，指出想要在这样偏僻的地方号令四方，指挥恢复中原，简直不可想象。

宋高宗基本上没有考虑过把杭州作为都城，但喜欢把这里作为歇息之地。建炎三年（1129），在乱局中临时驻跸杭州两个多月，其间发生了苗刘之变。这年七月，升杭州为临安府。

宋朝的府与州平级，但政治地位高一些。州升府会更换名称，另赐美名。常规的取名方法，是用辖区县名为府名。比如宋徽宗政和六年（1116），升寿州为寿春府，寿春源自寿州下面的一个县。至于"绍兴"，则是特例。

杭州升为临安府，也遵循了一般的改名规律，临安是杭州下

---

① 郭瑞祥：《宋徽宗：皇帝、艺术家、俘囚》，万卷出版公司，2023年，第145页。

辖的一个县。

问题是，杭州下辖九个县，治所在钱塘县、仁和县，临安县与州治之间还隔着余杭县，以县名为府名，怎么也轮不着临安吧？宋高宗弃钱塘、仁和、余杭这些名字不用，独独选用临安，应别有深意。

其一，被金人追得狼狈鼠窜，身无所寄，最难得一个"安"字。临安的"安"，寄托着宋高宗最迫切的诉求。

其二，当时基本形成共识，要把行都定在建康。建康在北宋叫江宁府，在六朝为都时却一直使用"建康"这个名字。建炎三年（1129）五月，赵构专门将其名称由江宁府改为建康府，定都之意十分明显。而临安府的"临"字，说明只是暂时驻跸在这里，不会长期作为行在。

"临安"二字，一个字都没有浪费。府名叫作"临安"，用意昭然若揭。

不能长期把临安作为都城，因为比较而言，建康的优势太过明显。

建康是长江的重要节点城市，国家的指挥中枢设在长江，调度便利。建康上游有合肥、九江、鄂州、江陵、襄阳，下游有镇江、平江，皇帝巡视方便，容易构筑坚固的沿江防线。

建康向北是两淮，向南有吴越作为纵深，进可攻，退可守，无论收复中原，还是长久对峙，都是两宜之地。而杭州偏安一隅，有被压迫的感觉。

建康犹如一块高地，临安犹如一块滩涂。从战略上讲，任谁都不可能舍建康而都临安。

只有经济上临安略胜建康一筹。北宋大文豪欧阳修在《有美堂记》曾对二地进行比较，翻译成白话就是：

如果说交通便利，运输方便，物产丰饶，人口众多，又兼山水秀美，给富贵的人以娱乐，只有金陵和杭州这两座城市。这两座城市在五代乱世中幸免于难，保存了下来。然而，金陵归宋朝比较晚，现在江山虽在，城池已坏，许多地方变成了荒烟野草，来这里瞻仰的人，无不感到惋惜和凄凉。只有杭州，前朝吴越国顺应大势，主动向宋朝献上土地，没有发生战争。现在杭州的老百姓富裕安乐，熟悉手工艺。这个城市建筑华丽，有十万多家，掩映在湖光山色之中。从福建来的商船，扬帆破浪，出入于江涛浩渺的烟霞之中，真是繁华！

宋朝攻取后唐时，建康经历了炮火，经济和商业上开始落后于杭州，此后差距越来越大。

考量地利和经济，都是定都的理论指导。一些现实因素，才会对决策产生决定性影响。

长江之北是淮河，如果宋军能稳固地守住淮河，位于长江边上的建康自然安然无恙。如果淮河防线被金军轻易突破，建康马上就暴露于金军铁蹄之下，成为边防前线。这时候，皇帝会面临艰难选择：逃，还是不逃？临战而逃，势必军心崩乱，建康防线等同虚设；如果不逃，万一城破，不仅北狩的名单中会再添上赵构的名字，而且大宋社稷恐无人托付了。

相反，如果驻跸临安，即使金军饮马长江，也不必过于惊慌，还有长江防线在！万一建康沦陷，皇帝可以很从容地浮舟东下，海上避难，就像建炎三年年底一样。

所以能不能守住淮河防线，才是决定都城选择的关键！

那么淮河防线牢固吗？当时与金军作战，形势虽有好转，偶有小胜，但总体来看，金军仍对宋军具有碾压优势，进出江淮如入无人之境。比如绍兴四年（1134）、绍兴十一年（1141），金军都轻松地跨过淮河，进入过两淮腹地。所以，所谓淮河防线，指的是两淮一大片缓冲地带，并非牢固的关隘式咽喉。

绍兴元年（1131）正月二十日，宋高宗与辅臣闲聊，表露了自己的心态。他说，靖康中入宫见宋钦宗，谈及金军南侵，劝宋钦宗离开京城，躲避金军锋芒。宋钦宗说，朕要守社稷，不能出走。当金军兵临城下，包围汴京时，宋钦宗给他写了一封信，后悔当初没有采纳他的建议。宋高宗由此感慨："那个时候小人当道，鼓动皇帝用兵，不自量力，才导致今天的祸端。"①

这段话藏于心底，一直是宋高宗的行动指南，那就是不要高估自己，安全第一！什么国家、社稷、恢复、中兴，在安全面前，都脆弱得不堪一击。

理解了这一点，就理解了宋高宗当下和以后的所作所为。定都亦如是。

绍兴元年（1131）十一月，尚书左仆射吕颐浩认为定都迫在眉睫，上奏称："驻跸之地，最为急务。"因为越州偏僻，物资运

---

① ［宋］李心传：《建炎以来系年要录》卷四十一"绍兴元年正月戊午"条，商务印书馆，1936年，第759页。是时近习小人，争言用兵，荧惑圣听，殊不量力，遂至今日之祸。

输不便利,发号施令不够通畅,不利于指挥剿匪、恢复农桑。"臣尝观自古有为之君,将以取天下者,弗躬弗亲,则不能戡祸乱,定海内。"①陛下您不能老躲在大后方享清福,要移跸上流,亲自坐镇指挥啊!

定都建康的条件还不成熟,宋高宗不会冒着安全风险驻跸建康,只能临时寄居在临安了。十一月初五,诏令权临安府徐康国和内侍杨公弼营建宫室。命吏部侍郎李光兼户部侍郎,前去安排驻军、粮草供应及筹备移跸事项。

临安城地方逼窄,主城西邻西湖,再西是绵延群山;东边濒钱塘江;北边毗大运河。西湖之北有一块平地可以居住,这就是西溪湿地。但这里地势低洼,经年潮湿,绝非理想之处。最终,行宫选址在城南的凤凰山。按中国传统,宫殿讲究坐北向南,但凤凰山行宫处于尴尬的位置——临安城的官府、居民和商业区都在它的北边,它虽然正门朝南,平时出入却要走后门。

徐康国主领工程,第一批建造宫室百间。监工杨公弼嫌少,奏请增加数量,宋高宗知道现在远不是奢靡的时候,不许。

临安行宫的建造一直持续到绍兴二十八年(1158)才陆续完成,临安正式作为行都也是七年之后的事情了。只能说,以绍兴二年正月宋高宗入住为标志,行都之争告一段落,基本定型,临安府事实上成了南宋的都城。

---

① [宋]李心传:《建炎以来系年要录》卷四十九"绍兴元年十一月戊戌"条,商务印书馆,1936年,第871页。

番外：运河与城市

绍兴二年（1132）正月，宋高宗离开绍兴，驻跸临安。有一个疑问一直在我脑海中萦绕：同样偏安江南，绍兴离杭州不远，宋高宗为什么最后选定了临安而不是绍兴？

野史中记述了一些传闻。成书于明朝的《西湖游览志》卷二十曰：杭州城横跨钱塘、仁和二县，宋高宗初次到杭州时，听到仁和县这个名字，高兴地说："此京师门名。"原来，汴京内城东面南门最初叫仁和门，宋太祖赵匡胤发动陈桥驿兵变后，就是从仁和门进入内城，宋高宗以为"仁和"二字为吉兆，才确定驻跸杭州。

第二则传闻是说，宋高宗贪恋杭州西溪湿地的美景，说了句"西溪且留下"，由此把京城定在了杭州。这则传闻也出自《西湖游览志》。

西溪在西湖西北，是一大片湿地。21世纪初，杭州市政府将其开发为"国家湿地公园"，推介语就是宋高宗金口玉言的"西溪且留下"。后来电影《非诚勿扰》在西溪湿地公园拍摄，片中讲述了"西溪且留下"的典故，因此家喻户晓。

如今走进西溪湿地公园，"西溪且留下"这五个字随处可见。

湿地公园附近，有个古镇就叫留下镇，当地人相信名称来源于宋高宗。如今，留下镇与杭州其他地方并无不同，到处是社区楼舍，白墙绿植。不过偶有遗存，显示出古朴的风貌，比如大街上东西横跨西溪河的忠义桥，始建于南宋，2019年被定为中华人民共和国第八批全国重点文物保护单位。

我到杭州寻找南宋遗迹，走在这座小桥上，有时光穿越之感。

这两则传闻虽然为老百姓所津津乐道，但有悖于常理。宋高宗即便昏庸，也不可能如此随意地确定一国之都城。即便他不负责任，朝堂上一定会有一番争吵，正史不可能不留下痕迹。

宋高宗离开绍兴的原因，诏书上的说法是"漕运不继"①。古代陆路运输困难，货物大多依赖水运，河流的作用相当于现在的铁路、公路。杭州是京杭大运河的节点，是东南物资的集散地，自不待言。但绍兴当时也已经有运河通往杭州，后来称这段运河为"浙东运河"。既有运河，又为何"漕运不继"呢？

带着这个疑问，我独自一人专程考察绍兴、杭州，探寻答案，寻求证据。

在绍兴博物馆，我了解到浙东运河绍兴区域的大致情况。早在春秋越国时期，就疏浚山阴故水道，开凿了山阴（今绍兴古城）到上虞的古运河。而杭州萧山到绍兴段，则开凿于西晋时期，中间连通了钱塘江、浦阳江、钱清江等水系。

绍兴现存最古老的桥梁，是越城区蕺山街道的八字桥，始建于南宋。八字桥下的河流，当地居民告诉我，这条河流就是"运河"，人人都知道它通向杭州。在八字桥一旁，我找到了两块标示牌，一块是国务院 2001 年 6 月颁发的"全国重点文物保护单位——八字桥"，一块是"世界遗产——中国大运河"。看来这段河流是春秋时期开凿的运河——山阴故水道无疑。

我走过八字桥，步测了一下河道的宽度，大约五米。

---

① ［宋］李心传：《建炎以来系年要录》卷四十九"绍兴元年十一月戊戌"条，商务印书馆，1936 年，第 871 页。

绍兴博物馆还有一则提示：下大路河是浙东运河在绍兴城内的主要河段之一。下大路河位于绍兴城内下大路和上大路之间，不知是路因河得名，还是河因路得名。

在上大路与解放北路交叉口，我又找到一座古桥，名字叫"小江桥"，拱形结构，旧时绍兴有民谣曰："小江桥，桥洞圆，圆如镜，镜照山会两县。"看来，这里在故山阴县与会稽县的分界线上。小江桥如今已废弃不用，不过依然完好。步行走过小江桥，大致能测算出下大路河的宽度，在五米与六米之间。

无论是山阴故水道，还是下大路河，以及绍兴城内其他古河流如府河，受河道宽度限制，都无法支撑起漕运的繁重任务。

宋朝已经能够造出体型巨大的船只，沈括在《补笔谈》中载："国初，两浙献龙船，长二十余丈，上为宫室层楼，设御榻，以备游幸。"[1] 北宋初年客船已经两层二十余丈。张舜民长江上见到的大货船："丙戌观万石船，船形制圆短，如三间大屋，户出其背，中甚华饰，登降以梯级，非甚大风不行，钱载二十万贯，米载一万二千石。"[2] 宋徽宗时，为了建造园林，到江南采购太湖石，一艘船可以运输最大四丈见方的太湖石。

绍兴城内的运河，显然不具备这样的运输能力。南宋《会稽志》记载，西晋绍兴守臣贺循开凿运河时，只是为了灌溉而非漕运[3]，所以航运水路并不优越。尽管唐代对绍兴运河进行了新建和

---

[1] [宋]沈括：《补笔谈》卷二，载《全宋笔记》第二编三，大象出版社，2017年，第236—237页。
[2] [宋]张舜民：《画墁集》卷八，载《知不足斋丛书》，清代影印本。
[3] [宋]施宿：《嘉泰会稽志》卷十《水》"运河"条，载中华书局编辑部编：《宋元方志丛刊》第七册，中华书局1990年，第6879页。

拓宽,但仍然无法与京杭大运河相媲美。

不过,出了绍兴城,溯水向西,运河河面渐阔。到柯桥区柯桥镇,可以看到唐朝时修筑的古纤道。水面百余米宽,河中砌上一条石板路,与河岸平行,船行逆风,或者货物过重,纤夫在石板路上拉纤助力,这便是纤道。

李白、杜甫、贺知章、元稹、李绅等著名诗人,从钱塘下剡溪到天姥山,都曾经过这里,他们吟咏山河,旷荡人生,给后人留下了著名的"浙东唐诗之路"。

水域可以拓展,但浙东仍然有许多不利条件制约着运河的发展。

在杭州,我拜访了南宋书房赵群伟先生。赵先生向我引荐了杭州史志学者姜青青。姜老师对杭州历史如数家珍。他介绍说,浙东水道纵横,许多天然河流将运河分隔成段。由于地势高低不同,每条天然河流的河床互有差异,这就造成浙东运河不同河段水位高低不一。怎样解决这个问题?只有筑堰置闸。浙东运河与钱塘江交汇处在西兴闸,与钱清江交汇处有钱清江闸,每道闸控制的水位都有巨大落差。

船只过闸几无良策。曾经拜相的南宋周必大在《思陵录》中记述了宋高宗赵构棺椁过钱清江闸时的惊险场景。

南宋皇帝陵寝在绍兴会稽山麓。淳熙十五年(1188)三月十八日,棺椁从临安德寿宫起运,黎明登舟离岸。运送梓宫的船队,前队108只船,后队104只。次日到钱清江闸,钱清江水位比运河低一丈有余,所以在钱清江入口处和出口处都建有船闸阻挡水流交汇,防止运河水冲灌钱清江。

船只渡过钱清江,通常有两个办法。一是钱清江水晚潮时,水面增高，与运河差不多平，这时开闸放船；二是钱塘江上设有浮桥，运河中的小船从浮桥上拖过去；大船则要先把货物卸下来，然后拖过去。

第二种方法看似很安全，但并不适合运送皇帝的棺椁。棺椁不能分拆，不能轻易移动、碰撞、损毁，加上浮桥不稳，从浮桥上通过风险还是很大的。

至于第一种方法，就要看运气了，因为有的时候潮水小，并不能保证江面与运河水面相平。

运送棺椁的船队运气不太好。他们午后到达钱清江闸，一直等到太阳落山，虽等来了潮水涌动，但江面仍然比河面低四尺。开不开闸？船工认为可以过！漕令（船队负责人）赵不流让船工签责任状，船工们笑着说，如果有点纰漏，马上就没命了，还签什么责任状。漕令请示内侍后，决定冒险一试。

他们准备得还算充分，先开闸放水，河水像脱缰野马呼啸着冲入钱清江。船只系有绳索，纤夫在两岸拉着，防止船被冲走。等水势稳定下来，再慢慢把船拉上江道。尽管小心翼翼，船只还是失控了，装载大升舆、册宝、神位的几只船撞在了一起，装载棺椁的船只也被轻轻碰撞了一下。①

船闸过多，看来是"漕运不继"的主要原因。

诸多自然河流都携带泥沙，久而久之，泥沙进入运河中，船闸也会被淤塞。《宋史·河渠志》记载，绍兴初，宋高宗在越州，

---

① ［宋］周必大：《思陵录二》，载《周益国文忠公集》，清道光二十八年（1848）刻本，第7—9页。

组织民工6500人清理上虞县梁湖堰（今绍兴上虞区梁湖街道境内）东运河；组织1.7万人疏通都泗堰（今绍兴越城区迪荡街道境内）到曹娥江段的运河；乾道三年（1167），宋孝宗疏浚西兴至大江沙河20里，并浚闸里运河30里，通便纲运。后来可能因泥沙淤积，闸又遭废弃。①

这些史料表明，南宋初年，浙东运河淤塞严重，也造成了"漕运不继"。

绍兴是越国龙兴地，绍兴所在的山会平原开发较早，在五代之前，这里一直是江南的政治、经济中心，西晋末年有"今之会稽，昔之关中"一说。而杭州，魏晋之前还是隶属于绍兴的蕞尔小县，江南运河修建后，迅速发展为东南第一州，杭州、绍兴地位互置，宋高宗舍绍兴而都杭州就不足为奇了。

城市的地位，往往由交通状况决定，杭州、绍兴就是如此。

---

① ［元］脱脱等：《宋史》卷九十七，中州古籍出版社，1998年，第496页。

第二章
亡国的检讨

北宋熙宁元年（1068）八月十三日，汴京皇宫延和殿上发生了一场著名的辩论，史称"延和殿廷辩"。①

辩论的起因，是朝廷南郊祭祀，礼仪之后要大赏群臣，花费很多，而彼时国库空虚，宰相建议裁减赏赐。宋神宗召翰林学士承旨王珪与翰林学士王安石、司马光到延和殿，让他们拟写圣旨，颁布实行。

宋神宗简单介绍了意图，司马光象征性地表示赞同："国家用度不足，财政难以为继，必须裁减不必要的开支。"

司马光话音刚落，没想到王安石立刻大声反驳："国家富有四海，大臣郊祭赏赐才花几个钱？省下来富不了国，反而有伤皇家体面。"

王安石还说了一句让宰辅们惊掉眼珠子的话："国用不足不是

---

① 关于"延和殿廷辩"，史料见于［清］黄以周等辑注：《续资治通鉴长编拾补》卷三下"熙宁元年八月癸丑"条，顾吉辰点校，中华书局，2004年，第123—127页。除"民不加赋而国用饶"一句外，其他人物对话翻译成了白话文，原文不再一一标注。

当务之急。"

朝野上下都知道国库没钱，连赏赐都捉襟见肘，居然不是当务之急？"那……那你说什么才算当务之急？"司马光努力捕捉着王安石不可捉摸的思维逻辑。

王安石胸有成竹："国用不足是没有找到善于理财的人。"

司马光呵呵冷笑："所谓善于理财，不过是加重赋税把百姓的钱压榨到国库而已。百姓穷困，流离失所，落草为寇，这对国家有利吗？！"司马光这种想法很正常，在传统官员心中，理财就是分配财富，创造财富叫作生产。

可王安石摇摇头："这不叫善于理财。善理财者，民不加赋而国用饶。"

"民不加赋而国用饶"，是司马迁所著《史记》中对桑弘羊改革的评价，意思是不向老百姓增加赋税也能使国库充盈。作为历史上数一数二的史学家，司马光焉能不知？他马上意识到王安石意图所向，愤然道："天地所生货财百物，止有此数，不在民间则在公家。你说的民不加赋而国用饶，是桑弘羊欺骗汉武帝的话。"

双方你来我往，从郊祭引申到国用，从当下追溯到汉朝，从汉朝又回到郊祭，谁也说服不了谁。但是这次辩论打动了宋神宗，于是任用王安石开始了"民不加赋而国用饶"的熙宁变法。

两年后的熙宁三年（1070）九月二十六日，司马光在孤寂落寞中离开汴京。①这一天是立冬后的第二天，西风正紧，草木已凋，

---

① ［宋］李焘：《续资治通鉴长编》卷二百一十五"熙宁三年九月癸丑"条，中华书局，1986年，第5247页。

官车碾在积满落叶的驿道上，混杂着吱吱扭扭和唰唰啦啦的声音，在空旷的原野分外刺耳。司马光搂了搂衣襟，回望京师：锦绣依然堆积，而面前山河颓然失色。

"臣之于安石，犹冰炭之不可共器，若寒暑之不可同时。"① 他向京师再拜，转身西行，前方正是落日的方向。

"最爱元祐"

南宋是对北宋政权的继承，又是对北宋政权的重构。继承，是合法性所在；重构，是为了避免重蹈覆辙。

北宋以帝王宗室几乎全部被掳而亡，亡国情形可谓惨烈。赵构即位，必须做出调整和改变，才能让大臣和老百姓看到希望，重拾信心，为新政权效力。

既要继承，又要割裂，这是个技术活，要有说服力，还要把握好"度"。这就需要对旧政权有个清醒的认识，回答好一个问题：是什么原因导致了北宋的灭亡？这又涉及两个层面：一是人；二是政策。即：哪些人、哪些事应该为亡国背锅！

皇帝是帝国的实际统治者，是大政方针的制定者，按说皇帝应当对亡国负主要责任。北宋亡国前，宋徽宗在位二十六年，宋钦宗在位一年，但宋高宗不能指责父兄，一方面为尊者讳，更重要的是，只有洗净了传承者，继承者的皇位才更稳固。

"皇帝失德，臣子背锅"是皇权社会一以贯之的思维模式。

---

① 见［宋］司马光：《司马文正公传家集》卷十七《奏弹王安石表》，哈佛燕京图书馆影印本。

徽、钦两朝，蔡京拜相二十个年头，其中大部分时间还是独相，不任宰相的时候加太师，权力更在宰相之上！蔡京正是背锅的合适人选，而皇帝只需落个"用人不当"的名声。

事实上，靖康年间就开始清算蔡京了。太学生将蔡京、王黼、童贯、梁师成、朱勔、李彦六位重臣列为"六贼"，宋钦宗将他们处死或者流放，其中蔡京以八十岁高龄被贬儋州，客死途中。

宋高宗即位后，对蔡京等人仍不忘"死后清算"，建炎二年（1128）十月诏令抄没他们全部家产，收缴他们的全部田地，一律充公。

更重要的是要对蔡京等推行的政策进行检讨，清除他们的"精神遗毒"。

蔡京推行了什么政策？这涉及北宋重要的党争——"变法"之争。

北宋在位时间最长的是宋仁宗，宋仁宗秉承"无为而治""与士大夫共治天下"的治国理念，对外尽量不战争，对内尽量不折腾，北宋进入"政通人和"、经济繁荣的昌盛时期；特别是对士大夫来说，物质上有保障，精神上有自由，政治上有话语权，为他们在皇权时代最好的时期。

但是，宋仁宗在位四十二年，国家也积攒了不少矛盾。西夏在这个时期反叛中央，此后双方进行了旷日持久的战争，一直持续到北宋灭亡。国家军队数量庞大，战斗力却十分低下；官员数量庞大，效率却十分低下；经济体量庞大，各项开支却更为庞大，国库入不敷出。为了解决兵、官、费"三冗"问题，宋仁宗曾进行短暂的改革，由于出现党争苗头，加上与西夏暂时达成和约，改革被叫停,历史进入朝野无事的"嘉祐时期"。

宋仁宗去世四年之后,年轻的宋神宗即位。宋神宗雄心勃勃,于熙宁二年(1069)任用王安石为相,启动了"王安石变法"。王安石变法涉及经济、政治、军事、科举、文化等诸多方面,其领域之广、变革之巨、动静之大、推行时间之长,前所未有。王安石变法遭到以司马光为首的保守派反对。为了减少阻力,王安石大量贬黜保守派人士,主张变法的新党与反对变法的旧党冰炭不能同器,北宋由此进入激烈的党争时代。

宋神宗去世后,年幼的宋哲宗继位,太皇太后曹氏听政。曹氏怀念宋仁宗"嘉祐之政",重新起用司马光"拨乱反正"。司马光废除了变法,新党成员遭到迫害,这就是所谓"元祐更化"。

历史就像翻鏊上饼,反转摇摆,非左即右。元祐之后,新党重新得势,蔡京就是宋徽宗时期新党的代表人物。

检讨蔡京,不能不放在新旧党争的背景下去审视,溯流追源,亡国之祸可溯及王安石变法。

建炎三年(1129)三月苗刘之变中,叛军挟持宋高宗,要他退位。宋哲宗皇后、赵构的伯母孟氏(隆祐太后)出面讲情,谈到宋徽宗,说:"自道君皇帝任蔡京、王黼更祖宗法度,童贯起边事,所以招致金人,养成今日之祸。"[①]可见,时人把北宋之亡归因于两件事:变法和战争。

苗刘之变平息后,赵构下罪己诏,请求臣属直言批评朝政。

---

① [宋]李心传:《建炎以来系年要录》卷二十一"建炎三年三月癸未"条,商务印书馆,1936年,第419页。

赵鼎认为最大的弊政是对变法政策清算不彻底。他说，熙宁年间，王安石肆意妄为，更改祖宗之法，国家就是从这个时候出现问题的。到宋徽宗崇宁年间，蔡京托名绍述神宗，全部恢复王安石新政，国家就病入膏肓了。

太庙是供奉已逝皇帝塑像的地方，每位皇帝一间屋子。除了皇帝本人，还有当朝已故功臣祔祀。祔祀又称配飨、配享，是大臣身故后的最高褒奖。宋神宗祔祀的大臣中，位列首位的就是王安石。靖康初，有大臣提出将王安石踢出庙庭，也有人反对，争论不休，没有结果。现在，赵鼎再次提出这个请求，竟没人有异议，于是赵构采纳了他的建议。

从靖康到建炎，朝野舆论形成共识，北宋亡国的锅必须由王安石、蔡京一党去背！

城门失火，殃及池鱼。蔡京既然被定调为"奸臣""罪臣"，他提拔、重用过的官员就跟着遭殃，均被贬黜、搁置和边缘化，特别是新党骨干蔡确、章惇的子孙，被一贬再贬。一些投机分子意犹未尽，经常拿"蔡京一党"指责、排挤政敌。由于涉及面太大，造成朝中无人，以至于宋高宗不得不多次下诏，强调当时天下人才，不是出于蔡京之门，便是出于王黼之门，没有几个人洁净无瑕。对新党的追究已经告一段落，如果再拿蔡京、王黼党人说事，便是不懂通变了。①

绍兴元年（1131）四月，五十九岁的隆祐太后去世，又勾起

---

① ［宋］李心传：《建炎以来系年要录》卷十四、卷四十八、卷四十九，第304页、855页、877页。

人们对北宋党争的记忆。隆祐太后一生起起伏伏，可以说是党争的映像。

隆祐太后十六岁入宫，元祐七年（1092），由摄政的宣仁太后做主，立为皇后。但宋哲宗既不喜欢宣仁太后，也不喜欢宣仁太后给他找的这位皇后，在宣仁太后去世后不久，就废黜了皇后，让她住在宫中做了道姑。

元符三年（1100），宋哲宗去世，弟弟宋徽宗即位，曾短暂推行政治融合，试图结束党争。他释放的一个信号，便是将废黜的皇后重新扶正，尊为"元祐皇后"。但是政治融合只推行了一年，便因为新旧两党势不两立而流产，宋徽宗最终选择了新党，选择了蔡京。由宣仁太后册立的皇后又受到牵连，二度被废。

金军围陷汴京，拿着名册一一对照，将皇室成员全部押解到金国本土。废皇后因不在名册而得以保全。金军撤走后，这位废后是汴京城内唯一的皇室成员，众臣拥立其为太后（隆祐太后），垂帘听政，而后将政权交付于赵构。

隆祐太后有功于社稷，有恩于宋高宗，南渡后地位非同寻常。

隆祐太后命运多舛，得以善终，但她也有遗憾。建炎四年（1130），国家初定，这年十二月，在自己的生辰宴上，隆祐太后向宋高宗吐露心声：新党把持朝政后，污蔑宣仁太后打算废掉宋哲宗，并将其写进《哲宗实录》。建炎元年（1127），有诏为宣仁太后平反，诏告天下说宣仁太后保佑哲宗，有安社稷的大功，但史册未改，只怕后人只看史书而忘记了诏书。

宣仁太后是元祐时的实际统治者，隆祐太后的身份与元祐党人深度捆绑，自然十分在意对宣仁太后的褒贬，所以在自己最后一个生辰时，提出修正史书的要求。

刚南渡时，因疲于逃命，朝廷哪有精力去考虑修史这样的非紧急事务！等到绍兴四年（1134）八月，终于腾出手来，宋高宗召见直史馆范冲，讨论修正《神宗实录》和《哲宗实录》。君臣对话涉及政体、史事、史籍及人物评价。范冲说，王安石擅自变更祖宗法度，误导神宗皇帝，天下之乱肇始于王安石，不是神宗的本意。宋高宗脱口而出："极是，朕最爱元祐。"①

元祐的主要政治表现是拨乱反正，所谓"乱"指宋神宗推行变法的熙宁、元丰时期，所谓"正"指的是变法前宋仁宗嘉祐时期。北宋后期的党争，实际上是宋仁宗路线和宋神宗路线之争：前者与民休养生息，主静；后者主张富国强兵，求变。前者对外睦邻友好、息兵罢战，主和；后者主张开疆拓土，挑动边事，主战。前者主张儒家治国，强调秩序和礼制；后者主张经世济用，强调功利和实用。

元祐年间充斥着党争，宋高宗口中的"最爱元祐"，爱的其实是"嘉祐"的政治生态。

"最爱元祐"为南宋初期国家重构奠定了基调，那就是主静、主和、主张秩序。

但绍兴政治真的对标了嘉祐政治吗？

历史的重新书写

一切历史都是现实，宋人也懂得这个道理。皇帝一句"最爱

---

① [宋]李心传：《建炎以来系年要录》卷七十九"绍兴四年八月戊寅"条，商务印书馆，1936年，第1290页。

元祐",虽然为变法之争定了调,但如何书写这段历史,依然在激烈的博弈中。

史官整理已故皇帝的言行,编纂成书,叫作实录。北宋最有戏剧性的实录当数《神宗实录》。

第一次编纂《神宗实录》在元祐元年(1086),元祐六年(1091)成书,主修者大多为元祐党人,比如黄庭坚、范祖禹等。毫无疑问,元祐版《神宗实录》是否定变法的,其中将变法说成是王安石主导、宋神宗受蒙蔽的一场乱政运动。

宋哲宗亲政后,新党得势,不满意元祐版《神宗实录》对王安石变法的定位,决定重修。这次主笔是王安石的女婿蔡卞、新党宰相章惇的党羽林希等。这次编修以王安石的私人笔记为依据,在元祐版的基础上用红笔进行批注、改动,称"朱墨本"。朱墨本指出变法出自宋神宗本意,王安石只是政策的执行者,强调王安石变法的正当性。

时移世易,现在需要否定王安石,因此《神宗实录》需要第三次重修。

更重要的是《哲宗实录》。《哲宗实录》的主笔人是蔡京,按传统思维,作者出了问题,作品应当重新审核。正如隆祐太后所说,《哲宗实录》将宣仁太后推向宋哲宗的反面,将其塑造为一名更改先帝(宋神宗)法度、压制现任皇帝(宋哲宗),并试图废黜皇帝的恶女人。这是"最爱元祐"的宋高宗万万不能容忍的。

绍兴四年(1134),中书舍人常同上奏,抨击《神宗实录》《哲宗实录》体现了新党宰相章惇、蔡京的个人意志,都是"奸人之论",不能取信于后世。他特别提到,宣仁太后的功德不容置疑,建议重修神宗、哲宗两朝实录。他还提出应先修《哲宗实录》，后修《神宗实录》。

应当说，常同很有心机，也揣摩透了宋高宗的心思。宣仁皇太后选的皇后（即之后的隆祐太后），隆祐太后将政权移交给了宋高宗，宣仁太后正确，隆祐太后才有理，宋高宗才合法，这一条线直接关乎现政权的法理性，更显急迫。

是年五月，宋高宗诏令范冲兼直史馆，常同兼史馆修撰，重修《神宗实录》《哲宗实录》，参知政事赵鼎监修。

参与修史的另一位重要成员是翰林学士綦崈礼，他也有奏章，认为《神宗实录》朱墨本和《哲宗实录》多有附会，颠倒是非。綦崈礼的舅舅是宋徽宗崇宁年间的宰相赵挺之，虽为新党，但与蔡京矛盾很深。著名词人李清照是赵挺之的儿媳，所以綦崈礼还是李清照婆家表弟。绍兴二年（1132），李清照因为再婚离婚身陷囹圄，綦崈礼积极营救，亲自向宋高宗说明情况。在綦崈礼的运作下，李清照终于被无罪释放，恢复了自由身。[①]

选择常同、綦崈礼，是因为他们对重修《神宗实录》《哲宗实录》表现出极大的热情；范冲是范祖禹长子，范祖禹是元祐版《神宗实录》的主笔之一，是元祐党的重要成员；赵鼎是元祐政治的积极推动者，也是范冲的亲家。从修史人员安排来看，赵构对《神宗实录》《哲宗实录》的政治倾向性十分明确，就是要贯彻"最爱元祐"的思想路线，确定王安石变法为北宋亡国的罪魁祸首，为宣仁太后翻案。

---

① 详见拙作《李清照》，华龄出版社，2023年。

靖康年间，金军将汴京洗劫一空，皇家庞大的藏书皆不知去向。重修《神宗实录》《哲宗实录》，最大的困难是史料不足。朝廷只好下诏，到北宋故臣家中遍寻文献史料。綦崈礼密告知湖州汪藻家里有编类元符三年（1100）至建炎三年（1129）共三十年的记述资料，宋高宗责令汪藻交公。宋高宗还鼓励大臣提供文献线索，他得知赵挺之家收藏有《哲宗实录》原本，时李清照寄居在婺州（今浙江金华），便专门派使者到婺州索要。另一本《国史实录》保存在赵挺之次子赵思诚处，赵思诚居住在泉州，将其上交了国史馆。同时，朝廷还广泛收集各种图籍资料，不管经、史、子、集、小说，都在搜罗范围之内。北宋诗人贺铸家藏书甚丰，宋高宗专门下发《尽数收买贺铸家所藏图籍诏》，要求应收尽收；还颁发《献书赏格诏》，规定奖赏标准。[①]

绍兴五年（1135）九月十五日，赵鼎手捧已修订的五十卷《神宗实录》，进呈宋高宗。因为是书写祖上的史书，宋高宗郑重其事地举行了"受书仪式"。当时的条件依然简陋，宋高宗就在常殿的东山墙下摆案、焚香、叩头，向先祖说明情况。受书仪式完毕，内侍捧书至御座前，赵鼎将朝笏插到腰间，腾出双手，负责翻书，范冲负责为皇帝读书，宋高宗则恭恭敬敬站在一旁聆听。诵读一段后，礼毕，宋高宗向编纂人员赐茶，以示恩宠。三日后，为相关人员加官晋爵，赵鼎、范冲、任申先、张九成等都得到晋升。而綦崈礼中途迁官知绍兴府，早早离开了编纂组。

---

① 王智勇、王蓉贵主编：《宋代诏令全集》第13册，四川大学出版社，2012年，第7932—7933页。

绍兴六年（1136）正月，《神宗实录》全部修订完成，共二百卷。

此后在权力倾轧中，《神宗实录》又被拿出来说事，请求重修，不过最终还是贯彻了贬损王安石的指导思想。

重修的《哲宗实录》成书于绍兴八年（1138）九月，赵鼎因此加"特进"，特进是文臣的第二等级。

历史原本是客观事实，但在不同人的笔下，会有着截然相反的解读。后来者根据自己的需要任意打扮，不断重构和歪曲，然后历史就变成了他们愿意让你看到的样子。

王安石变法是一个典型。宋神宗时作为国家大政方针被强力推行；宣仁太后时期被作为历史错误去纠正；宋哲宗亲政后被作为一面旗帜，成为一种精神指向；宋徽宗继位第一年推行政治和解，王安石变法被搁置、被回避。

崇宁元年（1102）之后，宋徽宗对反对变法的元祐党人进行系统的、高强度的清算，梳理出一份多达309人的名单，将他们视为"奸佞"，刻在石碑上，立于朝堂、州县衙门、太学和地方学校，向全国"公示"，对他们进行批判、羞辱。宋徽宗还规定，禁止元祐党人子弟进京为官、宗室不得与党籍家族通婚。

这份"元祐党籍"名单包括重臣要臣，也包括文豪宿儒，有司马光、文彦博、吕公著、苏轼、苏辙、范祖禹、秦观、晁补之、黄庭坚、程颐等历史名人。这些人的学术观点和议论文章都被禁止，如朝廷专门出台法令，焚毁苏轼文集、诗集，禁止印制、传播苏轼和苏门弟子的诗、词、散文、策论、书信等几乎所有形式的文学作品。

物极必反，北宋亡国给元祐党人翻身的契机，宋徽宗年间如何对待元祐党人，绍兴年间都还以颜色。包括对变法，人们谈之色变，宋高宗就明确指出："经久之制，不可轻议。古者，利不百，不变法。"①并要求臣下萧规曹随，回到宋太祖"祖宗之法"的轨道上。

由于亡国教训极其惨重，此后虽偶有为新党翻案的声音，都极其微弱。

绍兴年间的这次修史算是对王安石变法盖棺定论，元朝编《宋史》，延续了绍兴版《神宗实录》《哲宗实录》的观点，将王安石变法时的得力干将蔡确、吕惠卿、章惇、曾布，以及徽宗朝蔡京都列入了《奸臣传》。彻底否定王安石变法的历史意义，成为元、明、清三代的主流意识。直到20世纪初，巨大的社会变革浪潮中，人们又想起王安石，梁启超创作了《王安石传》，对王安石变法才有了新的评价、新的观点和新的认识。

贡举变革与光武故事

历史影响现实，所以从广义上讲，历史也是意识形态。而更重要、更直接的意识形态阵地是教育。

在重修史书的同时，南宋也没有放松对教育的管理，加强了教育中意识形态的灌输和影响，有意纠正北宋末年的一些教育倾向和教育内容。

---

① ［宋］李心传：《建炎以来系年要录》卷一百二十二"绍兴八年九月戊申"条，商务印书馆，1936年，第1971页。

北宋基本完善了官办教育体系，各州县设立了公学，中央有太学、武学，赵氏皇族则专门办有宗学。学生通过科举取得功名，成为官员。科举在宋代尤为受朝野重视，学者尹洙说过："状元登第，虽将兵数十万，恢复幽蓟，逐强虏于穷漠，凯歌劳还，献捷太庙，其荣亦不可及也。"①幽、蓟等燕云十六州，五代时被辽国占领，自此中原失去北方屏障。北宋朝廷做梦都想收复幽蓟，尹洙却认为状元及第比带兵收复幽蓟更荣耀，可见科举考试的地位。

科举是当时教育的指挥棒。

科举考试是诸类考试的统称，其中分量最重的是进士考试。北宋前期，进士考试的科目有策、论、诗、赋、帖经、墨义等。策相当于问答题，老师提问，考生书面回答；论是一篇政论文；策、论一般会出一些有现实针对性的历史题。诗、赋即写一首诗和赋，考的是声律和文采。帖经是将经文用帖纸盖住几个字，让考生回答，相当于填空。墨义考的是前人对经文的注疏或者经句的上下文，类似于默写。诸多科目中，策、论、诗、赋最受重视，帖经和墨义几近可有可无。

王安石认为，科举考试的目的是选拔治国的人才，诗、赋属华而不实的雕虫小技，跟治国没有什么关系，因此取消了诗、赋的考试。经义考试不再要求死记硬背，而是偏重理解阐述。科举指定了经义的篇目，即儒家经典著作《易》《诗》《尚书》《周礼》《礼记》，称为"本经""大经"，另外兼考《论语》和《孟子》，称为"兼经"。主考官从上述篇目中摘出十句话，要求学生阐述

---

① ［宋］田况：《儒林公议》，载《全宋笔记》第一编五，大象出版社，2017年，第88页。

它们的含义。最后还要写一篇论文,三道时务对策题,礼部试增加两道。这些题目要求士子通晓经书的义理并结合时事,能应用到时政、经济、武事、律令当中。

儒家经典都是先秦著作,时代久远,语言简明,后世已不能完全理解它们的含义,因此在诠释经典上产生了许多流派。考生们对经义的理解不同,各有出处,考试就没有了客观标准。因此,王安石组织人员按照他自己对儒学的理解,对《周礼》《诗》《尚书》进行官方注释,合称"三经新义",以此框定经义科的考试内容和评判标准,作为学校的统一教材和科举的标准答案。王安石的"三经新义"中体现的儒学思想叫作"新学"。

除了新学,北宋还形成了以程颢、程颐为代表的"洛学"、以"三苏"(苏洵、苏轼、苏辙)为代表的"蜀学"、以司马光为代表的"朔学",他们因受到排挤,而强烈反对科举考试改革。苏轼尤其反对罢考诗、赋,他说,自唐至今,因为诗、赋成为名臣的不可胜数,诗、赋怎么就不能治理天下了?但苏轼反对无效。宋徽宗政和年间,甚至发展到朝廷专门下令,不准官员私下教授诗、赋,否则杖一百。[①]

王安石的科举考试改革,用一句话总结就是:"尊经书、抑史学、废诗赋、统一答案。"宋徽宗朝虽有小的调整,但大致遵循这个原则。

宋朝重视科举考试,即使在战事正酣的时候也几乎没有停止。

---

① [元]脱脱等:《宋史》卷一百五十六,中州古籍出版社,1998年,第738页;[宋]叶梦得:《石林燕语》卷九,载《全宋笔记》第二编十,大象出版社,2017年,第139页。

按科举考试流程，先由各地初试选拔，称"乡试"或"解试"；入闱的举子次年春天到都城集中考试，由尚书省礼部举行，为"省试"或者叫"礼部试"；最后由皇帝殿试定夺，排出名次。随着汴京失陷，国家档案被毁，贡籍资料也没有了。朝廷采取了一些补救措施，让举子拿着徽宗朝以来的户籍、祖上三代以及过去考试时的成绩证明、读过的书等，到礼部登记，重新建立贡籍资料库。有些考生获准不经乡试直接进入省试，没有了证明资料，有两名京官担保，可以重新核定。

建炎元年（1127），局势危如累卵，宋高宗驻跸扬州，仓皇之中仍不忘科举考试。由于道路梗阻，便下诏将省试的权力下放到地方，由各路自行组织，提刑司负责实施。按惯例春天举行的殿试向后延迟，次年秋天，入闱的举子们从全国各地奔赴扬州，宋高宗亲自试策，录取了451人。川陕、河北、京东等地有一些考生无法赴行在，或者到了行在却已过了考期，朝廷都赐予他们同进士出身。

建炎二年的考试内容出现了重大变化，王安石变法取消的诗、赋科目重新回到考场。朝廷在给予各地的指导意见中，明确诗、赋与经义并重，第一场或考诗、赋，或考经义，以诗、赋为主；第二场考论，第三场试策。

这一年还取消了经义注解的"标准答案"，礼部侍郎王绚请求经义应当依据古代的注释，不应只用王安石学说，宋高宗深以为然，诏令执行。甚至有大臣建议取消经义考试，但反对的大臣也不少，包括当时的宰相吕颐浩，这项动议最终被搁置起来。终南宋一朝科举，诗赋与经义并重，算是各方势力的妥协吧。

宋高宗比较注重历史，认为古今治乱都记载在历史中了。有一天他与监察御史江跻交谈，赞扬江跻精通史学，转而对大臣感慨说，现在士大夫了解历史的有几个？这都是王安石改革科举考试只考经义的后果！

宋朝科举虽然不专门考历史，但策、论内容突出史学，是传统。如天圣八年（1030）晏殊知贡举，出的题目是《司空掌舆地之图赋》。司空是古代官名，宋朝时只是荣誉职务，不是实职，这道题明显具有历史背景。欧阳修参加了那次考试，向晏殊发问：周代司空和汉代司空都掌管地图，但其他职能不同，不知道题目中的司空，指的是周代司空还是汉代司空。①

又如熙宁年间，苏轼为国子监举人考试官，拟定的题目是：

晋武平吴以独断而克，苻坚伐晋以独断而亡，齐恒专任管仲而霸，燕哙专任子之而败，事同而功异。②

题目用了晋武帝司马炎、前秦世祖苻坚、春秋齐桓公、战国燕王哙四个历史典故，不熟悉历史的人可能要交白卷了。

在宋高宗的引导下，建炎、绍兴年间的策、论，大兴历史风，不过涉及的事例大多影射现实，如光武帝刘秀的故事在试策中频频出现，以光武中兴汉朝，喻指高宗中兴宋朝。

建炎二年（1128）南宋首次殿试，题目询问如何消除内忧外

---

① ［宋］王铚：《默记》，载《全宋笔记》第四编三，大象出版社，2008年，第142页。
② ［元］脱脱等：《宋史》卷三百三十八，中州古籍出版社，1998年，第1563页。

患,虽然不涉及历史,但举子胡铨用光武故事,勉励宋高宗"侧身忧虑如宣王,励精综核如孝宣,锄去乱略如光武,刚明果断如宪宗,复仇刷耻如勾践"[①]。周宣王、汉宣帝、汉光武帝、唐宪宗、越王勾践,历史上都有中兴之名。胡铨还建言宋高宗像光武帝一样重建权力中枢,重用将领。宋高宗大为赞赏,差一点录取他为第一名。

绍兴二年(1132)南宋第二次殿试,张九成的答题中也出现夏朝少康、周宣王、汉光武帝、唐肃宗等中兴之君,宋高宗将张九成定为状元第一。

绍兴五年(1135),宋高宗第三次亲策进士,信州人汪应辰数次以汉光武帝为例,对宋高宗充满颂扬和期许,也被录取为状元。

此后历届殿试,状元试策中基本上都会提到汉光武帝。

绍兴十八年(1148),赵构干脆将"光武帝"嵌入题目中:"朕观自古中兴之主莫如光武之盛,……朕甚慕之。"

"光武故事"不仅屡屡出现在进士考中,其他考试如馆试、太学试、武举中的出现频率也颇高。士子们便有人把它演绎成小说,赋予其神秘色彩。洪迈《夷坚志》讲述了一个科举祈梦的故事:太学生李朝隐,家里供奉着伍子胥神位。一天夜里梦见神派小卒让他看一篇赋,题目叫《光武同符高祖》。梦醒,记不清文章了,第二天又做了同样的梦,小卒交代让他熟读成诵。绍兴元年,江南东路、江南西路士子们在饶州乡试,题目与梦中一模一

---

① [宋]胡铨:《澹庵文集》卷一《御试策一道》,文渊阁《四库全书》本,中国台北商务印书馆影印本1986年,第1137册第7页。

样，李朝隐因此得以考中。

"上有所好，下必甚焉"，考生们爱用"光武故事"，一是契合时政，二是投皇帝所好。宋高宗以光武帝自许，曾赐书侍读徐俯，说自己熟读《汉光武纪》，很受启发。

汉朝和宋朝都是大朝代，光武帝能够复兴汉朝，赵构为什么就不能让宋朝起死回生？这不仅是赵构个人的抱负，也寄托着朝野共同的期许。

洛学异军突起

意识形态的重要性在于关系人心向背，在中国古代其最高表现形式当是哲学和宗教。

检讨亡国教训，北宋风起云涌的哲学流派进行了一次大洗牌。

中国古代不算一个政教合一的国家，但这并不妨碍帝王利用哲学和宗教稳固自己的统治。汉武帝后，主要被推崇的是儒学或者叫儒教。

北宋是继汉朝之后儒学重新活跃的时期，呈现出开放、竞争、自由的局面，诞生了诸多流派，比如范仲淹的高平学派、孙复的泰山学派、周敦颐的濂溪学派、司马光的涑水学派、"三苏"的蜀学等。

王安石执政，特别是他为科举经义科设立"标准答案"后，他的新学大行其道，成为官方哲学，成为影响最大的流派，其次是洛学。

洛阳是北宋的"西京"，政治地位仅次于京师开封。宋仁宗、宋英宗、宋神宗三朝，邵雍、程颢、程颐聚集洛阳，发展儒学，这便是"洛学"。

洛学和新学的区别，在青年学者郭建龙看来，前者属于保守主义、复古主义，后者属于实用主义[1]。用比较专业的哲学术语去诠释，新学注重"义理"，即儒家经典的内在精神，反对停留在对具体字句的解读上。新学的口号是道德和性命，认为人具有感觉和思维能力，可以认识万物。而洛学宣扬"天理"，即自然和社会按照一定规律运行，也就是规范、秩序、礼制。

用更通俗的话讲，新学注重解决实际问题，洛学强调君君臣臣、父父子子这些伦理纲常。

洛学宣扬道和天理，在北宋叫道学，南宋之后叫理学。

熙宁之后，新学之外都受到压制。南宋伴随着科举对经学的抑制，对王安石新学的批判也如火如荼地展开了。

王安石主持过《周礼》《诗》《尚书》的注疏，将这"三经"与《易》《礼记》都列为科举必考科目，《论语》《孟子》选考，诸经之中，独独没有《春秋》。《春秋》是一部史书，在叙述历史中明显表现出褒贬爱憎，被列入儒家经典。或许因为历史是司马光的强项，王安石有意回避，因此不喜《春秋》。儒臣们抓住这一点，指责弃用《春秋》是导致北宋亡国的原因之一。

洛学弟子胡安国最擅长的经文就是《春秋》。绍兴五年成书《春秋传》，在序言中猛烈抨击王安石和新学，说由于不读《春秋》，天下人无所适从，助长了不正当的欲望，泯灭了天理，导致国家大乱。

---

[1] 郭建龙：《中央帝国的哲学密码》，鹭江出版社，2018年，第295—303页。

宋高宗本人爱学习，尤喜历史。经筵是皇家开设的讲座，由大儒名宿担任讲师，皇帝是主要受讲者。宋高宗在建炎二年（1128）立足扬州时便恢复了经筵，第一讲就有司马光的历史名著《资治通鉴》。按旧例，端午节至八月经筵暂停，可宋高宗说，朕日夜不知疲倦读经史，有不懂的地方谁为朕解疑释惑？于是下诏经筵不停。

绍兴二年（1132）七月十五日，宋高宗亲自点名，要听胡安国讲《春秋》。十一月十三日，又下诏除了经筵日外，讲读官隔一日宣讲一次北宋胡瑗的《春秋口义》。当然，宋高宗读史书，有自己的用意，有一次他不小心对宰相朱胜非吐露了心声："朕观六经，皆论王道；如史书，多杂霸道。其间议论，又载一时捭阖辩士游说。"[①]

霸道和王道是古代统治的两种手段，霸道依靠权势和武力去驯服，王道依靠道德和礼教去感化，儒家主张王道，所以朱胜非赶紧纠正他说："《春秋》是尊王黜霸的。"

帝王倡导，学者必然为之张目。绍兴四年（1134）八月，宋高宗与范冲讨论修史时，范冲转述过去程颐的看法，王安石为害最大的不是新法，而是坏了天下人心术。这"心术"，自然主要指他的学说。绍兴五年（1135）三月，兵部侍郎王居正总结王安石学说的七大罪状，大致有：名为尊儒，其实暗藏私心；排斥异己，压制其他学说；胡乱解释经典，学说自相矛盾。

在朝野的共同努力下，主流社会很快形成了"安石之学不息，

[①] ［清］徐松编：《宋会要辑稿·崇儒七》，刘琳等校点，上海古籍出版社，2014年，第2885页。

则孔子之道不著"①的共识，王安石的新学被遗弃了。

在批判王安石学术的运动中，最卖力的是洛学弟子，洛学受益也最大。

洛学之兴，一个原因是洛学弟子在南宋政府中得到重用。建炎之初，以"程门立雪"传为佳话的程颐弟子杨时，被宋高宗诏赴行在，任命他为工部侍郎，杨时力辞不受，转为侍讲，即专门担任皇帝的经筵讲师。杨时之后，胡安国又担任这一职务。讲读经筵，对宋高宗及朝野学术走向，无疑会产生很大影响。

建炎年间朝中的程门弟子还有给事中许景衡、左司员外郎吴给、殿中侍御史马伸等；绍兴年间洛学官僚有朱震、廖刚、尹焞、王居正、张九成等。范冲严格来说是司马光涑水学派传人，但涑水学术主张与洛学本来就很接近，范冲的父亲范祖禹曾在洛阳十五年，与程颢、程颐交往颇深，不能不受洛学影响，所以范冲也算洛学弟子。范冲、朱震、尹焞都曾为宋高宗讲读过《春秋》。朱震、廖刚还主持过科考，大量录取洛学弟子，洛学壮大在所难免。

绍兴四年（1134），赵鼎为相，对旧党及洛学弟子的任用达到空前的境地。宋高宗在位前期，宰相职位更迭频繁，至赵鼎稍微稳定下来，前后三年多，是秦桧之外任职时间最长的。赵鼎学术上师承邵伯温，年轻时任洛阳令，与胡安国养子胡寅交往密切，受洛学影响甚深。当时朝政虽然整体上倾向于元祐，但对任用元祐子弟仍有争议、仍有疑虑。赵鼎执政后，大规模汲引元祐子弟，经他举荐的胡寅、晁公为、范正舆、陈正由、范冲，他们的父辈

---

① ［宋］胡寅：《斐然集》卷十四《追废王安石配飨诏》，中华书局，1993年，第313页。

胡安国、晁补之、范纯仁、陈瓘、范祖禹,都是赫赫有名的元祐党人;此外还有徐俯、任申先、张焘、朱震、王居正、魏矼、晏敦复、潘良贵、吕本中、张致远等元祐学术的信徒。旧党人士济济朝堂,为洛学独大创造了条件。

洛学之兴,还在于北宋有影响的诸学派其实并非纯粹的儒家学术。比如司马光善于治史,涑水学派自然偏重历史;苏轼擅长诗文,蜀学自然以文学见长。只有洛学和新学从经学中繁衍而出,具有真正的道统内涵。而且,比起司马光和苏轼,程颐在北宋党禁中受到的冲击要小得多,所以洛学在民间传播很广,弟子和信徒众多。既然舍弃了新学,洛学异军突起便在所难免。

但是,洛学发展的道路并不顺遂,洛学子弟卷入了复杂的党争之中。先是结交秦桧,对付实干型宰相吕颐浩、朱胜非;后来因为主战与主和的分歧,又受到秦桧的打压,洛学进入低谷。不过,洛学在民间的信徒越来越多,不断壮大,成为学术时尚,以至于清谈之士口口声声"言必称伊川"[①]。

宋孝宗时期,杨时的三传弟子朱熹以洛学为体,对北宋各派学术进行整合,完成了"理学"体系创建,实现了儒学自孟子之后最大一次蝶变。朱熹将《大学》《论语》《孟子》和《中庸》进行集注,并确定为儒家学说的基础读本,与《诗经》《尚书》《礼记》《周易》《春秋》并称"四书五经"。

随着皇帝和宰相的变换,理学的命运起起伏伏。宋宁宗庆元年间(1195—1200),韩侂胄与赵汝愚争权夺利,引发"庆元党

---

① 程颐曾在洛阳伊川居住、讲学,号伊川先生。

禁"，理学被斥为"伪学"，著作被禁止、销毁，朱熹等五十九人被列入"逆党"党籍，不得任用。但是，随着韩侂胄北伐失败被杀，党禁人士反而成了英雄，理学受到前所未有的推崇。

宋理宗时期，将理学确定为官方意识形态，道学家周敦颐、张载、程颢、程颐、朱熹被请入孔庙，列于从祀的地位，这是至高无上的光荣。朱熹的《四书集注》最终成了科举考试以及天下文人的权威注释。自此之后七百年，理学一直是皇权统治的思想武器，成为一统天下，具有绝对性、唯一性的意识形态。正统性战胜了多元性，其代价是思想的禁锢。清朝灭亡后，理学被推下神坛，但在民间仍有广泛的市场，它根深蒂固地存于人们的思想中，影响着人们的言行。

意识形态的固化形成于南宋理宗，但肇始于王安石变法。王安石之大弊，不在于青苗法侵害民利，不在于市易法扰乱市场，而在于用注解经书的方式去统一教材、统一考试答案，禁锢人们的思想。南宋初期，在纠正王安石变法的时候，未能剔除王安石学术之大弊，官方在新学和洛学之间二选一，延续并加剧了意识形态的单一化。尽管后来有朱熹"理学"和陆九渊"心学"之争，但他们同属于理学范畴，差异在研究方法而不在价值观。北宋中期那种学派并起、百家争鸣的生动局面一去不返。

学者刘子健认为，"它（南宋）最初几十年的政治、文化发展趋势却将塑造此后中国的形象，其影响绵延若干世纪"[①]，因此

---

① ［美］刘子健：《中国转向内在：两宋之际的文化转向》，赵冬梅译，江苏人民出版社，2019年，导言第1页。

导致了"中国转向内在"。经学是文化的核心,洛学替代新学,是"中国转向内在"的关键环节。

民族意识和忠义气节

公元前五世纪,子贡问他的老师孔子:"管仲非仁者与?桓公杀公子纠,不能死,又相之。"孔子回答:"管仲相桓公,霸诸侯,一匡天下,民到于今受其赐。微管仲,吾其被发左衽矣。岂若匹夫匹妇之为谅也,自经于沟渎而莫之知也。"[1]

翻译成白话文就是,子贡问:"齐桓公杀死他的哥哥公子纠,作为公子纠幕僚的管仲不但不自杀殉主,反而去辅佐齐桓公,他这算'仁'吗?"孔子答:"管仲辅佐齐桓公,做诸侯的霸主,匡扶天下。如果没有管仲,我大概会披散着头发,前襟向左掩,被夷狄征服了。管仲怎么能像普通人那样,为了恪守小节,还没有为世人做出贡献,就藉藉无名地自我了断呢。"

在孔子眼里,管仲以死殉主,"为谅",是小节,"一匡天下"才是大义。小节不足道,大义让天下人受益,天下人都应当对他感恩。管仲如何"一匡天下"?就是抵御了外族的进攻,没有让华夏族受蛮夷奴役。

华夏族重衣冠礼仪,无论男女,都将头发挽起,而周边民族披肩散发,不梳头;华夏族穿衣服"右衽",衣服前襟向右掩,周边民族"左衽",衣服前襟向左掩。

这就是春秋时著名的"华夷之辨"。

---

[1] [春秋]孔子:《论语》,上海大学出版社,2012年,第150页。

据史书，夏朝是汉族先人建立的第一个王朝，汉族的前身称夏族。经历了夏、商、周三代，夏族逐渐壮大，周边许多少数民族被同化，夏族又称"诸夏""华夏"，称周边少数民族为夷、狄、蛮、戎，《左传》《国语》等书开始有意识地区分华夏与夷狄，开始形成朴素的"民族意识"。

按《论语·宪问》的说法，民族意识是大义，远高于殉主这样的小节。可见，从一开始，中华的思想家便将民族大义置于至高无上的地位。

但是，对于普通民众来说，民族意识只是民族身份的识别，并没有形成深厚的民族情感、民族共同体以及民族排他性，或者说，没有形成后世所谓"民族主义"。

比如，只有周天子能称"王"，其他诸侯国或称"公"或称"侯"，不得僭称"王"。但楚国国君熊渠说："我蛮夷也，不与中国之号谥。"[①] 楚国的形成比较复杂，含有蛮夷的成分，但总体与华夏族同源，又受了周天子的册封，已经归入"华夏族"。然而，他们坦然自称"蛮夷"，丝毫没有低人一等的自卑感、羞耻感，可见当时的价值观，民族认同感并不强。

不过，由于诸夏的经济文化发展明显高于四周，民族优越感逐渐滋生，管仲就把夷狄比作豺狼，表示他们不懂礼教、不知礼仪，并提出了"尊王攘夷"的口号。

秦朝统一了"诸夏"，汉朝打败了北方游牧部落，让华夏族的民族优越感、民族自信心空前高涨，并由此诞生了"汉族"这

---

① [汉] 司马迁:《史记》卷四十《楚世家第十》，中州古籍出版社，1986年，第96页。

个称谓。

晋朝由于爆发了"八王之乱",皇室成员相互残杀,"经过这次变乱,社会经济受到严重破坏,人民大量伤亡,西晋的统治机能也从此瘫痪。"①少数民族纷纷入主中原,建立政权,中国北方杂居着汉、匈奴、鲜卑、氐、羌等众多民族。南方汉族政权始终不忘恢复中原,多次进行北伐,民族矛盾出现激化。虽然民族征服、民族反抗、民族战争频繁发生,但北方由于杂居和混战,民族之间主旋律总的来说是融合。这一时期,"五胡乱华,虽稍稍激起民族主义,尚未能发扬光大"②。

隋、唐时期是开放的、国际化的,对外实行德化政策,民族关系和谐,民族交往密切。长安的大街上,绿眼睛、紫胡子的西域胡人随处可见。他们或经商,或求学,或卖艺,或定居,成为长安一道不可或缺的风景线。著名书法家颜真卿到河西陇右任职,岑参写诗赠他:"君不闻胡笳声最悲?紫髯绿眼胡人吹。"胡人带来中原没有的乐器胡笳,还有"苏摩遮"这样的舞蹈:"摩遮本出海西胡,琉璃宝服紫髯胡。"李白则特别喜欢酒肆里侍酒的胡姬:"胡姬貌如花,当垆笑春风。""落花踏尽游何处,笑入胡姬酒肆中。"

不仅长安,即使在宣城,李白还能够在酒宴上见到西域艺人吹笛,写下"胡人吹玉笛,一半是秦声"的诗句。

文化的包容性,让人们更相信"天下一家",淡化了民族意识,

---

① 何兹全、张国安:《魏晋南北朝史》,人民出版社,2013年,第81页。
② 吕思勉:《吕著中国通史》,华东师范大学出版社,1992年,第383页。

民族主义在隋、唐没有市场。唐人甚至自觉接受外来文化,而不认为是"被同化""被入侵"。"唐朝的价值观、习惯、行为及政策都表现出一种强烈的草原影响。"①

宋朝是个转折。

唐末五代战乱,北方政权轮迭,生灵涂炭。与此同时,蒙古高原上的游牧民族,政治形态已经由部落制转变为完备的国家制,比过去更文明,更强大。他们没有趁乱南下,而是采取胁迫的办法,从中原政权手中蚕食了燕山两侧、太行山北麓,即所谓"燕云十六州"。等北宋建国时,都城向北一马平川,辽国从燕京(今北京)发兵,如无阻拦,骑兵数日即可兵临汴京城下。

辽国契丹族的军队像一把利剑,时刻悬在北宋汉民族头顶。

当两个民族形成对抗时,民族意识会随之强化,特别是其中一个民族处于弱势,但又有力量奋起反抗,有可能改变局势,这个弱势民族就会激发起高涨的民族主义情绪。

好在北宋与辽国缔结了亲如兄弟、互不侵犯的友好合约,暂时压制、平息了民族主义情绪。

南宋与金,则完全具备了上述各项要素。金国灭掉北宋,宋金处于激烈对抗状态。在这种对抗中,南宋被动挨打,无疑处于弱势。经过完颜宗弼搜山检海,韩世忠黄天荡之战,川陕和尚原、饶凤关以及绍兴四年仙人关大战,南宋军民发现,金国并非天兵神将,宋朝完全可以通过战争打出一番新的天地,甚至收复中原,

---

① [美]巴菲尔德:《危险的边疆:游牧帝国与中国》,袁剑译,江苏人民出版社,2011年,第177页。

恢复旧疆。这时候，民族意识、民族觉醒、民族主义情绪，达到了前所未有的水平。

学术的本质是意识形态，南宋初期最大的学术流派——洛学，是民族主义的重要推手。

作为洛学中坚人物，胡寅的民族思想最具代表性。[①]胡寅认为，华、夷之分不在血统，而在文化。如果不仁不义、贪婪嗜杀，就是夷；如果讲究人伦道德，就可以归入华夏。乍一看，胡寅似乎淡化了民族冲突，但他接着又谈到，华夏生于中原大地，所秉承的气清，夷狄所生之地偏远，所秉承的气浊，华夷的不同由此产生，这是"天命所钟"，是天生的，不是人为安排。这又排除了蛮夷变为华夏的可能性。

胡寅民族观中的矛盾，反映了南宋初期各种民族思潮的碰撞，其最终结果仍然是排斥"蛮夷"，在当时指的无疑是女真金国。

胡寅坚决反对华夷互变，反对华夷之交。汉唐初期，国力孱弱，朝廷对外族服软示好。胡寅给予猛烈批判，认为天子有三耻，一是用钱财买和平，二是跟蛮夷称兄道弟，三是用爱女去和亲。三耻之中，"嫁女尤甚"。[②]胡寅以唐初为例，唐高祖向突厥称臣十多年，唐太宗"渭水之盟"几乎掏空了国库，还将女儿嫁给吐谷浑、吐蕃，急功近利，启宠纳侮。

不能纳贡，不能称臣，不能和亲，那么怎样处理与夷狄的关系呢？胡寅给出答案："夫夷狄亦人耳，上古圣人怀之以德，接

---

① 胡寅的民族观和民族思想，集中体现在《读史管见》（岳麓书社，2011年版）中。
② ［宋］胡寅：《读史管见》卷二十一，刘依平校点，岳麓书社，2011年，第922页。

之以礼,叛乱侵寇,则威之以刑,固不逆示猜阻。"① 以德、以礼,如果不行,就用武力征服他们。

胡寅的民族观代表了洛学的民族观,因为洛学的要义就是忠义气节。

洛学也思考世界的本源问题,即世界是怎样形成的,天地是怎样起源的。经过陈抟、周敦颐等几代人的努力,借鉴了"太极"的概念,认为宇宙形成于太极,太极生两仪,两仪生四象、生万物,其中蕴含的道理,就是"天理"。天理这个概念由程颢、程颐提出,是二程对洛学最重要的贡献,也是后来洛学发展为理学的由头。

天理的字面意思是上天赋予的道理,是自然规律,比如说河水向东流,树木能生长,每棵树生长快慢不一样,北方旱南方热,树木向阳的一面茂盛,桌凳放在某个地方,有些人聪明有些人愚笨,都有自身的道理,都蕴含着天理。阳光、大地、桌椅、鸟兽、矿藏,以及阴阳、五行、万物,无一不是太极,无一不是天理。

儒家哲学话语中的天理,应用到人类社会,就是人们应当遵循的社会秩序和伦理纲常,就是孔孟倡导的仁、义、礼、智、信,以及由此派生出的忠孝友悌。

孟子对"义"有比较深刻的论述,他又从"义"中引出"气"。在《孟子·公孙丑上》中,他说:"我知言,我善养吾浩然之气。……其为气也,至大至刚,以直养而无害,则塞于天地之间。其为气也,配义与道;无是,馁也。是集义所生者,非义袭而取之也。行有不慊于心,则馁矣。"② 孟子这里说的"浩然之气",既

---

① [宋] 胡寅:《读史管见》卷二十三,刘依平校点,岳麓书社,2011年,第842页。
② [战国] 孟轲:《孟子·公孙丑上》,哈尔滨出版社,2007年,第44页。

是身体中的物质之气,又是一种道德精神,具有价值取向、伦理规范的内容,即后世所谓气节。

孟子还告诉人们形成"气"的途径,怎样才算有气节。《孟子·滕文公下》:"富贵不能淫,贫贱不能移,威武不能屈。"①"富贵不能淫"指对待功名利禄,"贫贱不能移"指对待贫穷蹇塞,"威武不能屈"指对待权势暴力。

到了宋朝,特别是南宋,理学将气节上升到"天理"的高度,上升到国家大义的高度。程颐说:"固有杀身以成仁者,只是成就一个'是'而已。"②杀身成仁就是气节。他还指出:"饿死事极小,失节事极大。"③

理学认为气节分大节、小节,而忠君是大节。"忠以事君,完始终之大节。"④以忠君为贯穿始终的大节。理学所谓"气节",最根本的、最终极的,就是为君主而死!这才是理学气节观本质,也就是后世所说的忠义观、忠君观。因为君主是国家、民族的象征,有些人又把忠君等同于忠于国家、忠于民族。

南宋初年,士大夫已经非常讲究民族气节。

富平之战后,关陕被金国占领,"士大夫守节死义者甚众"⑤。知天兴县李伸,在城破后自杀。知彭阳县李喆被俘,金人授予其

---

① [战国]孟轲:《孟子·滕文公下》,哈尔滨出版社,2007年,第82页。
② [宋]朱熹:《论语集注》卷八《卫灵公第十五》引程颐语,《四书章句集注》第163页,中华书局,1983年。
③ [宋]程颢、程颐:《二程集·河南程氏遗书》卷二十二下,中华书局,1981年,第301页。
④ 同上书,卷十一,"为家君祭韩康公文",第642页。
⑤ [清]毕沅:《续资治通鉴》卷一百〇九"绍兴元年二月"条,中华书局,1957年,第2879页。

官职，坚辞不受。通判原州米璞，杜门谢病，不愿谋求金国差事。知陇州刘化源被金军押送到河北，在民间隐居，贩卖蔬果十年，始终不与金国合作。

伪齐虽为汉人政权，但为金国所立，在汉人眼中，其为"汉奸"，事伪齐与事金国并没有太大的区别。绍兴三年（1133），伪齐将领李成攻破虢州，南宋镇抚司统制官谢皋举着刀对敌人说："这里有我一颗红心。"遂剖心而死。许多伪官常常为南宋通风报信，也是民族意识和忠义思想没有完全泯灭的结果。

忠义精神甚至影响了金国。金国对宋朝的降将、俘虏，表现不屈的，只要不是怒骂不止，一般不忍加害，有才学的还会待为上宾。秦州定西寨都监兼知寨郑涓，袒臂而战，城破后自杀未死，金人赞扬他的气节，也没有杀他。原太原太守张孝纯城破后被俘，起初有不屈的表现，时间久了逐渐为宗翰所用。宗翰本来有意让他组建傀儡政权，但张孝纯态度消极，常要求归隐乡里，反映了失节造成的痛苦心理。[①] 相反，杜充以宰相的身份投降了金人，金人却不给他好脸色，宗翰对他非常冷淡。

南宋洛学成为显学之后，气节更成为衡量志士仁人的标准，也成为士大夫评价道德观、民族观的标准。陈公辅虽非洛学中人，但也受儒学浸淫甚深，他猛烈抨击"公卿大夫无气节忠义，不能维持天下国家，平时既无忠言直道，缓急讵肯伏节死义"[②]，把气节忠义与天下国家联系起来，把为节义而死当作理所应当的事情。

---

① 胡文宁：《伪齐政权研究》，西北大学博士学位论文，2014年。
② ［元］脱脱等：《宋史》卷三百七十九，中州古籍出版社，1998年，第1745页。

当忠义气节的价值观与尊夏攘夷的民族意识交织在一起时，士大夫既然要讲究气节，在民族问题上就少了妥协余地，这日后成为主战派的精神支撑。

苏轼、黄庭坚与江西诗派

今天来看，诗词只是文艺的一种形式，与绘画、电影、雕塑、舞蹈甚至剪纸、盆景等并没有太大的区别。但古人不这样认为，古人把音乐和诗歌凌驾于其他艺术形式之上，作为意识形态的一部分，有着极其庄重而崇高的地位。

音乐广泛应用于祭祀、朝会、宴饮，这些场合音乐的使用等级森严，天子、诸侯、士大夫的礼仪各不相同，使用的音乐也必须有所区分，所以音乐成为礼制不可或缺的一部分。孔子感叹"礼崩乐坏"，就是说诸侯用了天子的音乐，士大夫用了诸侯的音乐，这是乱世的象征。

诗歌的特殊意义在于，诗言志，诗歌是表达的出口，是政治、外交、宣传的载体，自然不能被忽视。正因为如此，《诗》由孔子亲自编订，被列入经典。一个人诗赋水平的高低，被看作人文素养和政治素质的重要标志，进士科即以诗赋为选拔标准之一。

到了宋朝，人们忽然发现，诗赋没有想象中那么重要，貌似雕虫小技，与治国没有必然的联系。所以王安石改革科举，取消了诗赋科目，宋徽宗甚至下令不得私相传授诗赋。不过，宋代是诗歌昌盛时期，当局对诗歌态度任何一个细微变化，都会在社会上产生强烈振渲,进而影响着士大夫的价值取向。

所以,检讨北宋亡国教训,不可能不反映到诗歌以及对诗歌的态度上。

苏轼是北宋文学集大成者,也是新党重点打击的对象,每一次新党执政,都会首先拿苏轼开刀。宋神宗元丰年间(1078—1085),苏轼因言获罪,被打入御史台大牢,险些丧命;宋哲宗亲政的绍圣时期,被远谪岭南、海南,九死一生。宋徽宗年间,苏轼已经去世,但其著作被焚毁,诏令不得收藏、传播、学习苏轼的诗文。

皇帝和新党视苏轼为眼中钉,但苏轼的诗文写得太好了,他们也喜欢,私下里偷偷地读。宋神宗称赞苏轼才学前无古人,连李白也比不上。蔡京的儿子蔡絛写了一本诗论《西清诗话》,评价诗歌的依据就是苏轼、黄庭坚的创作和理论,蔡絛还因此丢了官职。一度任右相的赵挺之,儿子赵明诚极其喜欢苏轼及其弟子的诗词,只要碰到苏轼、黄庭坚的书籍,哪怕只有半部也要买下来收藏。

南渡后,元祐党人平反了,人们可以正大光明地读苏轼一门的诗词,追随他们的风格写诗作文。宋高宗搜集了苏轼的全部诗文,让人刻印,放在宫中,时时诵读。有一次,他得到画家李公麟的两幅画,一幅画人参,一幅画山药,宋高宗想起苏轼恰好也写过《人参》诗和《山药》诗,便亲自把这两首诗题在画作上,并装裱起来挂在殿上。明人李日华评价说,苏轼诗词众多,《人参》《山药》两诗并不出名,宋高宗却能记起来,足见他对苏轼诗文的熟稔。当然,他还认为,人参和山药都是北方物产,宋高宗睹物思乡，才有这般兴致。①

在赵构的带动下，朝野迅速掀起"苏轼"热。陆游记述当时社会上流传一句歌谣："苏文熟，吃羊肉；苏文生，吃菜羹。"②

苏轼为文坛盟主，麾下弟子众多，比较有名的如黄庭坚、秦观、晁补之、张耒、陈师道等。其中黄庭坚的成就最高，苏轼去世后，黄庭坚虽被迫害，但仍无愧于新的文坛盟主。

随着南宋初期皇帝对苏轼之尊崇，苏门学士及周边文人群体不仅得以解封，而且地位水涨船高，其后人政治环境也随之好转。由于同被迫害，又一同解禁并被视为相同的政治群体，苏轼、黄庭坚文人群体及其后代逐渐形成相对紧密的团体，江西诗派由此诞生，并因而改变南宋文风。③

毋庸讳言，苏轼的诗文成就都要高于黄庭坚，但黄庭坚并非苏轼弟子那么简单。黄庭坚只比苏轼小八岁，他最初并不甘心拜倒于苏轼门下，后来钦佩苏轼的学识，加上苏轼盟主的地位不可撼动，便主动与苏轼交往。二人与其说是师徒，不如说是朋友，他们诗文齐名，并称"苏黄"，书法也相差无几，同时位列"宋四家"。

---

① ［明］李日华：《六研斋三笔》卷三，载《六研斋笔记》，郁震宏、李保阳点校，凤凰出版社，2010年，第226页。
② ［宋］陆游：《老学庵笔记》卷八，载《全宋笔记》第五编八，大象出版社，2012年，第91页。
③ 彭民权：《南宋初期诏令与文风的演变》，载《山东师范大学学报（社会科学版）》2023年第1期。

黄庭坚的诗风与苏轼不同，苏轼是千年不遇的天才，虽然也取法于前人，但写诗作词信手拈来，并没有森严的法度。而黄庭坚以杜甫为宗，诗作结构严谨，注重遣词造句、锤炼语言，主张"专意出奇""无一字无来处""点铁成金""夺胎换骨"。苏轼天赋异禀，他人学不得；黄庭坚讲究法度，却是可以借鉴的。正因为此，北宋末期，学黄庭坚者反而比学苏轼者更多。大约在宋徽宗初年，元祐党人吕公著曾孙吕本中作《江西诗社宗派图》，列出二十五人，包括黄庭坚、陈师道、潘大临、晁冲之以及吕本中本人等，这是第一次提出"江西诗社"的概念。

江西诗社并非诗歌团体，而是风格相近的诗歌流派的统称，叫"江西诗派"更为合适。由于宋徽宗严厉打击苏派诗人，江西诗派诸诗人实际上处于蛰伏状态。宋高宗崇尚苏轼后，这一派又活跃起来，江西诗派的名称流传开来，被人认同。

徐俯是黄庭坚的外甥，宋徽宗年间隐居在舒州（今安徽潜山），与黄庭坚书信往来，得到黄庭坚悉心指导。徐俯进步很快，逐渐超过了常人水平，黄庭坚经常在文章中夸赞他。可以说，徐俯是江西诗派最正宗的继承人。

南渡后，徐俯避难在昭州（今广西平乐）。宋高宗读黄庭坚文集，见黄庭坚屡次称赞他，对他产生好感，绍兴二年（1132）召他入朝，任右谏议大夫。从此官运亨通，一年多便升任翰林学士、签书枢密院事、权参知政事，荣登执政大臣之位。

徐俯除了继承江西诗派重视立意、重视用字、重视学养的特点外，同时取其精华、去其糟粕，在学习杜甫的同时，也学习六朝诗、韩愈、李白、刘长卿等，重视景物对诗歌的影响，强调诗歌语言表现的"恰到好处"。所以他的诗歌清丽自然、随心感性，不像江西诗派其他诗人那样晦涩。①

曾几在北宋是太学老师，南宋后担任过几个路的转运判官，官位不算高，但在官场和文坛都有重要的影响。他七十三岁还被宋高宗召见，咨询政事，擢为礼部侍郎。曾几的诗歌最终突破了江西诗派，诗风清淡，毫无迟滞之感。

曾几还是一位理学家，受业于胡安国，擅长《易》和《论语》，每天起床第一件事就是读一篇《论语》，到老都没有改变这个习惯。他的学术著作有《易释象》五卷、《经说》二十卷。

曾几另一个重要贡献是教授了陆游。陆游十几岁就开始崇拜曾几，读他的诗，学他的文章，把他等同于韩愈、杜甫。曾几去绍兴看望陆游的父亲陆宰，陆游兴奋得彻夜难眠，把自己的诗歌习作拿出来请曾几指导。曾几夸奖陆游学问大，像王献之仓库里的笔；诗文好，像若耶溪里的水跌宕起伏，打动人心。陆游诗名远播，自曾几始。

陆游一直断断续续跟随曾几学诗十几年，曾几去世后陆游补写了一篇《墓志铭》，详细记录曾几一生的气节和学识，以及对自己的影响。对于陆游思想倾向的养成和诗歌艺术的形成，曾几起到了至关重要的作用。

南宋诗歌中兴四大家中，尤袤是吕本中的再传弟子；杨万里诗学陈师道，自己承认青年时写的诗都是江西体；范成大的诗歌也明显有江西体的痕迹。可以说，朝廷对江西诗派的"解封"，

---

① 杨立:《徐俯与江西诗派》，重庆师范大学硕士学位论文，2018年。

改变了北宋末年诗歌萎靡不振的状况，重新找回了"诗歌王朝"的标签，对南宋文学发展产生了深远的影响。

但是，耐人寻味的是，宋金和议达成之前，文学创作并没有形成主战抗金氛围，江西诗派在世的骨干吕本中，后起之秀曾几、徐俯等，仍然延续北宋后期诗风，总体上寻章摘句、刻意雕琢，没有慷慨激昂的作品。这种状况要等到绍兴三十二年（1162）辛弃疾归宋、乾道八年（1172）陆游从军后才有所改变。

究其原因，一方面说明文学继承具有惯性；另一方面说明，宋高宗前期，朝野关注的焦点在如何避免金军打击，侥幸保全政权，悲观苟安是主流情绪，恢复中原是深藏于心底的梦幻泡影，就像人穷志短一样，困顿蹇塞时不敢奢望雄图大志了。

辛弃疾、陆游的崛起带有更深的时代背景。

绍兴二十五年（1155），主和派宰相秦桧病故，主战派很快主导朝政，朝野一片收复之声。辛弃疾、陆游在之后才显迹于文坛。开禧二年（1206）韩侂胄北伐失败，辛弃疾、陆游被"清流"排斥，抗金主战文学也进入尾声，取而代之的是姜夔、吴文英、周密等清雅派的低唱浅吟。

南宋前期仓皇时，江西诗派雕词琢句，逃避现实；南宋中期主战时，中兴文人慷慨悲歌，契合时势；南宋后期衰微时，清雅词客醉心音律，不论魏晋。不管以何种面目示人，他们都被打上了鲜明的时代烙印，成为时代的传声筒或者反光镜。

而我们回过头看北宋中前期的文人作品，无论是范仲淹的"居庙堂之高则忧其民，处江湖之远则忧其君"，还是欧阳修的"醉翁之意不在酒"，抑或苏轼的"一蓑烟雨任平生"，他们遵从于内心的诉求,抒写个性张扬的自我,千姿百态,哲思深厚。

同经学一样,南宋之后,诗文风格归于单一,文学走向衰败只是时间问题。

番外:洛学的无趣和有趣

鸣皋镇坐落在洛阳古城向南五十公里,伊川县与嵩县交界处。它位于九皋山麓,伊河北岸,依山傍水,是钟灵毓秀的风水宝地。

九皋山和鸣皋镇的名字,应该与《诗经》有关,取自于《诗经》或者是《诗经》吟咏之地。《小雅·鹤鸣》首句即吻合"九皋""鸣皋"两个地名:

鹤鸣于九皋,声闻于野。鱼潜在渊,或在于渚。乐彼之园,爰有树檀,其下维萚。他山之石,可以为错。

鹤鸣于九皋,声闻于天。鱼在于渚,或潜在渊。乐彼之园,爰有树檀,其下维榖。他山之石,可以攻玉。

这是一首写隐居者的诗,鹤指那些为朝廷重用的人才,而鱼指隐居者。鹤固然天资高贵,鱼也有自己的精神世界,而且他们更自由、更辽阔,或在渊,或在渚,有鹤所不能为的优势。[①]

程颐生前,很难说是鹤还是鱼。

他有过很显赫的地位——任宋哲宗的老师,专门给皇帝讲

[①] 这首诗的题解,见周啸天主编:《诗经楚辞鉴赏辞典》,商务印书馆,2012年,第451、452页。

经；他又是一介布衣，一辈子没有功名，也没有做过与国计民生相关的官职。

他最有影响的身份是理学（洛学）大师，除了著书立说，最有成就的事业是开门授徒。

他开办的学校就在鸣皋镇，叫"伊皋书院"（元朝改称"伊川书院"）。

程颐的学生遍天下，二程故里嵩县二程祠《二程门人名录碑》记载了来自河南、河北、山西、陕西甚至远至福建共八十八名弟子。这些门人能够存下姓名，当是诸多弟子中的佼佼者。孔门七十二贤，程颐比孔子还要多十几人。

程颐最著名的弟子有四人：杨时、游酢、谢良佐和吕大临。其中杨时和游酢因"程门立雪"为人所熟知，被奉为尊师重教、虔诚求学的典范，事情发生的地点就在伊皋书院。

一日，两个福建人杨时与游酢去拜访程颐，程颐正在厢房打盹，二人不便惊扰，静静地侍立在侧。等程颐醒来，发现门外不知何时下起了大雪，雪深已一尺有余。

老师困顿，杨时、游酢侍立，不敢说话，不敢走动，甚至不敢打哈欠伸懒腰，这样容易惊醒老师，显得很不礼貌，破坏尊师重道的好形象。这样侍立，应该十分无聊，如果不是有相当大的定力，必然难以自持。并且，这件事本身与雪没有多大关系。然而化为故事，流传开来，就觉得很浪漫，很有意境，并稍加演绎，升华到了超越人之常情的境界。

比如：这个故事原本出自朱熹的《河南程氏外书》，后来几经演变，变成了杨时、游酢站在屋外，大雪纷飞，二人像雕像一样屹立不动,直到全身皆白,膝盖没于雪中。①

非常无趣的一件事,被后人津津乐道,赋予了更多的教育意义。

伊皋书院坐北向南,其西厢房上挂着朱熹题的匾额"立雪堂",程门立雪应该就发生在这间屋子里。不过"立雪堂"三字题款下没有朱熹的印章,想来是后人集字而成,并非朱熹专为此而题。朱熹生活的年代,伊川划归金国,他也没机会为师祖们题匾。

据伊川"二程文化园"的导游介绍,这个书院是北宋名相文彦博所赠。元丰五年(1082),程颐还没有任何职务,但已经是新儒学的翘楚。他给致仕居住在洛阳的文彦博写信,说明自己开办书院的愿望,希望文彦博能支援一块土地。文彦博毫不含糊,将自己在鸣皋镇的一处庄园送给了程颐。庄园十亩大小,除了盖房子建学堂,其余种庄稼,生产出来的粮食供师生果腹。

如今,庄园早已不见踪迹,伊皋书院被拥挤在一条小巷深处,杂立于民居之间,如果不是门前立有"河南省重点文物保护单位"的碑刻,很难把它与盛极一时的理学"圣殿"联系起来。

在一个清爽的秋日,我驱车一百五十公里,前来拜访这座古老的书院。跟着导航将车开到书院门前,只见大门紧闭,铁锁已生出斑斑锈迹。书院对面的一座农家大院敞开着门,我试着进去询问,这家主人竟然有书院的钥匙——一些人气不旺的文保单位,往往由附近群众代为看管,有游客时便对外开放——主人行动不便,将钥匙给我,使我能够进入书院,一睹它的真容。

书院结构很简单,中间堂屋,悬挂着"大成殿"的匾额。孔

---

① 福建省姓氏源流研究会游氏分会、闽台文化交流协会南平分会编:《宋·游酢文集》卷一,延边大学出版社,1998年,第8页。"伊川倦卧,候之门外,雪深三尺,终无怠容。"

子在元朝被加封为"大成至圣文宣王",旧时的学堂正屋因此常常取名"大成殿"。不过,宋朝孔子还没有这个谥号,"大成殿"的匾额显然系后世附会。

正屋两旁,各有厢房两座,西边一座,就是"程门立雪"典故中程颐打盹儿的地方。我推开屋门,蛛网罗结,显然很久没有来客了。

在书院转了近一个小时,没有一个人前来打扰。

这座书院的命运,正如理学,世人正将它淡忘,但它的"核"还在,真实地杂处于民众之中,被小心翼翼地保护起来。

书院四周种着竹子,秋风中飒飒作响,有肃穆之气。

这让我想起人们对程颐的评价:"烈日秋霜。"程颐为人严肃,正襟危坐、不苟言笑。而洛学亦如是,人们称迂阔不知变通的儒士为老夫子,其源头正可以追溯到程颐。

洛学讲规矩,眼睛里容不得沙子,一分一毫也不可偏差。

元祐元年(1086),司马光执政,推荐隐逸之士程颐任崇政殿说书,专门教小皇帝宋哲宗儒家经义。小皇帝仅有十来岁年龄,未谙世事,春天见柳枝发芽,娇嫩可爱,便折了一条拿在手上玩耍。程颐看见后,严厉批评:"方春万物生荣,不可无故摧折。"程颐说得似乎有些道理,然而爱玩是人的天性,如果连柳枝都折不得,人生还有什么乐趣可言?司马光闻知后直摇头:"使人主不欲亲近儒生者,正为此等人也。"正是因为有程颐这样的人,君主才对儒生没有好感。[1]

---

[1] [宋]沈作喆:《寓简》卷五,载《全宋笔记》第四编五,大象出版社,2008年,第46页。

今天人们大多把这则故事当笑话讲：洛学无趣，无趣到旁听的人以为乐趣。

洛学以克己复礼为己任，所复之礼，即周礼，孔子倡导的礼。

司马光去世，诏令程颐主持葬礼。恰逢朝廷有大典，百官庆贺之后去司马府吊唁，程颐阻拦说："子于是日哭则不歌，岂可贺赦才了，却往吊丧？"意即孔子在一天里哭过就不再歌咏了，刚刚庆祝过，怎么可以立即去吊丧？这不符合礼制。有人不服：孔子说哭过不能歌咏，没说歌咏过不能哭。苏轼一向洒脱，看不惯洛学刻板模样，跟着嘲讽说："此乃枉死市叔孙通所制礼也。"冤枉死叔孙通所制的古礼了。众人大笑。①

叔孙通是秦朝的待诏博士，后转投项羽、刘邦，汉朝建立后自荐为新朝廷制定礼仪。叔孙通为汉家礼法做出了贡献，但他转事多主，毫无气节，所制礼仪逢迎皇帝的喜好，并非出自古礼。司马光曾批评叔孙通媚俗取宠，逞一时之功，结果使古礼失传。

苏轼以程颐比叔孙通，自然不是好话。

洛学的核心是"天理"二字，天理的要义又在于气节。别人与程颐探讨男子再娶与女子再嫁的问题，程颐反对再娶再嫁，说了一句流传后世的名言："饿死事极小，失节事极大。"后来，朱熹为程颐辩解，说这种观点看似迂腐，不为世俗所接受，但必须坚守。

有意思的是，宋朝的理学中人，说一套，做一套，实际行为也难以受"理"约束。

---

① [宋] 李焘:《续资治通鉴长编》卷三百九十三"元祐元年十二月壬寅"条，中华书局，1986年，第9569页。

程颐的伯父早亡，伯父的女儿、女儿的女儿出嫁后都死了丈夫。程颐的父亲程珦将二人接回家中，担心侄女伤心，便为外孙女又找了户人家。程颐为父亲作传时，并非批评父亲让女子再嫁，反而用赞赏的口吻记述了这件事。①

陈守，字师中，是丞相陈俊卿的次子，朱熹的弟子。他的妹夫刚去世一年，妹妹就要改嫁。朱熹写信给陈师中，让他劝妹妹为丈夫守节，称颂这是人伦之美事，丞相家应该为全社会作出表率。朱熹预感这封信不会有太大效果，又写信给陈俊卿，要陈俊卿仿效《列女传》中人物，保全女儿的名节。朱熹如此卖力，陈氏父子还是不买账，为家人幸福着想，将女儿（妹妹）改嫁了他人。

宋朝社会相对开放，再娶再嫁十分普遍，洛学兴起不久，风尚滞后于意识形态实属正常。宋朝末年，理学被定为官方哲学，对士人百姓的要求逐渐严苛起来，日常行为也受到规范，女子改嫁的事极其罕见了。

明末朱用纯，用格言的形式阐明家庭道德，名《朱子家训》；清朝李毓秀编儿童教材，作《弟子规》。两本书规范之细，精准到早上起来先干什么，晚上什么时候睡觉，睡觉前应当怎样。至于兄弟邻里、嫁女娶媳、买卖耕作、说话读书，无一不至。这样的规则不能算错，但如果完全照此行事，所有人像一个模具里生产出来的器物，毫无个性而言，也失去了生命的天真情趣。

理学抑制人欲，又无限扩大范畴，标准高，要求严，挑战人性，所以很难做到。程颐、陈师中这些理学中人尚且如此，何况

---

① ［宋］程颢、程颐：《二程集》，中华书局，1981年，第651页。

其他士大夫和普通民众。理学成为官学之后，士大夫不得不口头上唱着高调，表面上做足官样文章，实际中，固然有文天祥这样大义凛然之士，也不乏明哲保身、蝇营狗苟之辈。南宋将亡时，元军逼近临安，左丞相留梦炎既要活命，又不愿背负叛臣的恶名，一逃了之，连宰辅的尊位也不要了。其他大臣纷纷仿效，有的官员指使他人弹劾自己，有的演双簧戏，互相攻讦，然后不等朝廷下发处理意见就溜之大吉。太后上朝，听班的大臣只剩下了六位。这些临阵脱逃的理学士大夫，读圣贤书、知节义事，后来几乎无一例外地投靠了元朝。

理学犹如歌曲，调子定得太高，唱起来就不婉转悠扬，显得无趣；大多数人跟不上这个调子，便产生许多矛盾冲突，产生许多喜剧效果，又妙趣横生。

这就是理学（洛学）的无趣和有趣。

南宋立国之初，宋高宗排斥新学，最爱元祐，倡导洛学，但他也顶不上洛学的高调。于是，绍兴年间，就出现了反复、摇摆的现象，时而亲近，时而排斥洛学。绍兴十四年（1144）三月，宋高宗在长期抑制王安石的新学后，又表示："王安石、程颐之学，各有所长，学者当取其所长，不执于一偏，乃为善学。"[①]秦桧随声附和。秦桧当政，出于党争，曾残酷打击洛学，与宋高宗的态度是分不开的。

洛学废兴，表面是学术，背后都是政治。

---

① ［宋］李心传：《建炎以来系年要录》卷一百五十一"绍兴十四年三月癸酉"条，商务印书馆，1936年，第2431页。

第三章
独裁政治

北宋仁宗皇祐二年（1050）九月，朝廷举行三年一次的郊祭天地大典。三司使张尧佐趁机滥发赏钱，拉拢人心，引发谏官不满，纷纷上书弹劾。

张尧佐是宋仁宗宠妃张氏的伯父，是张氏在朝中唯一的亲人，宋仁宗不愿让美人伤心，但鉴于谏官"难缠"，便免去张尧佐的三司使职务，改任宣徽南院使、淮康军节度使、景灵宫使、群牧制置使。这"四使"，都是闲差、虚职，但待遇不低，其中宣徽南院使身份尤其尊贵。

然而，仁宗还是错了。在谏官们眼里，张尧佐似乎已经"十恶不赦"，必欲置之死地而后快，哪里能容忍为他加官晋爵？即使是虚职也不行！

恰在这时，秀州（今浙江嘉兴）地震，给谏官继续弹劾张尧佐提供了借口。知谏院包拯上了一道长长的奏章，指责提拔张尧佐是失政，惹怒了上天。新任监察御史王举正建议追回对张尧佐新的任命，改任为地方官。谏官们还威胁宋仁宗，如果不听从建议，就撂挑子不干了。

宋仁宗不为所动，置之不理。退朝时，王举正要求百官留下来不要走，谏官要跟仁宗展开廷辩。宋仁宗想阻止，盛怒之下，说："节度使不过是个粗官，有必要争论吗？"正是这一句话，让谏官们抓住了把柄。殿中侍御史里行唐介扒开前面的人，蹿到前排，质问仁宗："你敢说节度使是粗官？你可知道，太祖皇帝、太宗皇帝都曾做过节度使？今天你居然说节度使是粗官！"宋仁宗吓了一跳，没想到自己挖了个坑，自己跳了进去。①

这场廷辩已经不需要进行了，胜负已判。宋仁宗又不愿让步，于是起身便走。这时，最胆大的台谏官包拯真的出"手"了。他上前拽住仁宗的衣襟，不让仁宗回宫。二人就站在朝堂的出口处，包拯大声地给仁宗皇帝上了一堂如何任用官吏的政治课。②

最后，宋仁宗不得不让步，减掉张尧佐"四使"中的两个，只宣布任命为淮康军节度使和群牧制置使。

谏官是皇权、相权的制衡力量，谏官教训皇帝的故事，也只能发生在北宋。到了南宋高宗时期，风气大不如从前，皇帝集权，

---

① ［宋］李焘：《续资治通鉴长编》卷一百六十九"皇祐二年十一月癸亥"条，中华书局，1986年。引张耒《明道杂志》：仁宗初盛怒，迎谓之曰："岂欲论张尧佐乎？节度使粗官，何用争？"唐质肃公作御史里行，最在众人后，越次而前曰："节度使，太祖、太宗皆曾为之，恐非粗官。"上竦然。

② ［宋］朱弁：《曲洧旧闻》卷一，载《全宋笔记》第三编七，大象出版社，2008年，第10页。既降旨，包拯乞对，大陈其不可，反覆数百言，音吐愤激，唾溅帝面。帝卒为罢之。

宰相弄权，谏官沦为皇帝和宰相的帮凶。

秦桧来了

从登基到建炎四年（1130）四月结束海上流亡生活，宋高宗主要任命过李纲、黄潜善、汪伯彦、朱胜非、吕颐浩、范宗尹为相，但没有一个顺手的。

李纲是有威望的主战派，彼时宋高宗也踌躇满志，二人似乎一拍即合。但李纲又是个书生气比较重的人，单线条思维，不懂变通。比如，他反对一切形式的和议，执政的第一件事，即惩治金军围城中主和及参与谈判的大臣，特别是在金国扶持的张邦昌伪楚政权中任职的官员。这显然是意气用事，因为这些官员大多身不由己，以此确定忠、奸过于草率。况且，当下形势严峻，也并非大规模追究责任的良机。原谏议大夫宋齐愈，在是否支持张邦昌伪政权上存在争议，最后仍被处死。与宋齐愈交好的张浚、黄潜善为他鸣不平，加剧了朝臣之间的矛盾。[①]

惩治围城罪臣，为南宋初期的党争埋下了伏笔。

李纲还极力主张新朝廷回到故都汴京，天子守国门。宋高宗没有勇气将自己放置在这样危险的境地中，君臣有了隔阂。后来，李纲意识到建都汴京不现实，又主张移跸邓州、襄阳，而黄潜善、汪伯彦主张游巡东南。宋高宗意属东南，罢免了主政仅七十五天的李纲。

李纲之后，黄潜善、汪伯彦上位。这两个人没有什么本事，

---

① 董春林：《宋高宗南渡后的政治取向——基于建炎年间几起冤案的分析》，载《北方论丛》2012年第1期。

执政两年，毫无建树，朝廷不断南逃。作为宰相，他们对不断恶化的局势负有不可推卸的责任，于建炎三年（1129）二月被免职。

第四位宰相是朱胜非。朱胜非的运气实在太差，刚上任三天就碰到苗刘之变。朱胜非努力从中斡旋，保护了赵构和脆弱的南宋政权。不过，兵变毕竟发生在他执政期间，于是依据宋朝惯例，他事后请辞。赵构多次挽留，无效，只好同意他罢相。

接替朱胜非的是吕颐浩，四月上任。

吕颐浩在宋、金反目时任河北路都转运使兼经制燕山府①，转运使俗称"漕臣"，主管财赋运输，吕颐浩因此积累了丰富的财政经验。金军攻打北宋，以燕山府为突破口，吕颐浩成为第一批金国俘虏，目睹了金国强大的军事力量，有了与金人打交道的经验。

吕颐浩在对金关系上没有大的作为，但他推行的一些内政却呈现出南宋国家重构的端倪。

最显著的措施是加强相权。北宋中后期，设置三省分享宰相权力，即门下省、中书省、尚书省。有两名宰相：尚书左仆射兼门下侍郎为首相，尚书右仆射兼中书侍郎为次相。建炎三年（1129）四月，由吕颐浩提出建议，改尚书左右仆射带中书门下平章事，以参知政事为副宰相。这意味着过去门下省和中书省相对独立的状况变为二者合一。到宋孝宗年间，三省都由宰相统领，宰相职权进一步扩大、固化。

北宋专门有御史台负责监督百官，谏院向皇帝建言献策，两个机构的官员统称台谏官或言官。台谏权力极大，其中一项是"风

---

① 宣和五年（1123），北宋采取赎买的方式从金国手中得到燕京（今北京），改名燕山府。

闻奏事"，即在没有真凭实据的情况下，单靠道听途说就可以弹劾官员。台谏有副作用，但其最大的好处是能及时发现皇帝决策错误，防止宰相独断专行。宋神宗之后，为了推行变法，有意弱化了台谏职能，并出现宰相操控台谏、二者合流的趋势，但总体来说，台谏仍是一支相对独立的重要政治力量。

南宋初期，时局动荡，御史台形同虚设，谏院没有了编制，直到建炎三年（1129）才重建谏院，但职能很弱，无法对宰相进行制衡。吕颐浩甚至可以直接对言官下命令。

纵观整个南宋，先有秦桧，后有韩侂胄、史弥远，又有贾似道，几乎每个皇帝都有权相相佐，就是源于南宋初期相权的强化。

战争期间朝廷缺钱，因此吕颐浩非常重视选拔任用实用型人才，并不排斥蔡京、王黼旧党，这在"最爱元祐"的语境下，让党争重新抬头，受到"清流"大臣的猛烈抨击。建炎四年四月二十五日，宋高宗刚从海上回到越州，就以独断专行的借口罢免了吕颐浩。不久，参知政事范宗尹升任右仆射，为宰相。

范宗尹只有三十岁，曾在张邦昌伪政权中任职，李纲执政时被打入另册，建炎三年才被召回朝廷。范宗尹支持对金军采取逃避政策，反对入蜀，正合宋高宗心意，因此一路蹿升。但范宗尹私心较重，一方面提拔自己的同乡好友，一方面大面积赦免被贬的伪楚官员，遭到朝臣猛烈抨击。加上他内政外交上都缺乏行之有效的有力措施，让宋高宗颇为失望。

国难当头，谁是辅政之人？

建炎四年（1130）十一月，一个人的到来引起了宋高宗的兴趣。

这一月，金国左监军完颜昌驻扎在楚州（今江苏淮安），趁天寒地冻,试图再一次发动"冬季攻势"。他先击破高邮北部鼍潭湖水域张荣的水军,又乘胜进犯泰州。泰州没有天险,守将岳飞权衡形势,知道坚守不住,只好退回江南。这样一来,金军再次推进到长江边上。

加上九月陕西富平惨败,金国威胁一直都在,宋高宗迫切需要制定一个行之有效的对金策略。

恰在这时,宰相范宗尹向宋高宗推荐了从完颜昌阵营逃回的秦桧。

靖康年间,宋、金冲突骤起,秦桧当时的立场是务实的主战派,反对向金国割地。金国攻破汴京,打算废除赵氏,另立张邦昌为傀儡政权,秦桧上章抗议,与金人发生冲突,被金人拘押,跟随宋徽宗到了北方。

秦桧本为俘囚,然而在金国他的命运发生了转折。

宋徽宗听闻赵构在南方继位,以为有了与金人讨价还价的资本,便修书一封,希望宋、金能够讲和,金国恩准赵氏政权存在。宋徽宗的这封书信经过秦桧润色后,呈送给对宋朝态度相对友好的金国统帅完颜宗翰。完颜宗翰看过书信后,非常赏识秦桧的才学和"见识",把秦桧推荐给皇帝金太宗。金太宗又将其赏赐给了弟弟完颜昌。

完颜昌封秦桧一个"任用"的职务。什么是"任用"?《建炎以来系年要录》解释:"任用者,犹执事也。"① 而"执事"可以是

---

① [宋]李心传:《建炎以来系年要录》卷三十八"建炎四年十月辛未"条,商务印书馆,1936年,第719页。

一般随从官员，也可以是役从。秦桧的身份十分微妙，说幕僚也行，奴仆也对，同时还是被看管的犯人。秦桧取得完颜昌完全信任后，其职位被调整成"参谋军事"，对于敌对势力的俘虏来说，这应是很高的待遇了。

建炎四年（1130）秋天，完颜昌率军攻打楚州，秦桧随水军驻扎在孙村浦。楚州城破，金军像马蜂一样涌进楚州城，没有人顾得上看管秦桧。秦桧买通了船工孙静，与夫人王氏、书童、小婢以及亲信翁顺、高益恭等几个人驾船逃了出来。他们向北进入黄河[①]，到涟水军（今江苏涟水县），由涟水军的南宋部队派人护送，从海上逃归越州。

关于秦桧北归，有多种说法[②]。朱胜非在《秀水闲居录》中暗示金人故意将他放回了南宋，这种可能性是存在的。完颜昌对秦桧不错，或出于怜悯，或出于友情，或有意与南宋缓和关系，暗自纵容他回到南方，也在情理之中。今人邓广铭、王曾瑜认为秦桧是金人派到南宋的奸细[③]，目的是让他来议和，但此说缺乏证据。当时急于议和的是南宋，而不是金国，金国没有必要安插奸细去推动议和。况且，金人也不可能预知秦桧能做到宰相。

考察历史人物，应立足于其所作所为，以及对历史的影响去定性。至于他最初是怎样想的，用意何在，不应成为定性的标准，

---

① 两宋黄河河道与现在不同。北宋，黄河在荥阳折向东北，过滑州、澶州（今河南濮阳）、大名府（今河北大名县）入海。建炎三年，东京留守杜充为阻挡金军南下，掘堤黄河，黄河改道，夺淮河故道入海，河道在楚州城北。

② 见［宋］李心传：《建炎以来系年要录》卷三十八，商务印书馆，1936年，第718—721页。

③ 邓广铭：《岳飞传》，生活·读书·新知三联书店，2007年，第247、248页。

没有必要纠结于此。秦桧是不是奸细，读者可能比较好奇，但不管结论如何，都改变不了他作为奸臣的历史形象。

十一月初七，赵构在越州的行宫会见了秦桧，史书上只留下秦桧一句话，却是非常重要的一句话："如欲天下无事，须是南自南，北自北。"因此他建议讲和，"且乞上致书左监军昌求好"。①

"南自南，北自北"，第一个"南"指南宋政权，第一个"北"指金国政权。意思是，南宋好好待在南边，金国好好待在北边，二者各玩各的，井水不犯河水，和平相处。

这里的"自"字大有玄机，对于南宋来说，至少包含三层意思：

第一层，议和。"自"字包含有互不干涉的意思，只有结束战争才能做到各自为安。

第二层，放弃颠覆政权、收复故土的努力。当时金国的目标是换掉赵氏，为此他们又在中原扶持了刘豫伪齐政权。既然互不干涉，金国就要放弃颠覆南宋政权，放弃追杀宋高宗；而南宋也不再提出收复中原领土的要求。

第三层，南北双方基本对等。互不干涉的前提肯定是两个政权基本对等，如果一个为宗主国，一个为附庸国，宗主国对附庸国有控制权，就谈不上"自"了。

自罢黜李纲后，宋高宗一直在追求和议，但一直没有明晰的规划。朝中大臣分成三派，要么战，寸土必争；要么守，先稳住局势再说；要么逃，功夫用在腿上，能逃多远逃多远，决不能有

---

① [宋]李心传：《建炎以来系年要录》卷三十九"建炎四年十一月丙午"条，商务印书馆，1936年，第734页。

性命之虞。议和就是向金国祈求，祈求手下留情，可以称臣，可以输岁币，但没有人敢说出放弃领土这样大逆不道的话！这叫有方向，没思路；有目标，没方案。

秦桧这句话，提出了解决问题的思路和方案，赵构如何不激动！

更难能可贵的是，秦桧还提出了促成和议的路径：通过金国左监军完颜昌疏通渠道！完颜昌是金太祖完颜阿骨打的堂弟，辈分高，虽然不能决定金国的政局，但至少可以对金国最高层施加影响。

赵构仿佛在茫茫大海中看见了灯塔的微光，登时对这位钦宗旧臣充满好感，称赞秦桧"朴忠过人"，是"佳士"，高兴得一夜没有合眼。第二天，即任命秦桧为礼部尚书，赏银二百两、绢二百匹，连护送秦桧的军人、船工都升了官。[①]

自从宋理宗将秦桧定为奸臣之后，千百年来，"南自南，北自北"一直被视作投降理论，受到无情的批判。确实，这项理论事实上成为南宋建国国策，它的背后逻辑是："放下仇恨，向前看。"由于北宋亡于外族，南宋民族意识高度觉醒，"靖康耻，犹未雪，臣子恨，何时灭"，是绝大多数士大夫和民众的心声，反对与敌国和解，一直是南宋的主流声音，秦桧的理论，很难得到同频共振。终南宋一朝，对金国的敌意从来没有放下过，绝大部分时间都在致力于收复故土，秦桧的理论受到批判理所当然。

然而，也应当看到，秦桧的理论是宋、金达成和议的必由之

---

① ［宋］李心传：《建炎以来系年要录》卷三十九"建炎四年十一月丁未"条，商务印书馆，1936年，第734页。

路,在当时,达成和议对南宋能够苟安东南,尽快稳定下来具有现实意义,也是朝野共同的心愿。当时的朝野,没有人质疑和批评秦桧的理论。

秦桧的理论违背了民族大义,满足了现实需求,这是秦桧在世时受到重用、身后被人唾弃的根本原因。

秦桧与吕颐浩的角力

朝臣对秦桧反对拥立张邦昌记忆犹新,对他的到来表现出极大的热忱。宰相范宗尹甚至提议他讲读经筵,做皇帝的老师。宋高宗考虑到秦桧刚刚到来,升迁不宜过于迅急,才没有答应。爬梳史料,范宗尹与秦桧并无渊源,范宗尹卖力引荐、推举秦桧,大概他本是性情中人吧。

秦桧与洛学倒有些渊源。宋徽宗政和年间,那时秦桧刚步入仕途,在密州官学做教师,翟汝文为知州。有一次,程颐的弟子游酢路过密州,翟汝文请程颐吃饭,秦桧作陪,席间有位隐者给诸位相面,预言秦桧将来会有大富贵。游酢勉励秦桧说,隐者相面很灵验的,年轻人前途光明,好好干吧!后来,游酢向胡安国推荐秦桧,称赞他无事不会,可比三国谋士荀彧。

有这层关系,胡安国非常重视秦桧,到处宣传秦桧是不屈于金人淫威的义士,其品德、才能远在张浚之上,是当宰相的最佳人选。

在范宗尹极力引荐下,在以胡安国为首的洛党倾力鼓噪下,秦桧以超常速度升迁,绍兴元年(1131)二月初一兼侍读,十四日升参知政事,位列宰辅。

秦桧第一次为相期间，洛学人士充当了他的党羽。后世秦桧名声不好，这次依附秦桧，算是洛学（理学）历史上的一个"污点"吧。

秦桧在经历了身为俘囚的人生变故后，不再刚烈耿直，变得圆滑世故，手段也更老辣狠毒。他的志向绝不是参知政事，而是登顶宰相。现在，范宗尹是他前行路上唯一的拦路石，必须搬掉；但范宗尹又是他的举荐恩人、顶头上司，暂时还不能得罪。

范宗尹没有担任过地方官员，解决具体问题就相形见绌。比如朱胜非反映民众负担重，承受的实际税赋比名义上高五六倍，范宗尹提不出任何解决办法，只好将朱胜非的万言奏章中有关民间疾苦的部分大幅删减，然后呈送给宋高宗，好像抹去问题，问题就不存在了一样。

战乱时期，宰相面临的最大问题是朝廷没钱，怎样解决财政困难最能考验宰相能力。范宗尹的执政思路是"广言路，拔贤才，节财用，惜名器，抑侥幸"，提倡节约，全然没有开源增收的意识。

至于"抑侥幸"，范宗尹提出清理、解决宋徽宗后期滥赏官吏的积弊，对那个时期分封的爵位予以剥夺，对那个时期赏赐的钱财要追缴，这样就可以节省一大笔开销，增加一大笔收入。这项政策涉及面太广，一石激起千层浪，受到一大批官员的抵制，包括带兵打仗的刘光世、杨惟忠、辛企宗兄弟等，这些人正是战时倚重的将领，手握重兵，谁人能动得了？宋高宗当然不能因小失大，及时制止了这项政策的施行。

作为参知政事，秦桧一开始附和、怂恿范宗尹，见反对的人多，马上来了个一百八十度大转弯，改口挤对范宗尹，批评这项政策对贪婪的人影响不大，却会让正直的人蒙羞。墙倒众人推，"抑侥幸"政策没有推行下去，范宗尹的宰相也做不下去了。

绍兴元年（1131）七月，范宗尹罢相。宋高宗中意能理财又懂军事的吕颐浩，紧急驿诏吕颐浩入朝。吕颐浩庇护蔡京、王黼余党，刚刚翻身的元祐党人不愿看到他得势，千方百计阻挠他入相。吕颐浩强势的作风也让一些人忌惮，他们联合起来，想找个代理人与吕颐浩抗衡，风头正劲的秦桧无疑是最佳人选。

元祐党人富弼的孙子富直柔、韩缜的孙子韩璜以及军队将领辛道宗、辛永宗上奏密章，推荐秦桧为相。

秦桧也决不会浪费这个机会，他暗地里四处活动，争取士大夫的支持，宣传说："我有二策，可以耸动天下。"别人问他什么计策，秦桧故弄玄虚："今无相，不可行也。"在元祐势力、洛学人士、军中精英联合推动下，绍兴元年（1131）八月，秦桧拜右相，比吕颐浩拜左相兼知枢密院事还早了一个月。①

宋朝体制，左相大于右相，但秦桧在士大夫中的威望明显高于吕颐浩，吕颐浩如何能够忍受？他决定反击。皇帝一向忌讳朝臣与武将勾结，吕颐浩指使侍御史沈与求弹劾富直柔、韩璜依附神武军将领辛氏兄弟。宋高宗本来就不喜欢辛氏兄弟，趁机免了辛永宗神武中军统制职务，富直柔也由同知枢密院事沦为闲职。

但吕颐浩并没有击中秦桧的要害，富直柔、韩璜只是为了排挤吕颐浩才支持秦桧，洛党人士才是秦桧的同盟军。秦桧向宋高

---

① ［宋］李心传：《建炎以来系年要录》卷四十六"绍兴元年八月丁亥"条，商务印书馆，1936年，第835页。

宗力荐胡安国，任命他为中书舍人兼侍讲，到任时又改为给事中。胡安国在洛学中有巨大的号召力，他又推荐了朱震，加上原来已经在朝中任职的洛党人士，形成不小的力量，他们都毫无保留地站在秦桧一边。后来，秦桧又举荐对自己有知遇之恩的翟汝文为参知政事，他在朝中的势力更大了。

吴敏在宋钦宗朝曾做过宰相，吕颐浩为相后，将他官降一级；道州守臣向子忞面对盗寇弃城而逃，吕颐浩将其罢官。胡安国给吕颐浩写信，指责他根据自己的喜好、性情随意处置官员。胡安国、吴敏、向子忞都是有影响的人物，这封信传开后，舆论对吕颐浩很不友好。

南宋最大的威胁是金国，而按当时的国力，不大可能击败金国。秦桧玩弄了一个计谋，让人向宋高宗建言："既然有两个宰相，不如一个主外，一个主内，内修政事，外攘夷狄，何愁不能中兴！"[①]宋高宗欣然接受。吕颐浩兼有知枢密院事的职衔，任地方官时，有过带兵平定匪寇的经验，自然吕颐浩主外，秦桧主内。于是诏令吕颐浩都督江淮荆浙兵事，开府镇江；又新成立一个"修政局"，负责构建国家政体，完善国家法度，由秦桧负责。

吕颐浩掌管了全国大部分军队，看起来权力很大，其实对各路大军并没有实际的指挥权。朝政悉归秦桧，令吕颐浩远离了朝堂——秦桧才是最大的受益者。

---

① ［宋］李心传：《建炎以来系年要录》卷五十三"绍兴二年四月己卯"条，商务印书馆，1936年，第932页。引朱胜非《秀水闲居录》：（秦）桧引倾险浮躁之士，列于要近，以为党助，谋出吕而专政。其党建言："周宣王时内修政事。外攘夷狄，故能中兴。今二相宜分任内外之事。"

王安石变法时，为了摆脱三省及原有机构对变法的掣肘，成立了一个新机构，叫"制置三司条例司"，相当于变法领导小组办公室，总揽变法事宜，与宰相办公的"政事堂"分庭抗礼。蔡京时期，以恢复王安石变法为名，设置"讲议司"，目的也是赋予比宰相更大的权力。"制置三司条例司"和"讲议司"，都是非常时期的非常举措，对推动革新有一定作用。但其副作用更为明显，负责人的职权超越了现有行政体系，形成权相当政。整个北宋，权力能够长期集中于一人之手的宰相只有两个，那就是王安石和蔡京。

宋高宗设置修政局，由秦桧负责，明显有效仿王安石、蔡京之意。看来，让吕颐浩兼领兵权、开府镇江，就是为了给秦桧腾出空间，让他放手施政。

宋高宗对秦桧的信任度，以超常规的速度提升。

按宋高宗诏书的说法，修政局的职责是"议更张法度"[1]，依然打着"改革"的旗号。所谓改革是对于宋徽宗和建炎时期而言的，宋徽宗亡国了，要检讨教训，不合理的制度要抛弃；建炎时期属"战时体制"，朝政大多迫于眼前的问题，无暇制订长远规划。现在安定下来了，就要立足长治久安，构建新的体制，所以"更张法度"，就是国家重构、政体重建。

吕颐浩想在军事上有所作为，只有北伐。当时金国在中原扶持伪齐政权，是北伐的主要目标。张俊、杨惟忠这些老将不便调

---

[1] [宋]李心传：《建炎以来系年要录》卷五十三"绍兴二年四月己卯"条，商务印书馆，1936年，第932页。引朱胜非《秀水闲居录》：（秦）桧引倾险浮躁之士，列于要近，以为党助，谋出吕而专政。其党建言："周宣王内修政事。外攘夷狄，故能中兴。今二相宜分任内外之事。"

度，吕颐浩依靠襄阳镇抚使桑仲，打算以桑仲为主力，从南阳向北，另派一路军从淮南呼应。桑仲原为流寇，后被招安，部队纪律涣散，战斗力不强，对朝廷还常怀二心，不可能成为依靠力量；在淮南策应桑仲的也是藉藉无名的崔增、赵延寿。可以说，在与秦桧的争斗中，吕颐浩病急乱投医，失了分寸。

果然，北伐军尚未征战，先起内乱，行军途中，赵延寿部哗变，朝廷紧急调度王德、韩世忠才平定下来。而襄阳也传来消息，桑仲被部下杀死，部队群龙无首，又变成了流寇。吕颐浩仓促之间搭建的北伐班子就这样垮塌了，北伐闹剧也不了了之。

北伐失败，吕颐浩上章请辞，但修政局运行中也出现一些问题，宋高宗不愿再看到秦桧一党独大，驳回了吕颐浩的请求。

秦桧任提举，推荐他的老上司翟汝文同领。宋朝官职前加"同"，表示副职。秦桧刚入朝，找不到几位旧人，翟汝文资历相当，便推荐了他。此外还有户部侍郎黄叔敖任参详官，起居郎胡世将、太常少卿王居正任参议官，还有几位员外郎任检讨官。

秦桧有意将修政局变成效忠于他一人的私人官邸，把修政局任职的官员变成他的党羽和基本盘。但宋朝不乏正直耿介之臣，这些人一开始支持秦桧，是佩服他的人品和才学，一旦这种认知发生偏移，分崩离析在所难免。翟汝文就是典型的例子。

秦桧希望翟汝文对他俯首帖耳、言听计从，但翟汝文是秦桧的老上司，有时候难免自作主张，一些文件不经秦桧过目便签字用印，送往各机关执行。秦桧大为不满，当面斥骂翟汝文"狂生"，翟汝文怎么能忍得下这口气，反骂秦桧"浊气"，二人渐有一山难容二虎之势。

一次奏对，翟汝文提议整顿吏治，特别是政事堂堂吏不给好处不办事、延误事机的作风。秦桧当场斥责翟汝文擅自专行，翟汝文也不相让，要求辞职。宋高宗得知翟汝文事先与秦桧有过沟通，此事责任不在翟汝文，便好言劝和。然而下朝之后，秦桧仍然指使右司谏方孟卿弹劾翟汝文"不识大体、目无上司"。翟汝文深感难以与秦桧共事，坚决请辞，远离了官场。

通过翟汝文事件，宋高宗觉察到秦桧在玩弄权术，并没有他所说的"耸动天下"的决策，所以坚持让吕颐浩回朝，让二人继续争斗，以平衡朝中势力。

吕颐浩苦于找不到扳倒秦桧的对策，问计于知平江府的席益。席益给他出主意说："把他们当作朋党就行了。擒贼先擒王，应当先去除其党魁。"[①]帝王时代，臣子结党意味着有可能架空皇帝，稍有头脑的皇帝都会十分警惕朝中形成朋党。宋仁宗任用范仲淹实施庆历新政，欧阳修宣称改革派是"君子党"，宋仁宗害怕了，终止了改革。王安石变法后，党争像瘤疾一样困扰着朝廷，直至耗尽国力。殷鉴未远，宋高宗决不会坐视朋党不管，这就是席益"目为党可也"的狠毒之处。

席益建议先去除党首，这个党首指的是胡安国，他本是洛党领袖，是秦桧势力的重要支撑，去除了胡安国，秦桧的大厦也就呼啦啦倾倒了。

吕颐浩回朝后，第一件事是推荐前宰相朱胜非接替自己担任

---

① ［宋］李心传：《建炎以来系年要录》卷五十七"绍兴二年八月壬辰"条，商务印书馆，1936年，第989页。先是吕颐浩自江上还，欲倾秦桧，而未得其要。过平江，守臣席益谓之曰："目为党可也。然党魁在琐闼，当先去之。"

都督江淮荆浙诸军事，通过二者联手控制军政大权。胡安国第一个提出反对，历数朱胜非的过失，认为朱胜非人品奸邪，应当对建炎期间军事失利、结好金国、苗刘之变负责，不可重新委以重任。宋高宗非常重视胡安国，亲自给胡安国回复信札，解释建炎南逃、结好金国都与朱胜非无关，苗刘之变中朱胜非有功无过。胡安国立志要阻止吕、朱结盟，向宋高宗当面奏对，提出用李纲代替朱胜非。宋高宗厌恶李纲，内心不悦，但还是作出让步，任用第三人权同都督江淮荆浙诸军事。

宋高宗想起朱胜非的功绩，打算让他担任侍读。任用诏书需要中书舍人或知制诰草拟，皇帝御批，中书省长官签署，门下省审核，给事中签名通过，诏书才算有效，发送尚书省执行。其中任何一个环节有异议，都有权驳回。胡安国任给事中，果然不签字下发，表示坚决不与朱胜非同朝为官，态度非常强硬，以辞职相要挟。宋高宗不批准他辞职，就居家不出。

宋高宗任用朱胜非主意已定，恼怒胡安国反复刁难，罢了他的官。

秦桧势力全凭洛党支撑，胡安国被罢免，他怎能不慌！他连上三道奏章请求挽留胡安国，宋高宗不予理睬，他也像胡安国一样居家不出，以示抗议。洛党人士则跟着上书为胡安国鸣不平。宋高宗愤怒更甚，一口气罢免了程瑀、江跻、吴表臣等十三人，他们都是秦桧的支持者。

秦桧失势，由吕颐浩引荐的台谏官再踏上一脚，弹劾秦桧在朝廷中培植党羽，对金国却一门心思讲和。朝中要臣权邦彦、綦崇礼、谢克家也纷纷进言，弹劾秦桧。宋高宗终于下决心弃用秦桧，这时，他曾经非常欣赏的"南自南，北自北"则变成了秦桧的罪状之一。他对兵部侍郎、直学士院綦崇礼说："(秦)桧言南人自南，北人自北，朕北人，将安归？"①——秦桧提供的"耸动天下"的二策，是把河北人还给金国，中原人还给金人扶持的伪齐政权。这种解释过于荒谬，不知道是秦桧真的歹毒，还是宋高宗理解错误。

绍兴二年（1132）八月二十七日，秦桧罢相，只留了个挂名闲差。朱胜非接替秦桧为右相。

从亲如兄弟到水火难容

宋高宗使用吕颐浩，一个重要的原因是财政困难，而秦桧笼络的洛学人士，除了空谈节义道德这些大道理，在解决实际问题上几乎提不出任何有效的建议。

早在建炎二年（1128），吕颐浩就提议恢复了北宋末年臭名昭著的"经制钱"。经制钱即税外税，或者说是在原税源上按比例增收附加税，毫无理由强制征收。方腊起义时，对东南地区征收经制钱，百姓怨声载道。而吕颐浩恢复的经制钱，除四川外的各地都普遍推行，范围比北宋末期更广。

既要抗击金军，又要对付流寇，吕颐浩总的方针是"攘外必先安内"，先剿平流寇，再一心一意对付金军。绍兴二年流产的北伐，只是权力斗争中的仓促决定，不能体现吕颐浩的军事方针。在剿平流寇上，吕颐浩又主张以招安为主，以官爵、赏金进

---

① ［宋］李心传：《建炎以来系年要录》卷五十七"绍兴二年八月甲寅"条，商务印书馆，1936 年，第 999、1000 页。

行收买,而这无疑又需要一大笔钱。据朱胜非统计,当时有大军二十万,每月需费用二百万缗①。而东南正赋是每年二百万缗②,一年税收仅够军队一个月花销,更不用说皇室、行政开支。怎么办?只能向老百姓搜刮。

绍兴三年(1133),吕颐浩再次推陈出新,创造性地设立"月桩钱",其实都是巧立名目加重对百姓的税赋,其中的名目就有麴引钱、纳醋钱、卖纸钱、户长甲帖钱、保正牌限钱、折纳牛皮筋角钱,两讼不胜则有罚钱、既胜则令纳欢喜钱等,真是一举一动都关税赋。

月桩钱由地方财政收取,每月交付军队使用。有学者认为,月桩钱事实上是中央财政对地方财政的盘剥,将财政危机由中央转嫁到地方,加重了地方财政的困窘。当然,地方将这项财政负担最终转嫁给百姓,而地方官借机渔利,中饱私囊,维持了脆弱的财政平衡。③

月桩钱本为临时举措,目的是为军队筹饷,然而一旦开始征收,很难取消,它一直伴随着南宋政权而存在。

除了经制钱、月桩钱,吕颐浩还加强对盐、茶专卖的控制,严厉打击私盐、私茶贩卖。除此之外,吕颐浩内政外交没有其他新的举措,且年事已高,宋高宗逐渐对他失去了兴趣,加上打击

---

① [宋]李心传:《建炎以来系年要录》卷五十九"绍兴二年十月'是月'"条,商务印书馆,1936年,第1027页。
② [宋]李心传:《建炎以来朝野杂记》甲集卷十四,徐规点校,中华书局,2000年,第289页。
③ 裴博元:《南宋初年财政秩序的重构——以月桩钱为线索》,西北大学硕士学位论文,2018年。

私盐得罪了不少官宦，绍兴三年（1133）九月吕颐浩被罢去相位。右相朱胜非，不了解军事，在纷繁复杂的战事中无所作为，也于次年九月被罢免。

接替相位的是赵鼎。赵鼎曾任御史中丞、签书枢密院事，后出守洪州（今江西南昌），在处置宋朝溃军、流寇，调配前方军粮方面措施得力，被认为有军事才能，所以得以重用。

宋高宗用相，看似调换频繁，但并非随意而为，都有深层次考量。用秦桧，是希望他能够建立健全一套长治久安的法度，重构国家政体；用吕颐浩，是国家缺钱了，让他缓解财政困难；用赵鼎，正是南宋和伪齐激战正酣的时候，是为了在军事上取得主动。还有一位懂军事的大臣，那就是因富平之战被免职的张浚，宋高宗也没有忘记他，由赵鼎任左相，张浚拜右相。

宋高宗重用赵鼎的另一个原因是看中了他的学术背景。宋高宗向隆祐皇太后承诺过要重修《神宗实录》《哲宗实录》，赵鼎偏重元祐人士，他们的立场适合为元祐政治翻案。

赵鼎是《神宗实录》《哲宗实录》的监修，二十多人参与修撰，他们几乎都有元祐或洛学背景，是所谓"赵鼎集团"的中坚力量。

秦桧当政时，洛学为了自身发展，依附于秦桧。赵鼎本人即是洛学人士，洛学发展迎来了真正的春天，与秦桧渐行渐远。

赵鼎不遗余力地大规模提拔元祐人士，史称"诸贤聚会，一时号'小元祐'矣"[①]。同时他继续清算新党后人，绍兴五年（1135）

---

① ［宋］李心传：《建炎以来系年要录》卷一百〇六"绍兴六年十月甲辰"条，商务印书馆，1936年，第1722页。

八月，追贬北宋新党骨干，章惇、蔡京、蔡卞等人的子孙、亲戚一律被贬黜。赵鼎说，区分君子与小人，任用或者弃用他们，是宰相的职责。他区分君子与小人的唯一标准，就是洛学与非洛学、元祐与非元祐，至于这个人本身到底怎么样，似乎不重要了。监察御史刘长源上书质疑，说父祖辈在元祐年间是贤臣，子孙并不一定都有贤能，希望宰相用人不要过于注重家世背景。赵鼎大怒，骂刘长源"不学无识"，并罢了他的官。①

管理财政是赵鼎的弱项，他坦言自己"无生财之长策"②，只好沿用吕颐浩的财政政策，仍然实行严苛的税收和盐茶专卖政策。但元祐党人属于传统的儒家学派，主张轻徭役、薄税赋、与民休息，所以赵鼎还是采取了一些纾解民力、勤俭爱民的措施。比如纠正兵役、劳役中贫富区别对待的做法，对久旱的地区给予一定的税收减免，等等。

另外一项重要举措，就是实行"军屯"。战乱时民众死亡、逃离，造成一些田地无主撂荒，国家收回，拨付给军队，军队忙时打仗，闲时种田，自耕自足，既解决了一部分粮饷问题，又间接地减轻了民众负担。

绍兴六年（1136），张浚部署北伐，请求宋高宗移驾建康。朝臣建议先建行宫，赵鼎却以今日民间多事为由，谏言缓建，宋高宗采纳了他的建议。这次进谏一方面反映了赵鼎有爱民之心，另一方面出于他反对宋高宗巡幸建康、反对北伐的考量。在很多

---

① ［宋］李心传：《建炎以来系年要录》卷一百〇四"绍兴六年八月己未、庚申"条，商务印书馆，1936年，第1700、1701页。
② 同上书，卷六十四"绍兴三年四月丙戌"条，第1085页。

事情上,他与张浚看法不一致,裂痕越来越深。

赵鼎与张浚是老相识,二人互相援引、互相引荐,用赵鼎的话说"如兄弟"[①],张浚能够当上右相,赵鼎助力不少。

二人私下关系好,但在政治背景、见识观念上有不少差距。赵鼎服膺洛学,张浚则靠黄潜善发迹;赵鼎主张元祐学术,张浚则持中,在新党旧党之间并没有鲜明的政治倾向。张浚认为旧党在元祐年间掌权时,对新党太过分了,所以才招来报复。他反对给人"贴标签",把某一类人归为君子,另一类就是小人,认为只要使用得当,都可能做善事。应当说,张浚对待党派的态度比赵鼎更公允、更平和、更理性,国难当头,两派确实应放下芥蒂,共同对敌。然而,赵鼎固执地将士大夫划分为三六九等,有些人伪装成洛学弟子,或伪称河南人,就能得到一官半职,被传为笑谈。

在对外关系上,二人都是主战派,不过由于赵鼎的儒学背景更深厚,更关注民生,倾向于休养生息,所以战事上主张以防御为主,在主战方面表现出一定的犹豫和摇摆,有人以"主守派"命名这一类人。而张浚对金一贯强硬,积极进取,图谋北伐,是名副其实的"主战派"。再加上,后来以秦桧为代表的"主和派",南宋初期事实上存在三种不同态度,他们此消彼长,决定着南宋的对外关系。

张浚力主北伐,北伐就要耗费大量武力、民力、财力,与赵鼎的执政理念不同,二人冲突在所难免。

正是基于对金态度上的差异,宋高宗给二人进行了分工,张

---

① [宋] 李心传:《建炎以来系年要录》卷一百〇六"绍兴六年十月癸亥"条,商务印书馆,1936年,第1728页。

浚负责军事，都督诸路军马，在长江上处置边防事务。

张浚任内的一大贡献是镇压了杨幺乱军。

建炎四年（1130）洞庭湖钟相作乱被杀，部下杨幺重整旗鼓，并整合周围各县农民军，迅速壮大起来，队伍比钟相时更为浩荡。朝廷先是派知鼎州的程昌寓进行镇压，折戟沉沙；又启用抗金名将李纲前去围剿，无功而返；此后折彦质、王𤫊等先后领兵讨伐，一个比一个败得惨烈。

杨幺是南宋初期最大的一支反政府武装，其持续时间、人数规模、歼灭宋军人次都超过了戚方、范汝为、孔彦舟、李成等乱军、叛军。而且，杨幺占据长江中游，相当于一个楔子，阻断了江东与巴蜀的交通。如果任凭杨幺坐大，将来浮舟东下，可以轻取建康，威胁吴越。南宋朝野只是把临安作为临时驻跸地，建康才是大家心目中理想的建都之城，杨幺不除，朝廷不敢移跸建康。

有人把杨幺与伪齐、金国相提并论，称为"南宋初期三个心腹大患"。[1]

绍兴五年（1135），张浚一上任就督导驻守在池州的岳飞剿灭杨幺武装，俘杀了杨幺。

杨幺既除，川、荆、襄连为一体，南宋政权完全解除了后顾之忧，政局稳定，势力大增，能够全力以赴地对付金国了。

张浚任内做的第二件大事是抵御了伪齐的猛烈进攻。

从荆襄回来后，张浚认为宋朝有能力消灭伪齐，便部署韩

---

[1] ［宋］岳珂编：《鄂国金佗稡编续编译注》续编卷二十五，熊曦等译注，郑州大学出版社，2022年，第1268页。时有江西布衣方畴上封事，达朝廷："方今之大患有三：曰金寇、曰伪齐、曰杨幺。而杨幺正在腹内，不可不深虑之。若久不平灭，必滋难图。"

世忠、岳飞、刘光世等诸路人马准备伐齐，并说服宋高宗移跸建康。一时间朝野备受鼓舞，群情振奋，大家仿佛看到了收复中原的曙光。

面对南宋咄咄逼人的态势，伪齐决定先下手为强，于绍兴六年（1136）十月出兵三十万，对南宋展开大规模进攻。这时，赵鼎、张浚的分歧公开化了，矛盾终于爆发。赵鼎认为，宋军守不住淮河防线，主张全线撤退，死守长江，确保建康不失。而张浚得知伪齐没有金国相助，坚决主张迎头痛击。

这场战争的结果是，宋军轻而易举地击败了伪齐军队，间接导致伪齐灭亡。

在防淮还是防江的分歧中，张浚获得了宋高宗的支持，又赢得实际军事行动的胜利。赵鼎没有意识到几年来南宋军事实力的突飞猛进，仍然拘泥于过去的战争经验，在赵、张纷争中落了下风。在这种形势下，赵鼎不安，请求辞去相位。宋高宗批准了他的请求，下诏充两浙东路安抚制置大使兼知绍兴府。知绍兴府是重要岗位之一，这样的安排表明，宋高宗无意让赵鼎远去，只是迫于形势才罢免了他。赵鼎的罢相制书由朱震撰，也没有贬责之词，为赵鼎复出埋下了伏笔。

宋高宗的"专委之道"

赵鼎罢相后，张浚独相。宋高宗非常信任张浚，他们有一段对话，不仅能说明宋高宗对张浚的期望，也反映了宋高宗的"委相之道"——他心目中理想的君、相关系——为整个南宋君权、相权分工指明了方向。

上与宰执语唐开元之治曰："姚崇为相，尝选除郎吏，明皇仰视屋椽，崇惊愕久之，后因力士请问，知帝所以专委之意。人主任相当如此。"张浚曰："明皇以此得之，亦以此失之。杨、李持柄，事无巨细，一切倚仗，驯致大乱。吁，可戒焉！"上曰："不然，卿知所以失否？在于相非其人，非专委之过也。"①

这一段史料为史家所忽略，但它是南宋政治的一条重要线索。唐玄宗任用姚崇为宰相，对他非常信任，但姚崇仍放不开手脚，就算任命一些低级官员，也要一一向唐玄宗禀报。有一次，姚崇拿着一批郎官的任用名单前去征求唐玄宗意见，唐玄宗抬头仰视着屋檐一言不发。姚崇丈二和尚摸不着头脑，惶恐不安。后来经过高力士询问，才知道唐玄宗的用意：既然政事委托给了姚崇，就要相信他，任用郎官这样的小事，宰相自己做主就可以了。唐玄宗看着屋檐不表态，就是用无声的语言告诉姚崇，你自己放手去做吧！

宋高宗把这个故事讲给宰执们听，表示自己完全信任宰执，不会过多去干预相权。

政事悉付宰相，皇帝还有什么权力呢？宋高宗下面对张浚的回答，可以看作是对皇权的宣示和解释。

张浚说：唐玄宗下放政事权力，碰到姚崇这样的贤相自然是好的；但后来碰到李林甫、杨国忠，就导致了安禄山之乱。

---

① ［宋］李心传：《建炎以来系年要录》卷一百〇七"绍兴六年十二月乙巳"条，商务印书馆，1936年，第1741页。

宋高宗回答说：这不是专委（悉数委托）的错误，是委托给了错误的人——皇帝的权力是识别、任用宰相。

宋高宗用这个故事，为南宋皇权、相权分工建立规范：皇帝任命宰相，授权给宰相，不干预宰相处理政务。

北宋一般情况下有两个宰相，互有分工，相互掣肘，并且更换频繁，皇帝不会看着任何一个宰相势力坐大。而南宋宰相权力很大，除了战争、祭祀、重要职务任免，其他几乎一手遮天；并且大多时间里，只有一个宰相，真正做到了"一人之下，万人之上"，连台谏都成为宰相的羽翼和附庸。这种情况的出现，缘于皇帝的授权，缘于宋高宗的"典范"。

从整体上看，秦始皇之后，皇帝专制是总的形态，但不同时期专制程度有所不同。汉晋之时，世家大族在经济、文化甚至军队上拥有相对独立的权力，皇权并不能一手遮天。最有代表性的当属东晋，王、谢两家世族甚至可以主导朝政，与皇帝平起平坐。

隋、唐之际，世家权力虽然有所削弱，但仍利用固有的优势，占据着国家政治舞台的中心位置，掌握国家中枢权力。有学者统计，唐代最盛贵的十四族（十七家），外加李唐宗室后裔，凡十八家，他们在唐代共产生宰相186人，占唐代宰相总数369人的半数以上。[①]另外，藩镇拥有军事、财赋、民政大权，很难驯服于朝廷，皇权也受到多方面掣肘。汉、晋、隋、唐，可以认为是皇帝与世家贵族共治天下。

北宋太祖、太宗两朝，广泛推行科举，大力选拔寒门子弟，

---

① 牛文翰：《中晚唐门阀世族研究》，河南科技大学硕士学位论文，2019年。

世家势力烟消云散；虚置藩镇，将藩镇军权、财权都收归中央，任用文臣担任地方官，彻底解决了地方坐大、藩镇难以驾驭的问题。这一时期，中央拥有绝对的权力，士大夫成为权力的主角，皇帝与士大夫共治天下，可以称为"中央集权"时期。

南宋后，皇帝将权力悉数委托给宰相，整个朝廷变成了皇帝和宰相两个人的舞台，皇帝是宰相的主子，宰相是皇帝的代言人，二人的关系类似现代企业中的董事长和职业经理人，皇权政治由此进入帝制独裁时期。当然，这是一个漫长的过程，在宋高宗时现出了端倪。

秦桧之前，宰相犹如走马灯，始终没有能实现宋高宗心目中的"专委"。

刚"专委"的时候，宋高宗对张浚的信任几乎到了不讲条件的地步。赵鼎罢相仅十余日，刚刚回朝的左司谏陈公辅上奏，请禁洛学。陈公辅的论调是，王安石新学错在把一门学科作为定论，强制别人认同，形成"一言堂"，这是党同伐异的不良风俗。赵鼎为相，把伊川洛学作为进身升迁的敲门砖，于是士人趋时竞进，造成一学独大，这样与王安石之学有什么不同呢？！其本质还是培植私党，党同伐异。陈公辅进言，只要出自孔、孟，言之有理，都能成为一家之说，都可以在社会上传播，在朝廷中立足，不能让伊川一学独大。

应当说，陈公辅倡导百花齐放，观点是正确的。但赵鼎刚罢相就上这道奏章，其针对性也很明显。有分析说陈公辅由范冲引荐，赵鼎罢相后范冲也辞职离开朝廷，陈公辅内心不安，上这道奏章与赵鼎一党切割。不过，洛学兴起的背景是宋高宗倡导"最爱元祐"、打击排挤王安石新学,对于稳定宋高宗皇位有一定的积极作用,宋高宗内心不想禁止洛学,便让张浚代为批旨,也通过代批体现"专委宰相"的统治策略。然而,张浚批旨,将陈公辅奏章布告中外,意思是"准了",宋高宗也只好默认这个结果。

绍兴七年(1137)正月,张浚党羽、吏部侍郎吕祉上奏,对程颐不无肯定,但抨击近世的洛学后辈,汲汲于名利,学了儒学的外壳,却未能体悟儒学的精髓。他请求将对浮躁学风的批判文字出榜昭示到各路、州、县学校,以警示学生不得像近世小人一样学习走入邪路的伊川洛学。

张浚迫不及待地打击洛学,正如吕祉所言,不是为了否定程颐,而是为了削弱赵鼎朝中力量,培植自己的势力。他独相仅九个月,赵鼎集团中的折彦质、范冲、刘大中、董弅、张九成、林季仲、解潜、吕本中等人,有的遭到谏官弹劾,有的主动提出离职,相继离开了朝廷。而与新党有关的"小人"被重新起用,如谢祖信、陶恺、赵思诚等。

鉴于洛学在民间势力太大,张浚不想成为众矢之的,又同意宣召洛学泰斗胡安国,引荐程颐四大弟子之一尹焞,以洗刷自己党争之嫌。

赵鼎主持重修《神宗实录》,当时得到了张浚的支持,现在张浚倒打一耙,质疑赵鼎史学立场不公正。绍兴七年(1137)六月,他自任监修,要第四次重修《神宗实录》。不过,由于执政时间太短,很快又被纠正。

宋高宗本来寄希望于张浚,然而张浚志大才疏,空有报国救难的热忱,其现实表现很快让朝野失望,连宋高宗也无法容他了。

南宋初期的各路大将中，刘光世胆量小、谋略差，军队纪律涣散。伪齐虚张声势，刘光世吓破了胆，敌人未到就打算先逃。宋高宗跟张浚商议，趁机解除了刘光世兵权，将他的军队直属于张浚的都督府。已经起复为枢密使的秦桧与知枢密院事沈与求不愿看到张浚手中实际掌握军队，建议另置主帅，这支队伍便由刘光世的副将王德、郦琼统领，张浚派心腹吕祉做监军进行节制。

王德、郦琼二人本来就有矛盾，吕祉站在王德一边，密谋想要剥夺郦琼兵权。郦琼获知后，率四万大军反叛，投奔了伪齐，这就是影响南宋政局的"淮西兵叛"。

每有大难，朝中总要找人为其负责，这次兵变主要由张浚、吕祉措置失当引起，绍兴七年（1137）九月，张浚被罢相，宋高宗亲笔御书，令在绍兴的赵鼎火速赶赴行在，第二次当政。

赵鼎复相后，做的第一件事就是把张浚引荐的人逐出朝廷，把张浚罢免的人重新召回来。他再一次以所谓君子、小人去区分人物，抨击张浚君子和小人并用。他口气生硬地质问宋高宗：朝野给予好评的人物，如胡寅、吕本中等，陛下能用吗？那些结党奸邪的人，如陈公辅等，陛下能让他们离开吗？结果，崇尚伊川之学的人士悉数被召回朝廷。

不过，让赵鼎想不到的是，他这次援引洛学人士，再一次将洛学拖进党争的漩涡，给洛学带来致命灾祸。

当然，这次他的对手变了，变成了更阴险、更狠辣的秦桧。并且他们的党争，焦点已经从元祐路线之争，转为对金和与战之争。

番外：帝王的宰相策略

宋初，海南岛设四个州：琼州、儋州、崖州、万安州；后来儋州改名昌化军，崖州改名吉阳军，万安州改名万安军；绍兴六年（1136），废昌化、万安、吉阳三军为县，隶属琼州。

宋朝不杀士大夫，对文臣的处罚大多为贬谪，罪名越重，贬谪越远，贬到海南，已是极致。

宋朝有六位宰相被贬到海南，分别是卢多逊、丁谓、李纲、李光、赵鼎、胡铨，其中后四位都被贬于宋高宗时期，李光、赵鼎、胡铨皆因秦桧被贬。

六人之中，李纲被贬万安军（今海南万宁），李光被贬琼州（今海南海口）和昌化军，其余人皆贬至崖州（今海南三亚）。

崖州后来降为崖县，直到20世纪中叶，崖县县政府驻地搬迁到三亚镇，20世纪80年代改县为市，更名"三亚市"。

崖县原驻地，就是现在的崖州古城。

崖州古城向南步行二十分钟，宁远河对岸有个名闻遐迩的村庄——水南村。从外观乍看，绿树红瓦，一派现代气象，只有偶尔可见的老房子，才能让人泛起古朴的记忆。

水南村西，有半间房顶残破的老屋，只剩三面白墙，孤零零地矗立在乱草之中，显示出历经风霜的沧桑。这座老屋，八百多年前曾是华贵名宅，赵鼎和胡铨曾住在里面，胡铨还为它题名"盛德堂"。2009年，有关部门在老屋旁考古发掘，摸清了盛德堂的整体布局和风貌，在原址旁几米外的地方，复建盛德堂，灰白的墙体和屋顶，两进院，如今已是对外开放的文化景点。

不光水南村，在三亚天涯海角小广场，有一组汉白玉历史人物雕像，其中最引人瞩目的便是赵鼎。他披散长发，怒目圆睁，左手握拳，右手拍案，其忧愤不平之气，凛然不可亵慢。

绍兴八年（1138）十月赵鼎被罢相后，在政治舞台上处于边缘化状态。但其两度为相，声望极高，加上引援洛学，在朝中成朋党之势，加之与武将关系也不错，所以为秦桧所忌惮，是秦桧的主要打击对象。从绍兴九年（1139）开始，赵鼎一路被贬，从知泉州，谪居兴化军（今福建仙游东北），移漳州，又责清远军节度使副使、潮州安置。绍兴十四年（1144）九月，御史中丞詹大方再次弹劾赵鼎，说他在贬谪地仍不安分，而宋高宗铁了心要用秦桧，于是将他流放到海南岛吉阳军。赵鼎知道秦桧必欲置其于死地，就遣人告诉儿子说："桧必欲杀我，我死，汝曹无患。不尔，祸及一家矣。"遂于绍兴十七年（1147）绝食而终。①

可能是每一位被纪念的人物，都要被刻画成一身正气。如今的三亚在宣传赵鼎时，强调他力主抗金，反对和议。其实赵鼎算不得抗金派，他与秦桧有路线上的不同，更多的是权力之争。

南宋名臣被贬海南，大都是秦桧弄权的结果。而北宋则要复杂一些，因为北宋的政治体制，一言以蔽之，就是"制衡"。皇权要受到制衡，相权也要受到制衡，皇帝与士大夫共治天下，没有人能只手遮天。

北宋前期，宰相的正式名称叫"同中书门下平章事"，理论上可以设三个：首相兼昭文馆大学士，称"昭文相"；次相监修国

---

① ［元］脱脱等：《宋史》卷三百六十《赵鼎》，中州古籍出版社，1998年，第1663页。

史，称"史馆相"；末相兼集贤殿大学士，称"集贤相"。通常只设两个宰相。昭文馆大学士、监修国史、集贤殿大学士都非要害职能，从名称上看不出三个宰相有明确的分工。实际上，宰相们联合办公，办公地点叫政事堂。

宋神宗元丰之前，皇帝只决策，不管事，外朝悉委宰相，其权力很大。宰相不分工，在权力运作上会形成两个截然不同的后果，当几位宰相相互团结、立场一致时，对皇权是极大的制约。如果宰相之间出现矛盾，又会相互掣肘，无所适从。如景德元年（1004）辽国入侵，毕士安、寇准为相，王继英为枢密使，都鼓动宋真宗御驾亲征。宋真宗尽管内心胆怯，仍勉强听从安排①。澶渊之盟后，宋真宗醉心制造祥瑞，怕宰相王旦反对，竟向王旦行贿一箱珠宝。②

宰相权大，只能制约皇权，并不能威胁皇权。按北宋的制度设计，宰相之外，还设参知政事为副宰相，而副宰相并非宰相的助手，有时权力比宰相还重。比如范仲淹开始庆历新政、王安石开始熙宁变法，其身份都是参知政事。换言之，同中书门下平章事、参知政事，虽然官衔有大小，但履行何种职责，还要看皇帝摆布。即使到了南宋前期，这种状况依然没有改变，如赵鼎与张浚同为宰相，一个分管内政，一个分管军事，与常规分工大不相同。

防止宰相集权的另一项措施是将权力碎片化。设置枢密院掌管军权，设置三司掌管财权，设置御史台掌管监察权，另外还设

---

① ［宋］李焘：《续资治通鉴长编》卷五十七，中华书局，1986年，第1256、1257、1267页。
② ［元］脱脱等：《宋史》卷二百八十二《王旦》，中州古籍出版社，1998年，第1306页。

谏院负责向皇帝进谏。御史台与谏院弹劾宰相是家常便饭，于是宰相的任期都很短。例如，明道元年（1032）张士逊为相，恰逢全国大面积旱灾，右司谏范仲淹弹劾他救灾不力，次年十月被罢免，在任二十个月；景祐四年（1037）四月，王随、陈尧佐为相，次年三月，右司谏韩琦上书弹劾二人庸碌，宋仁宗将二人罢免，在位不足一年。

除了频繁更换宰相，皇帝还会在诸相间制造裂痕，让他们为己所用，一旦发现朝臣结成朋党便立刻予以打击。宋仁宗庆历新政期间，有人攻击朝廷重用的参知政事范仲淹，枢密使杜衍，枢密副使韩琦、富弼，谏官王素、余靖、欧阳修、蔡襄结党，欧阳修还专门写了一篇《朋党论》，叫嚷君子可以有党！然而，皇帝并不关心结党的是君子还是小人，他只担心朝臣结党，皇帝的权威和权力受到威胁！宋仁宗毫不犹豫地利用政敌打击"君子党"，停止了新政，将范仲淹、富弼、欧阳修等全部驱逐出朝堂。

给宰相树立政敌，需要时给予致命一击，是皇帝屡试不爽的撒手锏。最典型的案例莫过于另一位被贬崖州的宰相丁谓。

宋真宗后期，因病不能视朝，皇权逐渐转移到刘皇后手里。这时的宰相是寇准和向敏中，丁谓担任枢密使。刘皇后出身贫寒，寇准瞧不起她，曾反对立她为后，刘皇后因此忌恨。天禧四年（1020）三月，向敏中去世，刘皇后趁机拉拢丁谓，与寇准形成两个对立的集团。寇准想以皇太子为靠山，打算废皇后、立太子，被丁谓集团察觉，在真宗面前鼓舌进谗，致使寇准被罢免。寇准失势后，遭到丁谓集团大清洗，最终被流放雷州，丁谓也如愿以偿地登上相位。

与刘皇后结成同盟后，丁谓渐渐膨胀起来。乾兴元年（1022）二月，宋真宗驾崩，遗诏太子继位，军国事兼权皇太后处分。这个"权"是"临时代理"的意思。丁谓拟写诏书时，竟想去掉"权"字。如果去掉"权"字，宋仁宗亲政将遥遥无期，刘太后的权力也会被无限放大。在参知政事王曾的反对下，丁谓才未敢妄为。

刘太后深居后宫，丁谓渐渐连她也不放在眼里了。仁宗年幼，无法早起，刘太后同大臣商议平时独自接受例行朝拜，丁谓断然拒绝。丁谓这样做自有其道理，但让刘太后失望了。后来丁谓又建议限制宫廷开支，二人渐生龃龉。

按规矩，首相兼任山陵使，负责办理大行皇帝的丧事。在建造陵墓时，宦官雷允恭擅自改变陵墓位置，作为山陵使的丁谓怕负监管责任，试图掩盖真相，包庇雷允恭。事发后，刘太后抓住这一事件，瞒着丁谓召见王曾等其他宰辅，以勾结宦官为罪名，将丁谓贬黜为崖州司户参军。

未听政前，刘皇后结交丁谓，是为了打击当权派寇准；听政后，权位已稳，不再放任丁谓，果断弃之如敝屣。这是政治斗争，也是帝王的宰相策略。

宋神宗元丰年间，借王安石变法的余风，宋神宗亲自操刀，对宰相制度进行重大改革。将政事堂职能重新归于三省名下，中书取旨，门下复审，尚书执行。宰相一般设两位，分别为门下省首脑和中书省首脑，同时兼任尚书省职务，首相为尚书左仆射兼门下侍郎，次相为右仆射兼中书侍郎。

改制后，政务运行重心落脚在尚书省，尚书省下又分吏、户、礼、兵、刑、工六部，六部才是具体的政务办理部门。两位宰相一个管理门下省,一个管理中书省,尚书省交叉任职,职权大为削弱,不再总揽政务全局。

那么,政务的实际负责人是谁呢?是皇帝!这样皇帝就从幕后走向前台,以现代公司制度类比,既当董事长,又做首席执行官。

元丰改制还对台谏进行了重新处置。改制前,御史台和谏院具有相对独立性,不由宰相领导。改制后,御史台居于尚书省之下,谏院撤销,在门下、中书省设置言官。这样,台谏完全失去独立性,对百官的监督弱化,对皇帝的监督几乎不存在,皇权独大、乾纲独断的局面初步形成。

南宋朱熹一针见血地指出:"到元丰间,(皇帝)事皆自做,只是用一等庸人备左右趋承耳。"[1]

宋神宗所用的两位宰相吴充和王珪,都是碌碌无为之辈。吴充受到次相王珪和御史官蔡确的排挤;王珪心思缜密但缺少魄力,在皇帝面前唯唯诺诺,不敢有丝毫逆鳞之举。他上殿进呈时,说"取圣旨";神宗决定之后,说"领圣旨";退朝后告诉下面的人,说"已得圣旨"。周围的同僚称他为"三旨相公",王珪也不生气,以安分无事为得计。宋神宗待他们很刻薄,经常因为微小的过错对他们罚薪,还让他们到宫门叩首谢恩。宰相宫门谢恩,是宋朝开国以来未有之经历。宋神宗用这种方式向大臣宣示:天下唯我独尊,与士大夫共治的历史一去不回。

宋神宗的如意算盘打得精细,奈何并不是每一位皇帝都愿做这个"首席执行官"。到了宋徽宗朝,醉心书画古玩,不愿操心

---

[1] [宋]黎靖德编:《朱子语类》卷一百三十《本朝四》,中华书局,1986年,第4033页。

朝政，加上财政困难，国这个"家"不好当，怎么办？只能向宰相赋权。宋徽宗长期任用蔡京为独相，政事悉数交于蔡京，自己乐得沉溺于艺术。即便蔡京年事已高，仍加其为太师、领三省事，把持朝政。

宋神宗虽然限制了宰相职权，宋徽宗权外赋能，宰相权力反而更大了。这时的宰相，类似现代企业中的职业经理人。

北宋一百六十多年，皇帝一直是"老板""董事长"，行政权可分为三个阶段：第一阶段，宰相集团集中行使行政权，类似办公会议制度；第二阶段，皇帝直接行使行政权，类似董事长兼任首席执行官；第三阶段，皇帝指派代理人（宰相或更高职衔）负责，相当于职业经理人制度。

南渡后的君相关系，基本上还属于第三种，只不过前几年，宋高宗没有找到合适的代理人，因此频繁换相。等到秦桧第二次执政，代理人固定下来，二人一直合作到秦桧死亡。南宋权相不断，正是这种模式使然。

秦桧后期弄权，包括迫害赵鼎等反对派，宋高宗都睁一只眼闭一只眼。因为从某种意义上讲，他与秦桧在权力上是一体的。

第四章
收复的努力

据明人《南诏野史》记载，北宋平定四川后，将帅请求挥师南下，一鼓作气攻取南诏（今云南），并向宋太祖赵匡胤进献了南诏地图。宋太祖拿着玉斧①在大渡河上划拉了一下，说："此外非吾有也。"②于是终宋一朝，南诏一直是藩属国，没有被吞并。

明人记述未必可信，却反映了宋朝君臣的领土观念。

宋神宗时，任用王韶在西北开疆拓土，收复了熙、河、洮、岷数州，建制熙河路。但是，这一巨大武功遭到朝臣反对，因为熙河路税赋收入很少，需要朝廷从全国调拨粮食钱帛进行补贴，开边没有带来任何经济效益，还加重了中央财政负担。

到元祐年间，旧党执政，提出主动割让土地于西夏，目的是

---

① 玉斧又叫"柱斧"，是赵匡胤经常手持的玩意儿。推测为玉做的手杖，手柄像斧头，因此得名。
② ［明］杨慎：《南诏野史》，成文出版社，1968年，第78页。

换取西夏感恩戴德，恢复和平。按司马光、文彦博的弃地计划，甚至包括宋神宗朝开拓的熙河路、兰州等西蕃土地。满朝文武持反对意见，理由是如果丢弃了兰州，则熙河难保；熙河弃，则关中危。面对空前的阻力，司马光、文彦博还是坚持将米脂、浮图、葭芦、安疆四寨归还给了西夏。

朝臣反对弃兰州、熙河，并非着眼于兰州、熙河本身，而是关中！

可见，在宋人意识中，土地分两种：有用的和没用的。他们用经济的眼光去看待国土，不能创造价值的国土，可以毫不犹豫地舍弃掉。

对于南宋政权来说，河北、山西、山东、河南、陕西都是国朝故土，河北还是赵氏祖地，河南有国都汴京，还有位于洛阳永安的皇陵，这些地方自然是"有用之地"。但是，江南富庶，杭州不亚于汴京，苟安足矣。

恢复旧疆的口号必须提，收复故土也必须付诸努力。当然，如果威胁到现有生存状态，则会有另一番考量。

伪齐政权

建炎四年（1130），完颜宗弼搜山检海无功而返之后，金国对南宋的策略就变了。主帅完颜宗弼认为金国连年征战，兵马困顿，无法支持持续南下，因此有了息兵罢战的考虑。

金国脱胎于部落联盟，其内部权力构成相当复杂，派系林立。当年完颜宗翰和完颜宗望分两路攻入汴京，灭亡北宋，二人军权在握，不把金太宗放在眼里。而金太宗牢牢把持着朝政，这三人三分权力，对宋朝的任何决策都是三人合纵连横的结果。完颜宗望死后，弟弟完颜宗弼继承了这支军队，替代了哥哥。

短时间难以灭亡南宋，金太宗、完颜宗翰、完颜宗弼都不愿某个势力独自掌控中原，三人达成妥协，找个代理人，扶立汉人伪政权，替金国统治中原，也好在金国和南宋之间建立缓冲地带，避免金国累年用兵，兵困国衰。

扶持谁呢？三方依然在角力。

完颜宗翰攻陷太原时，北宋知太原府张孝纯坚守一年多，后不得已投降。完颜宗翰有意让张孝纯做这个伪皇帝，但张孝纯不愿与南宋对立，常要求归隐乡里，完颜宗翰只好放弃这个念头。

完颜宗弼攻打东南时，南宋宰相、建康守臣杜充投降，完颜宗弼打算让杜充当这个傀儡。

金太宗远在金上京会宁府（今黑龙江省哈尔滨市阿城区），他委托东路军左监军完颜昌物色人选。这个完颜昌，就是秦桧在金国的恩主。

建炎二年（1128）冬，完颜昌围困济南府，完颜宗翰派人到城中劝降。刘豫想打开城门，百姓堵住道路，宁死不降。没办法，刘豫只好夜里偷偷从城墙上系根绳子，顺着绳子缒出城外，只身投靠了完颜昌军。

也就是说，刘豫入金，既有完颜宗翰劝降的背景，又有完颜昌纳降的背景。

建炎三年（1129）二月，金国任命刘豫知东平府，兼京东西、淮南等路安抚使，节制大名府、开德府，以及濮、滨、博、棣、德、沧等州；他的儿子刘麟为济南知府。黄河故道以南，几乎都由刘豫统领。所以，在中原政权的候选人中，刘豫具有天然优势。

刘豫也主动投入傀儡皇帝的竞争中。他让儿子刘麟带着大批财宝去贿赂住在潍州的完颜昌，完颜昌便向金太宗举荐了刘豫。

完颜宗翰要在中原政权上争取主动，在挑不出合适人选的情况下，转而支持刘豫。在金太宗下诏前，他抢先举荐刘豫，为的是让刘豫感恩自己。

三大派系中，金太宗、完颜宗翰都属意刘豫，完颜宗弼竞争不过，只好同意。金天会八年（1130）七月，金太宗命西京留守高庆裔、尚书礼部侍郎韩昉携带玺绶宝册前往大名府，册封刘豫为皇帝，国号"齐"，史称"伪齐"。

刘豫生于阜城农家，出身寒微，宋徽宗朝时任殿中侍御史，因为进谏朝廷铺张浪费，被宋徽宗斥责"河北村叟，不识礼制"①，贬官外放，刘豫自此对宋廷充满怨恨。建炎二年（1128）正月，宋高宗诏令刘豫知济南府。济南府位于对金前沿，社会动乱，匪贼横行，知府缺任好长时间了，别人都不想去，刘豫也不想去，但因朝中无人，朝廷强行把这个烫手山芋扔给了他。这更加深了刘豫的对立情绪，有了脱离南宋的念头。

大约由于出身的原因，刘豫骨子里自卑又自负，没有一个可以倚重、信赖的人。他登基后，儿子、亲戚掌握着核心权力，特别是军权，朝堂几乎变成了家中的大厅堂。他的长子刘麟权力最重，既是尚书左丞相兼领行台尚书令，又主管境内签军，集军政

---

① ［宋］徐梦莘：《三朝北盟会编》卷一百八十一"绍兴七年十一月十八日丙午"条，上海古籍出版社，2019年，第1308页。

大权于一身；他的堂弟刘观、刘复、刘益驻守大郡要塞，侄子刘猊则是军中干将。

贫寒之人发达后，不少淫逸骄横，以弥补少时的"缺憾"。刚即位时，刘豫尚能做到俭朴，但淫逸的本性很快暴露出来。他以官位相诱，让手下进献妻子、姐妹。有位大臣为了谄媚刘氏，把女儿和儿媳一并送给刘麟以供淫乐，而刘麟又转手将她们送给父亲刘豫。刘氏父子还非常残暴，刘豫生日，泗州（今江苏盱眙）一个寺庙没有敲钟，刘麟便一把火将寺庙烧掉。

从地理上看，伪齐处于宋金战略缓冲地带，处于宋金矛盾的军事前沿。刘豫深知，金人立自己当皇帝，就是为了对付南宋，所以经常通过发动战争来彰显伪齐的价值。不过，伪齐参与宋金战争，一般作为金军的补充、呼应，没有独立与南宋作战的能力。绍兴元年（1131），金军分两路围攻秦岭要塞和商原。为策应金军，十月，伪齐遣部将王世冲进攻淮西的庐州（今安徽合肥），庐州守臣王亨设计，诱使王世冲进入宋军包围圈，齐军大败，王世冲也身首异处。

王世冲进攻庐州是伪齐第一次与南宋直接交锋，此后双方冲突不断。

绍兴元年（1131）十一月，伪齐秦凤路经略使郭振，率数千骑扰掠南宋西和州（今甘肃西和县），宋将王彦、关师古合兵御敌，大败齐军，俘虏郭振，乘胜收复了秦州。

次年二月，伪齐打了一个小小的反击战，夺取南宋海州（今江苏连云港），南宋被迫将海州治所向东南迁移，改海州为东海军。

四月，南宋江东安抚大使叶梦得遣部将陈宝和陈卞等攻取顺昌府（今安徽阜阳），接着又进攻宿州。但陈卞不能约束部下，士兵骚扰抢掠，百姓本来对王师望眼欲穿，这一下大失所望，反而帮助伪齐抗击南宋。伪齐宿州守将王彦先击退陈卞，并顺势拿下了寿春（今安徽寿县）。寿春离庐州不远，庐州守将王亨与陈卞有矛盾，趁机起兵杀了陈卞——宋齐争战引起了南宋军将内讧。

不过，这些都是局部小摩擦，双方都忙于内政，还没有那么大的胃口去吞并对方。直到吕颐浩与秦桧争权，谋划北伐。

绍兴二年（1132）四月，刘豫将都城从大名府迁到汴京，以表示"大齐国"才是北宋的合法继承者，宋齐双方由领土之争转为正统之争，政治空气陡然紧张起来。南宋国内，吕颐浩专务军事，要想有所作为，只有北伐。恰在这时，襄阳、邓、随、郢州镇抚使桑仲主动请缨，愿率自己的军队一路向北，收复汴京，希望朝廷能从淮南出兵牵制齐军。在这种形势下，吕颐浩草率部署，以桑仲为主力，以崔增、赵延寿为策应，开始北伐。消息传到汴京，伪齐震恐。为了稳定人心，刘豫也宣称要与金人一起南征。

空气到了沸点，战火即将点燃，然而富有戏剧性的是，桑仲被杀，赵延寿部下哗变，南宋北伐还未开启就流产了。

北伐未遂，但这次虚张声势，标志着宋齐关系从局部战争发展到全面对抗，由分庭抗礼发展到你死我活，势不两立。

军阀自主北伐

南宋的收复之战，并非朝廷的周密部署，而是由军阀自主开始的。

李横是山东高密人，最初是黄河岸边的工程兵，有股子蛮力。

靖康乱世，跟着老乡桑仲沦为军阀，四处作战，成为桑仲手下得力干将，被提拔为副统制。建炎三年（1133）年底，桑仲攻占了襄阳。当时宋高宗正被金军追得东躲西藏，顾不上收拾匪寇，只好将错就错，先任命桑仲知唐州，后又任襄阳镇抚使。

桑仲的胃口不止于此，他还要整合周边大大小小的军阀们。他攻占襄阳时，邓州守将谭兖曾去增援，桑仲第一个收拾的便是谭兖。谭兖不敌桑仲，求援于知汝州的王俊。王俊入邓州城后，谭兖不知出于何种考虑，将王俊灌醉，自己带着军队跑了。桑仲轻松拿下邓州，杀了王俊，以李横知邓州。后来因为李横"屡立战功"，桑仲奏请朝廷加其为荣州团练使。

桑仲是势力较大的一股军阀，军队人数发展到十多万。但他陷入了一个致命困境：襄阳屡经战乱，人口减少，民生凋敝，供养不了庞大的军队，以致到了人吃人的地步。要想解决粮食难题，唯有扩张。

襄阳向南，是南宋腹地，也是各路游寇出没的地方，曹成在道州，马友在潭州，李宏在岳州，刘忠在潭州、岳州之间，油水已被刮尽，浑水也不好蹚。襄阳西北是房州（今湖北房县）、均州（今湖北丹江口市西北）、金州（今陕西安康），桑仲把矛头指向这里，但没有讨到半点便宜。房、均、金三州守将王彦，也是一代名将，屡次击败桑仲的进攻。李横向桑仲献策说：如果不能率军进入西川，就向北杀敌以图报国，不要困死在这里。向北即是伪齐的地盘，桑仲上报吕颐浩，让朝廷协调在淮南牵制住伪齐军队，桑仲从襄阳起兵，直捣汴京。

北伐前，桑仲决定再努力一次，看能不能打下房州。他下发檄文，要郢州（今湖北钟祥）守将霍明协助攻打王彦，霍明不从，桑仲亲自到郢州胁迫霍明，不想反为霍明所杀。

桑仲被杀的消息传到邓州，李横联络知随州李道为桑仲报仇，起兵围攻郢州。霍明不敌，缒城而逃，李横和李道兼并了桑仲、霍明的军队。

南宋初期，地方军阀肆意而为，征伐攻杀是家常便饭，朝廷根本无法制止。无论桑仲还是李成，无论孔彦舟还是杨幺，这些军事集团游离于政府和流寇之间，他们或烧杀抢掠，或俯首称臣，都是为了自家生存，基本谈不上忠义节气。他们有奶便是娘，所以成为伪齐极力拉拢的对象。如李成、孔彦舟、杨幺都与伪齐有勾结，李成、孔彦舟被击败后投奔伪齐，成为敌方干将。现在刘豫听闻桑仲已死，认为有了可乘之机，派使者手持敕书招降李横、李道，二人皆不受，把伪齐使者押送到了临安。朝廷下诏嘉奖，为二人加官晋爵，任命李横为襄阳府、郢州镇抚使兼知襄阳府，李道为邓州、随州镇抚使兼知邓州。

襄阳军换了主帅，处境却没有丝毫改变，依然缺粮！李横上奏请求入朝，接受朝廷改编，享受中央军神武军待遇，被拒绝了。流寇的战斗力不能跟中央军相比，在朝廷心中，他们还是不安定因素，可以招抚，但不可委以重任，只能任其自生自灭。

要想解决粮荒，只有扩张！李横先是以捉拿翟明为由，向东攻打德安府（今湖北安陆），围困七十余日不能破城，只好退兵。东、西、南都讨不到便宜，李横便像桑仲一样，把目标对准了北边的伪齐。

绍兴二年（1132）年底，发生了两件事，李横迎来了出兵良机。

第一件事是，金国统帅完颜宗翰驻扎云中（今山西大同），派完颜撒离喝率五路大军，想要以秦岭东部为突破口，攻入四川。当时吴玠仍驻扎在秦岭西部的和尚原，金军选择秦岭东部的饶凤关进川，就是为了避开吴玠。这一仗，金军一度占领金州、兴元府（今陕西汉中），但没能消灭宋军主力，担心宋军掐断归路，只好退兵。

作为金国的附庸，伪齐当然全力以赴支援金军，派四川招讨使刘夔带兵参战，中原地带一时兵力空虚，防守薄弱。

另一件事是，伪齐的河南尹孟邦雄盗挖了宋太祖父亲的坟墓。赵氏虽然已经被驱离中原，但仍有相当一部分民众怀念大宋，怀念赵氏，认为赵宋终有一天会回到中原。盗挖皇陵，是大不敬，理所当然地让宋、齐两地军民义愤填膺。

这两件事，让李横有了出兵名义和取胜希望。

绍兴二年（1132）十二月，正值青黄不接之时，李横挥师北伐。

伪齐防御南宋的重点在两淮。他们万万没有想到，一支军队从襄阳杀来，毫无防备，一触即溃。李横败伪齐于杨石店（今河南郏县西北），大军至汝州城下，汝州守将彭玘自知不敌，举起了白旗。

次年正月，新年的爆竹未能掩盖战争的炮火，初四李横攻破颍顺军（今河南禹州市）；又二日，在长葛县再破伪齐军，驱兵颍昌府（今河南许昌市）下。伪齐颍昌府守将赵弼固守不降，李横军强入城中，与赵弼展开巷战，到正月七日，完全占据了颍昌府。

颍昌离开封只有二百里了。

李横出兵初期，没有得到南宋朝廷的策应，可见是自主行动。不过，洛阳西部、南部的崤山、熊耳山、伏牛山中活跃着不少抗金义军，他们成为李横北伐的主要呼应者，彭玘就是其中之一。

以鲁山为根据地的牛皋，多次击败金军和伪齐部队，被朝廷委任为郑州兵马钤辖。李横北伐途中收编了他，便宜行事，将其任命为蔡、唐州镇抚使。

盘踞在洛阳西南的翟琮，父亲翟兴曾为赵宋固守皇陵，在洛阳一带抗击金军，被封为河南、孟、汝、唐州镇抚使，兼知河南府。后伪齐收买其部下，暗杀了翟兴，翟琮继任为镇抚使。李横从南部取颍昌府进攻开封，翟琮则从西部对伪齐施压，攻入洛阳城，处决了伪齐河南府尹孟邦雄。

刘豫听闻李横军队势如破竹，吓破了胆，急忙派先锋董先出城迎战。董先过去是翟兴部下，因军中乏粮被迫投降伪齐。出城之后，董先调转马头，杀死跟随的伪齐数百人，宣布重归南宋，投靠了翟琮。

消息传到临安，朝廷大喜，加封李横为神武左副军统制、京西招抚使，并赋予李横更大的军权，京西山区所有宋军残部、义军悉听李横指挥。

李横节节胜利，鼓舞了南宋士气，宋高宗命刘光世遣统制官郦琼等率万人屯兵泗州，声援李横。

汴京近在咫尺，南宋军民梦寐以求的收复愿望指日可待！三月初九，李横发布檄文，昭告天下"国运中兴，王师已进"，希望各路英豪"仗义以行，乘时而动。"①

---

① [宋] 李心传：《建炎以来系年要录》卷六十三"绍兴二年三月甲子"条，商务印书馆，1936年，第1079页。

伪齐初建,人心不附,军队战斗力低下,加上支援金军攻打秦岭,都城空虚,留守军队中,最能战斗的莫过于归附过来的流寇。李成过去流窜于淮南,一度渡江钞掠江西,南宋派江淮招讨使张俊带兵镇压,张俊逡巡不前,朝廷只好再派杨沂中、岳飞增援。多路围攻之下,李成走投无路,带着残兵败将投奔了伪齐。在伪齐各路兵马中,李成属于强悍的一支。

刘豫一边调李成率两万人马迎战,一边快马加鞭到云中向金国统帅完颜宗翰紧急求援。完颜宗翰虽远在云中,但伪齐境内多处驻守有金国军队,如"河、淮、陕西、山东皆驻北军"[①],立即命完颜宗弼出兵增援李成。

李横军出身草寇和流民,优点是作战勇敢,缺点是组织纪律性差。颍昌大捷后,李横军被胜利冲昏了头脑,精神也一下子放松了,士兵们开始抢掠金帛、女子,将领们日日纵酒狂欢,不思进取。牛皋是诸将领中头脑较为清醒的一个,作为先锋,率军逼近汴京城,与李成和金军战于汴京西北的牟陀冈。北伐部队装备简陋,大多数士兵没有盔甲,根本无法抵御金军骑兵,牛皋大败。李横退居汝州,颍昌府得而复失。

至此,李横北伐失败。

其实,南宋朝廷倒没有奢望李横能收复汴京,朝廷更担心的是李横北伐不成,反而丢失襄阳!宋高宗本打算让李横西进,与张浚夹击,收复陕西,作为反攻中原的基地,赵鼎认为不妥,上奏说,

---

① [元] 脱脱等:《宋史》卷四百七十五《叛臣上·刘豫传》,中州古籍出版社,1998年,第2170页。

襄阳居江淮上游，是川陕襟喉之地，如果丢失了襄阳，川陕就与朝廷断绝了联系，荆湖、江淮也不得安宁，其损失不可估量。因此，诏令李横仍退居襄阳，守疆自保，并且强调，非敕命不得进兵。

外交的触底反弹

国家的对外关系，要靠两条腿走路，一是武力威慑，一是外交斡旋。从根本上讲，外交是武力的延伸和补充。

从南宋建国的那一天起，与金国的关系便决定着国家存亡，对金国的外交一直是重中之重。

宋高宗建炎元年（1127）五月初一登基，月底，黄潜善、汪伯彦给宋高宗出了一条计策，派人前往金军，名义上是去问候宋徽宗、宋钦宗二帝，实际上去试探虚实，寻找议和的机会。起初，他们打算派宣议郎傅雱前去，有大臣认为傅雱的级别太低，显示不出南宋的诚意，于是改派尚书户部侍郎邵溥。邵溥是大儒邵雍的孙子、邵伯温的儿子，不知是怕死，还是反对议和，他坚辞不去。朝廷无奈，贬斥了邵溥，另派周望为通问使。周望是太常少卿，对外宣称给事中，以抬高身份。

周望通问的是河北完颜宗望军。六月初一，朝廷又派前伪楚官员、徽猷阁学士徐秉哲充通问使，到河东通问完颜宗翰军，徐秉哲拒不领命，宋高宗将他贬到偏远的梅州，之后再派傅雱出使。傅雱在云中见到了完颜希尹，带来了给金国的国书，十月还朝。傅雱将自己的通问经历写成了《建炎通问录》[①]。

---

① ［元］马端临：《文献通考》卷一百七十九，中华书局，1986年，第1658、1659页。

此后，南宋又先后遣朝奉郎王伦、宣教郎刘海、资政殿大学士宇文虚中、右奉议郎魏行可、朝散郎洪皓、朝奉郎崔纵、奉议郎张邵等出使金国，往往是前一拨还没到，后一拨就又出发了。最初宋高宗致书宋军统帅宗翰等，自称"大宋皇帝构"，扬州惊变后，宋高宗吓破了胆，只能祈求金军手下留情，同意让他在江南存活，书信的自称也变成了"宋康王赵构"，自动降低姿态，削去皇帝称号。建炎三年苗刘之变后，宋高宗心力交瘁，再也不愿过这种朝不保夕的日子了。他派才识通达的洪皓出使，表示"愿去尊号，用正朔，比于藩臣"①。

上古夏商周，每次改朝换代都要更改历法，称"正朔"，后来就用正朔表示正统地位。宋高宗这里"用正朔"，指奉金国为正统，用金国年号，南宋则甘心为金国的藩国和臣属，犹如朝鲜、安南之于中原政权。

自从春秋有华夷之辨后，华夏民族尊王攘夷，把少数民族看作低人一等的民族和政权，汉族政权理所当然为正统。宋高宗自降身份，无疑是巨大的屈辱。他受后世鄙夷和抨击，最主要的"罪行"就是主动臣服于"蛮夷"。

但是，也应当看到，中原政权向外来政权称臣，并非自赵构始。像五代十国后晋、北汉这些轮盘式小政权略过不提，即使强盛如汉唐，在开国之初，也有臣服于北方少数民族的不堪。

公元前201年，匈奴入侵汉朝，汉高祖率兵亲征，被围困于

---

① [宋]李心传：《建炎以来系年要录》卷二十三"建炎三年五月乙酉"条，商务印书馆，1936年，第484页。

平城（今山西大同）的白登，被迫与匈奴签订盟约。汉匈盟约条款没有流传下来，但从史料中可以分析出，包括汉定期嫁公主给匈奴单于，每年岁贡金、絮、缯、酒、米等珍贵物品。双方约为兄弟之国，虽没有对匈称臣，但也是不平等条款。①

唐朝皇帝虽多次修改史书，删掉影响他们"光辉形象"的史料，但唐太宗对侍臣说："往者国家草创，突厥强梁，太上皇以百姓之故，称臣于颉利（突厥可汗）。"②显示唐朝草创时，也曾有过一段卑微的历史。

不过，后来由于汉、唐励精图治，打败了北方民族，后人选择性遗忘了这份耻辱。

尽管宋高宗把姿态放到最低，但彼时金国兵锋正盛，无意讲和，对南宋的使者不予理睬，拒绝与南宋进行实质性接触。

建炎四年（1130）黄天荡之战，标志着南宋已有资本与金国抗衡，宋高宗得以在江南暂时安稳，此后近三年未再派人使金。

绍兴二年（1132）是宋金外交转折点。经历了和尚原之败，金人被迫将和议作为选项，因此释放了扣押近五年的通问使王伦，王伦于九月抵达临安。这是宋金议和的良机，但当时吕颐浩为右丞相、都督江淮荆浙兵事，正与秦桧争权，决定北伐伪齐，大环境不利于议和，因此宋朝没有积极回应，只是派左迪功郎潘致尧为徽、钦二帝带去大量金帛物品，维持着与金国的礼节性往来。

绍兴三年（1133）六月，李横北伐失败，伪齐还没有对邓州、

---

① 杨燕：《"白登之围"与汉匈合约》，载《经济与社会发展》2012年第4期。
② ［唐］吴兢：《贞观政要·任贤第三》，骈宇骞译注，中华书局，2011年，第74页。

襄阳反扑，南宋与伪齐、金国之间维持着奇妙的、短暂的平衡。局势平衡之时，最容易谈成和议，南宋适时派出较高规格的使团出访金国，试图开启和平之旅。

正使是端明殿学士、同签书枢密院事韩肖胄。韩肖胄家世显赫，曾祖韩琦是北宋仁宗、英宗、神宗三朝宰相，国之重臣；祖父韩忠彦在宋徽宗朝担任过宰相，代表了当时的保守派势力。韩肖胄的母亲文氏，祖父是与韩琦齐名的三朝重臣文彦博。比起前面的通问使，韩肖胄身份、地位明显高出一截，只是稍逊于宇文虚中。但宇文虚中原是伪楚官员，主动请缨，戴罪立功，自然不能相提并论。南宋起用高职级官员为通问使，可见和议之心诚。

按照惯例，正使为文人，副使为武将，但这次不同，副使胡松年，学问与诗文俱佳，徽宗朝参详过殿试，此时任给事中，是个地地道道的文臣。

宋高宗派两位文臣出使，意图明显，要以和为贵。但韩肖胄、胡松年都是主战派，韩肖胄对高宗说："和乃权时之宜，他日国家安强，军声大振，誓当雪此仇耻。"① 他还请宋高宗不要考虑自己的安危，如果半年内不能回来复命，就打消议和的念头，准备作战。

是战是和，朝野中争论相当激烈。从民族感情上讲，大多数臣民都是主战派，但从现实利益出发，很多人又希望与金国讲和。像宰相吕颐浩就说过："既不可因战而废和，又不可因和而忘

---

① ［元］脱脱等：《宋史》卷三百七十九《韩肖胄》，中州古籍出版社，1998年，第1744页。

战。"①吕颐浩的观点，代表了大多数人的意愿。

著名女词人李清照，此时流寓临安。李清照的父祖与韩家有些交情，韩肖胄母亲大寿时，李清照还填词祝寿。听到韩肖胄出使的消息，李清照百感交集，内心充满了矛盾。一方面，她希望达成盟约，实现天下太平；另一方面，她担心朝廷又要割让土地、贡奉岁币，这是以"生当作人杰，死亦为鬼雄"自负的李清照所不愿看到的。在这种矛盾心境下，李清照给韩肖胄写了两首长诗，表达对故土的怀念之情，旗帜鲜明地反对无原则的妥协和投降，希望韩肖胄在邦交中能不卑不亢，保持大国应有的威仪。同时，勉励韩肖胄不辱使命，完成出使任务。第二首诗结句"长乱何须在屡盟"，意思是"助长祸乱的不一定是反复议和"，表达了希望达成盟约的良好愿望。

为营造良好的会谈气氛，南宋还诏令当初声援李横的淮南兵马回屯盱眙，不要侵扰伪齐地界。令屯驻淮南的韩世忠退回了镇江。

出使金国要路过伪齐地界，这是件非常尴尬的事情。在汴京，刘豫想要接见通问使，胡松年认为见之无害，但见面用什么样的礼仪，却非常敏感。伪齐臣子让韩肖胄、胡松年像见皇帝那样见刘豫，用臣礼。胡松年说，我们和刘豫都是大宋的臣子，当用对等的礼仪。刘豫无法让二人屈服，打算到大殿上再施以威仪，然而二人不吃那一套。胡松年说，我与殿下你曾经一起侍奉皇帝，你就不要摆谱了。刘豫询问宋高宗情况，胡松年回答说，主上一

---

① ［宋］徐梦莘：《三朝北盟会编》卷一百七十六"绍兴七年正月十五日丁丑"条，上海古籍出版社，2019年，第1273页。

定会活到收复故土的那一天。刘豫尴尬得不知如何应对。

月底,韩肖胄到达云中,见到了金国左副元帅完颜宗翰。完颜宗翰本来想为难为难韩肖胄,有人介绍了韩肖胄的家世以及韩琦、韩忠彦的功勋,完颜宗翰肃然起敬,对韩肖胄优礼有加。

十一月,韩肖胄从云中返回临安。过去南宋派出的使者,金国少则扣留一二年,多则扣留六七年,像韩肖胄这样往返用时才半年的还是第一次。不仅如此,宗翰随后派安州团练使李永寿、职方郎中王翊前来,商量和议之事。

韩肖胄使金,标志着宋金和平之旅正式开启,标志着金国已经打消了灭亡南宋的心思。

金国虽然愿意坐下来谈,但仍改变不了骄横恣肆的习性,李永寿、王翊蛮横地要求南宋遣还进入宋境的北方士民,包括历次战争中俘获的伪齐军民,并提出划江为界,江北归伪齐,江南给南宋。这自然是南宋君臣不能接受的,殿中侍御史常同进言说:"先振国威,则和战常在我;若一意议和,则和战常在彼。"①宋高宗告诉常同国家已养兵二十万,常同鼓励说:"未闻二十万兵而畏人者也。"②

宋金这次和谈没有取得实质性成效,送走李永寿时,宋朝又派章谊为通问使,继续加深接触,双方有了正常的外事往来和外交关系。

谈判是不流血的战争,战争则是谈判的筹码,宋、金双方边

---

① [元]脱脱等:《宋史》卷三百七十六《常同》,中州古籍出版社,1998年,第1730页。
② 同上书,第1730页。

谈边打,他们都在酝酿新一轮备战,为谈判争取主动权。

收复的曙光

无论金国还是后来的蒙古国,在江淮受阻后,都把战略重心放在了川蜀。

绍兴三年(1133)年底,完颜宗弼集结十万大军,准备依然从和尚原突破防线,进攻四川。刘豫的堂弟刘益亲宋,他当时的职务是知长安,提前得知消息后,偷偷报告给了吴玠。

和尚原距离汉中盆地较远,背后群山连绵,后勤补给困难。吴玠决定放弃和尚原,将防守重点放到第二道关隘——仙人关(今甘肃徽县东南)。仙人关位于兴元府正西,山地相对平缓,防守难度更大。

绍兴四年(1134)二月,完颜宗弼率军扑向仙人关。仙人关守军只有万人,吴玠防守非常吃力。其弟吴璘率一队轻兵,从另一处关隘七方关快速增援,二军合一,才稍微缓解一些压力。

吴玠手下一名统制官郭震,防守一处营寨,被完颜宗弼击破。吴玠将郭震斩首示众,以激励将士奋死抵抗。

金军久攻不下,大怒,动用各种攻城手段,士兵身披两层铠甲,像蝼蚁一样前仆后继爬云梯、登城墙。

宋军有将领建议后撤,吴璘拔刀在地上画了一道线,明令退过线者斩。

金军开始从东西两个方向攻城,后来专攻西北。宋将姚仲登上谯楼激战,金军用枪箭石块摧断谯楼,宋军就用绳子重新捆绑好勉强使用。金军火攻谯楼,姚仲则用陶罐舀水将火扑灭。

战争的转折点是三月初一的晚上,吴玠令精锐之师分头袭击金营,金军万万没有想到疲于防守的宋军竟然有胆量前来劫营,阵脚大乱。吴玠又令士兵在周边的山头点起山火、敲起大鼓,于是火光冲天,鼓声震耳,漫山遍野仿佛都是南宋士兵。金军大惧,像决堤的河水四处溃散。吴玠又派大将在横山、河池截击,金军死伤无数,副将韩常左眼被射伤。①

经历过这一战,金军退居凤翔府,不敢轻举妄动了。

不过,也有坏消息传来,熙河路(今甘肃临潭、岷县、礼县一带)总管关师古投降了金军,秦岭以北悉数归于金国(伪齐)矣。

更糟糕的消息是,襄阳也丢失了。

李横北伐失败退兵后,翟琮变得孤立无援,在根据地伊阳凤牛山(今河南嵩县北二十里)坚持,不久被迫撤到襄阳,投靠李横。襄阳兵众一下子多了起来,于是粮食又成了问题。

对于伪齐来说,金国对南宋用兵是难得的扩张机会。在铲除了翟琮凤牛山根据地后,绍兴三年(1133)十月,伪齐攻下邓州,逼近襄阳。

李横急忙向朝廷请援,朝廷令岳飞驻军鄂州。鄂州位居江南、淮南、荆湖、襄阳的中间地带,进可以协助李横抗击伪齐,退可以向江西、荆湖平定流寇叛军。南宋诸军中,也只有岳飞有适应各种战场、机动作战的能力。

岳飞军尚未赶到鄂州,前方传来消息,李横主动退出襄阳。

---

① 因吴玠在仙人关旁建堡垒,吴玠为此地起名为"杀金坪",是宋金激战的地方,因此仙人关之战又叫"杀金坪之战"。

原来，李横见齐军势大，内部又粮草不济，担心防守不住，竟将襄阳拱手相让。李成大摇大摆地进入襄阳，李道害怕了，也弃城而逃。

李横逃离襄阳，本打算到荆南安身，然而在南宋朝官眼中，李横一众就是盗贼！湖北安抚使将其拒之门外。李横又打算逃奔江西，正犹豫不决，赵鼎派人送来粮食，解决了军队的燃眉之急，他们在洪州安顿了下来。

这就是南宋初建时流寇的命运，他们享受不到朝廷拨付的物资，只能自己养活自己。他们打家劫舍、四处作战，只是为了生存。他们如果投靠金国，会落下叛贼的骂名；他们想被朝廷收编，朝廷却将他们拒之门外。

经历过几年淘洗之后，没有一支流寇部队能幸存下来。

对于南宋来说，襄阳不能丢！

岳飞上奏朝廷，请求进兵襄阳！宰相朱胜非也认为襄阳的地理位置如此重要，夺取襄阳刻不容缓！宋高宗询问宰执意见，宰执一致同意委任岳飞担当此任。绍兴四年（1134）三月，朝廷下圣旨送到鄂州，诏令岳飞在麦熟之前收复襄阳、唐州、邓州、随州、郢州、信阳军等六郡。即使出战，宋高宗也念念不忘给和议留条后路，严令止在六郡，不得越界；不得以"北伐""收复汴京"等口号鼓动人心；只要敌人退出六郡，不得远追；不得给伪齐落下口实。①

---

① ［宋］岳珂编：《鄂国金佗稡编续编译注》续编卷五，熊曦等译注，郑州大学出版社，2022年，第792页。

为了呼应岳飞，诏令韩世忠屯淮上，刘光世选精兵出陈州、蔡州，牵制齐军。

五月初五端午节，宋人视为"恶日"，必有残酷的事情发生。这天，岳飞攻郢州，一攻而破，杀敌七千人，尸体堆积起来，与城中的天王楼一样高，郢州守将荆超跳崖自杀。①

然后，岳飞兵分两路，由张宪、徐庆分兵东向去攻随州，岳飞亲率大军直奔襄阳。

郢州失陷、荆超投崖的消息传到襄阳，李成打不过岳飞，弃城而逃。唐州也一样，岳飞大军赶到，伪齐军队早已没了踪影。

攻打随州进展不太顺利，张宪、徐庆一个多月还没有拿下。这时，拨隶给岳飞军的牛皋自告奋勇，只带三天粮食前去助攻。其他将领不信，暗自发笑。谁知牛皋居然成功了！牛皋一直在伪齐境内作战，对敌军比较熟悉，这大概是他能够成功的主要原因吧。

李成从襄阳退兵后，屯驻在邓州西北，有一支从陕西退回的金军参与了协防，但这根本无法阻挡南宋最强的岳家军。七月十七日，岳家军王贵、张宪、董先三路齐攻，击败敌军，收复了邓州；八月中旬，又攻占信阳军。

岳飞用三个多月收复六郡，超出了预期，而且付出的代价也极小，几乎没有什么牺牲。岳飞因这次战绩，荣升清远军节度使、荆湖北路荆襄潭州制置使。建宋之后，节度使成了空衔，但仍是对武将的最高礼遇，极被看重。是年岳飞32岁，是有宋一代最年轻的建节者。

---

① 邓广铭：《岳飞传》，生活·读书·新知三联书店，2007年，第139页。

李成是伪齐最倚重的将领，对阵岳飞丝毫没有还手之力，说明南宋军力已经达到巅峰，收复中原的曙光似乎出现了。

六大危机与金齐南侵

岳飞收复襄阳六郡，对刘豫是不能承受之痛，金、齐、宋三方博弈中，伪齐势力几近可以忽略不计，那么伪齐存在的价值在哪里？如果不能压制南宋，伪齐将更加衰弱，离寿终正寝怕是不远了。

绍兴四年（1134）七月，伪齐奉议郎罗诱上书请求南征，他指出南宋有六大危机，为南征提供了便利。这六大危机，一是不守两淮、不都建康而退保吴越；二是没有贤相而且党争不断；三是将领平庸不识大体，并且结怨不和；四是士兵都是乌合之众，骄纵不治；五是没有太子，主孤而内危；六是横征暴敛，民穷而财匮。

应当说，罗诱对南宋的认识还是比较深刻的。南渡后，这六大问题长期困扰着宋高宗，一直没能很好地解决。

宋高宗唯一的儿子赵旉于建炎三年七月病夭，此后再无子嗣。通常认为太子乃国之根本，没有继承人，人们对这个国家便失去了希望。

罗诱对南宋将相的评论最耐人寻味。他评吕颐浩"横议狂直，失大臣风，兼有私门之僻，常为利所移"，一言以蔽之，就是狂妄而自私；朱胜非"虽老臣，然守法具位，怯于图大事"，也就是守成有余，开拓不足；秦桧"智小而谋大"，拿不出具体的治国方略；赵鼎"虽大器，然孤立在外，进不容于朝"，不被重用；范宗尹"口尚乳臭，言不顾行"，年轻，思虑不周；大将刘光世"虽持重而偏裨不良"，战斗力不强；韩世忠屡遭败绩，"不可以言勇"；张俊"尸禄素餐，坐与卒伍争利，徒能费太仓米"，格局小，混日子。①

罗诱评南宋将相，大多到位，不过对韩世忠找不出太多毛病，勉强挑刺。对秦桧和赵鼎，也言辞闪烁，缺乏说服力。另外，他对岳飞这样近年强势崛起的俊才视而不见，显然是有意回避，不想"长他人之威风"。事实证明，南宋抗金，川陕之外，主要凭借岳飞和韩世忠，只这两员大将，即令金和伪齐头疼不已。

南宋虽有"六大危机"，但伪齐先天发育不良，罗诱以为伪齐能"取天下如反掌"，显然错了。

在罗诱的鼓动下，刘豫向金国借兵。但金国刚送走韩肖胄以及下一位通问使章谊，有了和谈的意向，不愿出兵。刘豫便对金国以利诱之："如果攻下两淮，物资钱财，人口子女，不求自得，比宋每年岁贡那一点点贿赂强多了。况且，金国选派贤王镇守两淮，与山东成唇齿之势，以后再也没有南顾之忧了。"②金太宗动了心，以完颜宗辅为左副元帅、完颜昌为右副元帅、完颜宗弼为前锋，调兵五万，配合伪齐，于九月份开始南侵。

---

① [宋]李心传：《建炎以来系年要录》卷七十八"绍兴四年七月丁丑"条，商务印书馆，1936年，第1286页。
② 同上书，卷八十"绍兴四年九月乙丑"条，第1312页。乃遣知枢密院事卢伟卿见金主晟，具言："国家自大梁五迁，皆失其土。若假兵五万下两淮，南逐五百里，则吴越又将弃而失之，货财子女不求而得。然后择金国贤王或有德者，立为淮王，王盱眙，使山东唇齿之势成，晏然无南顾之患，则两河自定矣。青冀之地，古称上土，耕桑以时，富庶可待，则宋之微略，又何足较其得失。"

金国出兵虽然不多，但荟萃了当时的主要战将，阵容不可谓不强大。这是继建炎年间完颜宗弼搜山检海后又一次大规模的南征，金齐联军分两路进击，骑兵从泗州攻滁州，步兵从楚州攻承州（今江苏高邮）。

消息传到临安，朝廷上照例一顿争吵，有人劝宋高宗像建炎年间那样避敌锋芒，逃亡海上，张俊跺着脚反对："逃到哪里安全呢？为今之计向前一步才是可靠的方案。"[1] 赵鼎则以退为进："战而不捷，去未晚也。"[2] 如果打不赢再跑也不迟。宋高宗知道如果逃避，这几年好不容易稳定下来的形势又将付之东流，将再一次出现盗寇蜂起、兵变将叛的局面。他鼓起勇气，表示要亲征。

圣驾启程之前，先筹划好防守事宜。罢免了朱胜非，任命赵鼎为右相，张浚知枢密院，刘世光守建康，张俊为浙西、江东宣抚使，其他将领也各领其事。

诸将中，宋高宗最看重的是韩世忠。他亲笔写了道札子，令韩世忠由镇江渡江北上，屯兵扬州。宋高宗担心建康有所纰漏，金军小舟轻便，万一绕过宋军江防，直扑临安，那就麻烦了。他让韩世忠北上，意在将金齐联军阻击在长江北岸。

韩世忠果然不负圣望，他亲率大军到大仪镇（今属江苏仪征）迎敌。部队部署妥当，宋工部侍郎魏良臣奉旨出使金营，路过韩世忠驻地。魏良臣是有名的老实人，一向主和，不擅长撒谎。韩世忠决定利用魏良臣向金国传递假情报，引蛇出洞。他命令部队

---

[1] ［宋］李心传：《建炎以来系年要录》卷七十八"绍兴四年七月丁丑"条，商务印书馆，1936年，第1313页。张俊曰："避将何之，惟向前一步庶可脱……"
[2] 同上。

假装后撤，哄骗魏良臣说，朝廷有旨要求部队退守江口。等魏良臣走远，韩世忠调转马头，命令士兵重新回到大仪镇，将部队分为五个阵营，设下二十多处埋伏。

魏良臣到金营后，金军向他打听韩家军动向，不明就里的魏良臣如实相告。金将得知宋军正在撤退，急于立功，率轻骑奔袭。

金军一进入埋伏圈，韩世忠亲摇战鼓，伏兵从四面八方冲向敌阵，金军勒马不及，后马踩踏前马，军队乱作一团。宋军发明了一种专门对付金军骑兵的战术，士兵手执长斧，上砍人胸，下砍马足，金军骑兵遂一排排倒在拥塞狭窄的道路之上。接着宋军骑兵踏马而过，将敌军兵骑踩成肉泥。这一战追击得金军全军覆没，将领也成为俘虏。

捷报传来，宋高宗可以安心地"亲征"了。十月二十三日，他从临安启程，二十七日到平江府。

当时有探报敌人在滁州造船，准备强行渡江。赵鼎鼓动宋高宗说："万一金人渡江，陛下当亲总卫士，趋常、润，督诸将，乘其未集，并力血战，未必不胜。"让宋高宗亲自率领身边卫士，到常州、润州（即镇江）与金人血战。主管殿前司公事刘锡、神武中军统制杨沂中是护驾的亲卫，他们担心皇帝安危："相公可谓大胆！"赵鼎解释说："并力一战以决存亡，更无它术。"①

十二月初一，魏良臣从金营安全返回，向宋高宗汇报金人态度良好。众臣分析，金人还是愿意讲和的，战争意愿并不强，这

---

① ［宋］李心传：《建炎以来系年要录》卷八十二"绍兴四年十一月辛未"条，商务印书馆，1936年，第1356、1357页。

次战役，胜利可期。

金军在淮东作战受阻，转而寻求在淮西突破，派一队人马围攻庐州。守臣向驻扎鄂州的岳飞求救，岳飞派部将牛皋、徐庆增援。牛皋率十数人先到，向金军喊话："你家牛爷爷在此，你们这些鼠辈竟敢前来进犯！"挥舞着长槊冲了过来。金军怀疑有埋伏，竟吓得掉头就跑，自相践踏，死了不少。①庐州之围，就这样戏剧性地解除了。

无论大仪镇之战，还是庐州之围，都可以看出，金兵战斗意愿确实不强，只是为了应付伪齐邀请，被动参战而已。否则不至于如此拉垮。

十二月下旬，天降大雪，道路不通，金军粮草供应不济。这时又传来消息，金太宗病重，完颜宗辅是金太祖完颜阿骨打第三子，完颜宗弼是第四子，完颜昌是阿骨打和完颜晟的堂兄弟，都是金国皇室的核心成员。他们自然不会放弃对皇位继承的发言权，于是趁黑夜撤军北归。

没有了金军这个"主心骨"，伪齐大军也作鸟兽散。伪齐第一次南征就这样以失败匆匆收场。

韩世忠、刘光世、张俊相继入觐，向宋高宗道喜，宋高宗说："此不足喜，若复中原，还二圣，乃可喜耳。然有一事，以卿等将士贾勇争先，非复昔时惧敌之比，所喜盖在此也。"②如果非要

---

① ［元］脱脱等：《宋史》卷三百六十八《牛皋》，中州古籍出版社，1998年，第1698页。时伪齐驱甲骑五千薄庐州，皋遥谓金将曰："牛皋在此，尔辈胡为见犯？"众皆愕然，不战而溃。
② ［宋］李心传：《建炎以来系年要录》卷八十四"绍兴五年正月壬戌"条，商务印书馆，1936年，第1380页。

说喜的话,将士们奋勇争先,不像过去那样畏敌如虎,确实可喜。

过后,宋高宗又对赵鼎说:"朕不敢忘忧也。"①

虽然只是表面上做做样子,但说明宋高宗的头脑还是清醒的。

移跸建康

经过几年的军事较量,南宋军民基本上克服了对金国军队的畏惧心理,并且自信完全有能力碾压伪齐军队。

新立的金熙宗是一位汉化极深的皇帝,平常穿着汉族读书人的服装,能用汉文写作,虽然只有十六岁,还没有亲政,但对南宋的好感明显高于前两任皇帝。

对于南宋来说,这是灭掉伪齐、收复中原的良机。新任右相兼都督诸路军马的张浚一贯是主战派,虽然有些鲁莽,但意志坚定。天时、地利、人和,都在向南宋倾斜。

张浚的北伐思路,是以两淮为主,以襄阳为翼,循序渐进,局部推进。

在全面北伐之前,张浚对军队进行了"改制",其实就是宋高宗觉得"神武"这个名字不好,改了个名字,叫"行营护军"。张俊所部为"中护军",韩世忠所部为"前护军",岳飞所部为"后护军",刘光世所部为"左护军",吴玠所部为"后护军"。

绍兴六年(1136)二月,伪齐部队主力集中在淮阳,张浚决定对淮阳发动歼灭战。他以韩世忠为主力,率大军过淮河,屯符

---

① [宋]李心传:《建炎以来系年要录》卷八十四"绍兴五年正月壬戌"条,商务印书馆,1936年,第1380页。

离县（今安徽宿州东北）；刘光世屯合肥，从南路牵制伪齐军；岳飞屯襄阳，随时准备北上；让张俊进盱眙为后翼，伺机而动。张浚还从宋高宗身边调来了杨沂中，准备派他到前线协助韩世忠。

十八日，韩世忠大军到淮阳城下，遭遇一小队金兵。统制官呼延通与金将叶赫贝勒交锋，打得难解难分，直至肉搏，最后叶赫捅了呼延通腋下一刀，呼延通则卡住叶赫的喉咙，将其擒获。跟在后面的韩世忠趁机掩杀过去，将金军击退。

韩世忠围攻淮阳城，久攻不下。刘豫差人到河间府请求金军援助，因为金、齐之间有约定，所以完颜宗弼亲自率大队金军前来解围，韩世忠只好退去。

这次北伐，雷声大雨点小，说明南宋在对抗金军上还没有取胜的把握。

金军不可能一直替伪齐守边，南宋便"化整为零"，不断地尝试小范围蚕食伪齐城池。七月，刘光世克寿春府。八月，岳飞以襄阳为基地，攻打伪齐镇汝军（今地不详），牛皋生擒骁将薛亨；部属杨再兴收复长水县（今河南洛宁县长水镇）；遣统制官王贵、郝晸、董先引兵攻取卢氏县，收获敌军粮食十五万斛。

这些收复失地的胜利，特别是岳飞已经逼近西京洛阳，对南宋好比强心针，让君臣兴奋不已。消息刚到临安时，宋高宗从天竺寺进香回来，将信将疑，从张浚处得到证实后，立即下诏抚慰岳飞，臣子们则纷纷上表祝贺。但是，岳家军在襄阳依然面临着严重缺粮的状况，所以胜利不久便被迫撤回，岳飞也将大本营重新移到鄂州。

金国每次南下，都在秋冬之际。南宋君臣一到秋天神经就绷紧起来，想办法防范金军，谓之"防秋"。又到了防秋季节，但今年有了底气，张浚力促宋高宗北上建康，"御驾亲征"，以更主动的姿态对付金国和伪齐。他再次论述建康的重要性，说："东南形势，没有比建康更重要的了，实在是中兴的根本。人主居住在这里，北望中原，心中才能不断警醒自己，卧薪尝胆，奋发有为。如果偏安于临安一隅，容易滋生安逸，也不易号召中原民众。"①

张浚的言外之意，请宋高宗尽快定都建康。

建康虽好，但离前线较近，朝臣们不愿承担风险，大多反对，但又不能驳斥张浚奏请的理由。八月中旬，宋高宗终于同意移跸，先请祖宗牌位上路，九月初一正式从临安启程，照例住在平江府。

宋高宗"御驾亲征"，震动了汴京，刘豫紧急求助于金国。然而，金国今非昔比，力主灭宋的完颜宗翰在激烈的权斗中失势，不仅丧失了军权，而且离开了他所控制的华北地区，完全被架空。朝廷由主和派把控，议论说：先帝让刘豫做皇帝，是为了让他帮助大金守疆保境，使我们安民息兵。现在刘豫既不能攻，又不能守，兵祸连年，无休无止。替他打仗吧，打胜了刘豫受益，打败了我们得承受损失。朝议的结果是：不管他，让他们自己打吧！金国只派右副元帅完颜宗弼提兵黎阳（今河南浚县），观望形势。

---

① [宋]李心传：《建炎以来系年要录》卷一百〇二"绍兴六年六月己酉"条，商务印书馆，1936年，第1668页。浚以为东南形势莫重于建康，实为中兴根本。且使人主居此，则北望中原，常怀愤惕，不敢自暇自逸。而临安僻居一隅，内则易生安肆，外则不足以号召远近，系中原之心。

刘豫箭在弦上，不得不发，而且他知道，伪齐存在的价值在于对抗南宋，如果无所作为，早晚会被弃如敝屣。九月底，刘豫孤注一掷，先发制人，起全国三十万大军伐宋：儿子刘麟出中路攻合肥，侄子刘猊率东路军出涡口攻定远，大将孔彦舟由西路攻六安。

齐兵为了给自己壮胆，让一部分士兵穿上金人的服装，使百姓以为南下侵宋的是金齐联军。消息传到行在，又是一番震恐。当时南宋的兵力分布是：杨沂中屯泗上（泗水北岸），韩世忠驻楚州，张俊驻盱眙，刘光世屯庐州，岳飞屯鄂州，沿江防线上没有人马。赵鼎忧虑，张俊、刘光世请求增援，朝廷中议论纷纷，不少人建议大帅们退守江防，调岳飞增援江淮。还有人请宋高宗还跸临安。

只有张浚不以为意，一方面写信警告张俊、刘光世，不许他们撤退，另一方面上书皇帝，希望宋高宗能坚定决心，这样诸将才不会犹豫观望。

宋高宗赞同张浚的意见，感慨地说："如果不是你见识高思虑远，几乎酿成大错。"称"朕释然无忧"①。

得到皇帝的支持，张浚便命杨沂中带兵至濠州（今安徽凤阳），一来作为张俊和刘光世之间的策应，二来督导二人进军。

诸将之中，刘光世最弱，他已经命令部队从庐州退兵了。张浚得到消息，派人星驰电掣赶到前线，制止士兵后退："若有一人后退过长江，斩首示众！"宋高宗亲笔写信给杨沂中："如果有将

---

① ［宋］李心传：《建炎以来系年要录》卷一百〇六"绍兴六年十月丁酉"条，商务印书馆，1936年，第1717页。上乃手书报浚："……俾朕释然无忧。非卿识高虑远，出人意表，何以臻此。"

领不进兵，军法处置！"刘光世不得已，只好下令军队坚守阵地。

伪齐刘猊向定远进军必过濠州，杨沂中派两千精兵阻击，击退了刘猊的先锋部队。刘猊担心孤军深入有去无回，于是大军转而向西，企图与进军合肥的刘麟会合，而杨沂中紧追不舍。

两军在藕塘关再次遭遇。刘猊依山据险排好阵势，靠强弓劲弩阻止宋军。杨沂中给士兵们鼓劲："我们人数少，时间长了吃亏，应当猛攻。"他安排士兵佯攻以吸引敌人的箭矢，掩护五十名敢死队冲入敌阵扰乱敌人。趁敌军弓箭势头稍缓，杨沂中亲率大军从侧翼进攻。短兵相接时，后面的士兵高呼"贼破矣"，不明情况的伪齐士兵惊得目瞪口呆。这时另一支宋军在张宗颜的带领下赶来增援，从敌人后方突然杀出，惊慌失措的齐军大败，尸横遍野。刘猊对谋士说："刚才看见一位大胡子将军，锐不可当，果然是杨沂中。"匆忙上马带着数骑亲随仓皇而逃。杨沂中见状，也不追赶，只是向敌军士兵大喝一声："你们都是赵氏子民，还不快快投降！"负隅顽抗的齐兵吓得胆战心惊，纷纷放下武器束手就擒。①

藕塘关一战，伪齐损失人马万余，舟船数百，车辆数千。刘麟、孔彦舟听到刘猊败讯，心怀恐惧，不敢向前，拔寨还兵。伪齐第二次南征再次告负。

---

① [宋]李心传：《建炎以来系年要录》卷一百〇六"绍兴六年十月甲辰"条，第1721页。沂中至藕塘，与猊遇。贼据山险，列阵外向，矢下如雨。沂中曰："吾兵少，情见则力屈，击之不可不急。"乃遣摧锋军统制吴锡以劲骑五千突其军，贼大乱，沂中纵大军乘之。自将精骑绕出其胁，短兵接，即大呼曰："破贼矣。"贼方愕视，会江东宣抚司前军统制张宗颜等自泗州南来，率兵俱践，贼众大败。猊以首抵谋主李谔曰："适见髯将军，锐不可当，果杨殿前也。"即以数骑遁去，馀党犹万计，皆僵立骇顾。沂中跃马前，叱之曰："尔曹皆赵氏民，何不速降！"皆怖伏请命。

藕塘关捷报传到行在，杨沂中请示如何处理俘虏，宋高宗纠结道："这些都是朕的良民，迫于伪齐的淫威，勉强南来，杀之不忍，又不得不杀。"转过头对赵鼎说："以后告诫诸将，打仗前要先劝降。"宋高宗嘱咐将士，将战死的尸首尽快埋葬，并且要为他们做道场超度。而俘虏的士兵，大多给米钱，将他们遣返回去。①

赵鼎告诉高宗，伪齐境内民不聊生，有人因为不能劝阻战争，自缢身亡。宋高宗感慨地说："如果有可能，愿永远不用兵革。"②

经过藕塘关一役，宋高宗信心大增，绍兴七年（1137）初下诏要移跸建康，以表示恢复旧土的决心。不过，他磨磨蹭蹭，一直到二月底才动身，三月初九才到达建康。

从收复中原的立场上看，建都建康无疑比临安更富有进取精神，这时宋朝君臣也大都支持建都建康，宋高宗也有这样的打算。他诏令在建康修建太庙，太庙供奉皇家祖宗，必在都城。又下令中央机构迁移到建康，临安只留个空壳，叫"留守司"，只是个名字而已。

番外：长江天堑与南北战争

"却道天下形势，分久必合，合久必分。"自秦始皇吞并六国后，中国有五次长时间的南北分治，分别是：三国、东晋十六国、

---

① ［宋］李心传：《建炎以来系年要录》卷一百○六"绍兴六年十月辛亥"条，第1724页。杨沂中捷奏至，俘戮甚众。上愀然曰："此皆朕之赤子，迫于凶虐，勉强南来。既犯兵锋，又不得不杀，念之痛心。"顾赵鼎曰："可更戒敕诸将，尔后务先招降。其陈殁之人，亟为埋瘗，仍置道场三昼夜，以示矜恻。"
② 同上书，"绍兴六年十月己未"条，第1726页。上曰："他时事定，愿不复更见兵革。"

南北朝、五代、南宋。各时期疆域不一，但绝大多数时间里，南北分界线均在淮河到长江的区域内。

南北分界，非人为规划，而是因为长江——这座北方人不易逾越的天堑。

南北分治，南方政治经济重心在江南。江南又称江东。打开地图可以发现，长江过九江北行，至南京转而东向，直奔东海。其转弯处南京，具有特殊的战略意义，可以说是整个江南的制高点，是中原进入江南的嵌入点，是江南争霸中原的凭陵处。

东汉建安十六年（221），孙权徙治秣陵，次年改名建业，就是现在的南京。后徙治武昌（今湖北鄂州），三国吴黄龙元年（229）定都建业。这是历史上第一次在南京建都，从此南京崛起，在历史风云中屹立潮头。

也是从那一刻起，南京承载历史的风雨，成为两千年南北战争的见证。

三国是中国古代第一次南北分治，东吴与曹魏最初以长江为分界线，但曹魏没有水军，无法掌控江权，不堪东吴骚扰，后退百余里，设置了一片无人区作为缓冲，最终分界线固定在今"东台—高邮—天长—来安—含山—庐江—武汉—宜城"一线。

无论曹操，还是继任的曹丕，都多次对东吴用兵，想要一统天下。北方对南方用兵，大都在秋冬之际，这时候水势小，河道窄，便于骑兵和步兵作战。212年，曹操号称率四十万大军讨伐东吴，不料突降大雨，孙权水军的优势一下子显露出来。双方在濡须口（今安徽无为东）对峙，曹军无法推进，只好退兵。

濡须口之所以成为焦点，因为它是巢湖的入江口，巢湖的东端便是合肥。如果孙权占领了合肥，就控制了巢湖，曹操就少了一个入江口。215年，孙权趁曹操攻打汉中，率军袭击合肥。合肥只有七千守军，在张辽率领下坚守十多日。孙权担心援军赶到，只好退兵。张辽趁机出城追杀，打得孙权十万大军七零八落。

孙权在军队数量上占有绝对优势，但纵横于长江上的都是水军，陆地上，其机动力、战斗力、行军力在北方军队面前几乎不值一提。加上合肥有城池之固，这才遭遇狼狈不堪的败绩。

南北军队各有优势，争战的结果便是长期对峙，形成均势。

曹丕在位时，曾三次伐吴，试图从古运河进入长江，但船只小、水军弱，只能临江兴叹，无功而返。此后双方虽有攻伐，战争规模都不大，南北均势没有质的改变，直到司马氏掌控了曹魏政权，占领西蜀后，才从上游浮江东下，灭亡了东吴。

司马氏灭吴前，安排王濬在益州建造大船，训练水军。279年司马氏发动伐吴，虽然安排了东、中、西三线六路人马同时进攻，但各路进展艰难，唯有王濬的益州水军势如破竹，一路高歌。次年正月，渡过三峡，二月上旬攻克江陵，接下来破夏口、武昌（今湖北鄂州），三月十四日即抵达建业，十五日吴主投降。

这种从中上游迂回进攻的方式，日后成为南北战争中北方获胜的通用手段。

东晋虽偏安江南，但疆域面积较大，且动荡不定，大致在淮河以北，有时直达黄河。这使得东晋时的南北战争离长江较远，比较有名的是淝水之战，前秦苻坚南征，在寿县淝水被谢玄击败。淝水之战打破了苻坚立志统一的梦想，让南北对峙延续下来，历经南北朝，直到隋朝灭陈。

有统计数字表明，南北朝时发生在长江干、支流的战争在百起以上[①]，不过大多为南朝内战和改朝换代，北朝饮马长江的战争并不多。

450年，宋文帝刘义隆北伐，逼近长安。但十月即遭北魏反击，北魏太武帝拓跋焘击溃宋军，一路南下，兵锋直至瓜步（今江苏南京六合区境），被大江阻隔，只好退回。成语"饮马长江"即源于此，而南宋辛弃疾站在刘义隆的立场上，惋叹"元嘉草草，封狼居胥，赢得仓皇北顾"。元嘉是刘义隆的年号，封狼居胥用西汉霍去病北击匈奴的典故，刘义隆没有能做霍去病，反而仓皇逃命。

瓜步现在通常写作"瓜埠"，南京六合区有江苏六合国家地质公园，以火山地质遗迹和雨花石闻名，但游客稀少。六朝往事如云烟，拓跋焘在这里并没有留下什么遗迹。

其后政权轮换，北朝北魏分裂成东魏、西魏，又被北齐、北周取代。江南先后历经萧齐、萧梁、陈，内乱不断，疆域不断萎缩，至陈朝时，东部与北齐以长江为界，西部则巴蜀尽失，归于北周。

南北都忙于内斗，南朝越来越弱，土地不断被蚕食，却没有发生大规模的南北战争。陈朝初建，北齐曾小规模地渡过长江南侵，但未成气候。

然而陈朝终究摆脱不了灭亡的命运。隋开皇九年（589）十二月，隋朝在统一北方后，对陈发动灭国之战。隋朝对陈的进

---

① 何志标：《魏晋南北朝时期长江流域的水战与造船》，载《北部湾大学学报》2022年第5期。

攻是全方位的：巴蜀训练成熟的水师从今重庆奉节沿江而下，在中游进屯汉口，牵制陈军不能增援下游；下游协攻江西，海上协攻三吴；由皇子杨广亲率大军分三路渡江，合围建康。

三个渡江口分别是：六合、扬州、和县。六合在建康江北对岸，即刘义隆登高临江的瓜步。扬州对面是镇江，是兵家渡江的要道。和县对面是采石矶，历代渡江之战中，这里发生战争最多。西晋灭吴，其中一支部队即从采石矶渡江；北宋灭南唐，主帅曹彬也是从这里直捣江宁；建炎三年（1129）秋，完颜宗弼南下搜山检海，曾试图从这里进攻，被击退，只好转马家渡（今属南京市江宁区）渡江。绍兴三十一年（1161），金主完颜亮撕毁协议，大举南侵，也在采石矶遭遇宋军，被文人虞允文指挥击败。如今，采石矶属安徽省马鞍山市，是国家AAAAA级旅游景区。登上采石矶，隔江可以清晰望见和县高低错落的房屋，游客大约不会想到，那里曾千军万马，万帆竞渡。采石矶景区主打文化牌，尤其是李白"醉酒捉月"的传说，几千年的战争，被郁郁葱葱的绿植消融得干干净净。

隋朝灭陈毫无悬念，未等杨广六合渡江，扬州、和县的隋军偷渡成功，一举击败陈军，俘虏了陈后主。

五代十国是中国另一个大分裂时期。所谓"五代"指后梁、后唐、后晋、后汉、后周，它们位居中原，因袭相承。十国则主要在南方，南北仍大致以"淮河—秦岭"为界。

盘踞江南的是南唐，也是十国中经济最富裕、文化最发达、面积最大的国家。后周世宗柴荣在位，已经侵蚀了后唐江北地区。等北宋建国，先后消灭其他主要割据政权后，开宝八年（975）

对后唐用兵。由于北宋已得到长江中上游广大地区，因此主帅曹彬率水军从江陵沿长江北岸顺水而下，次帅潘美则率步骑在和县等候渡江。曹彬突袭采石矶，然后创造性地搭建浮桥，潘美数万步骑顺利到达对岸。南唐摩拳擦掌，准备在水上与宋军决一死战，没想到楼船轻舟全无用场。对于江南来说，中原步骑犹如噩梦，一旦过了长江，他们只能坐以待毙，归为臣虏。

在南宋之前，南北战争有两个规律，一是最终都以北方吞并南方而告终，无一例外；二是北朝主力部队一旦突破长江防线，江南必然亡国。

南方政权疆域最大的是刘宋，东边达到山东。最辉煌的是宋武帝刘义隆北伐，逼近长安。但是，他们最终都没有逃过第一条魔咒，越战越弱，直至亡国。宋高宗对收复故土没有执念，原因很多，与历史魔咒大概也多少有点关系吧。

南宋亡国，没有逃出第一条魔咒；然而南宋建国，却避开了第二条铁律，完颜宗弼追击宋高宗到海边，仍未能踏平江南。究其原因，一是宋朝残存部队顽强抵抗，二是金人只想活捉宋高宗，更换一个不姓赵的傀儡政权，并没有打算占领整个南方。

金国初建，金人汉化程度不深，既没有天下一统的观念，也不习惯南方的生活，又没有管理农耕社会的经验，找个刘豫一样听话的代理人统治南方，是他们最好的选择。金国这样的战略意图，为宋金息战议和提供了可能性。这对于狼狈不堪的宋高宗来说，未尝不是一种幸运吧。

第五章
历史的转折点

宋太祖赵匡胤在后周为大将时,有"义社十兄弟"。登基后,这十兄弟都得以晋升,占据了重要岗位。

这一天,赵匡胤招呼"义社十兄弟"到郊外打猎,一人一骑,佩戴弓箭和刀剑,不带随从。他们一路追逐猎物,中午时分到了树林深处,大家都收获满满。

赵匡胤招呼大家说:"这里没有外人,你们不要拘谨,大家像过去一样不分彼此,开怀痛饮。"于是他们席地而坐,拢起火,烤着肉,喝着酒,说着笑着,没有尊卑,没有顾忌。

喝到七八分醉时,石守信拍着赵匡胤的肩膀问:"大哥,当皇帝什么滋味啊?"众人跟着起哄,又有人一屁股坐在赵匡胤身边,把肩头一挺,说:"弟兄们把你抬到皇帝宝座上,这皇位也有俺们一份啊。"众人便哈哈大笑。

赵匡胤装着喝醉的样子,说:"你们想做天子,简单啊,杀了我拿去便是。"说完解下佩剑就递了过去。有醉意稍轻的兄弟便意识到前面的话犯了忌讳,改了称呼说:"臣等都是说笑罢了,陛下切不可放在心上。"话音未落,只见赵匡胤一跃而起,翻身上马,弯弓搭箭,前方不远处大树上攀爬跳跃的松鼠应声坠地。赵匡胤回头对篝火旁呆若木鸡的弟兄们说:"你们既然尊我为天下之主,以后当守为臣之节,不可飞扬跋扈,不可有非分之意。"①

后来,赵匡胤还是不放心,把十兄弟的兵权都解除了。

历代开国皇帝,都为曾经的功臣而头疼。打仗时,需要他们,迁就他们;和平了,便感到他们会威胁皇位,必欲除之而后快。

有识相的,主动去职,如唐朝平叛安史之乱的功臣郭子仪,多次辞谢朝廷的封赏。有反应迟钝的,幻想与帝王"共富贵",最后却落得身首异处,如"汉初三将"韩信、英布、彭越,功高盖主,无一善终。

五代时,武将生性跋扈,帝王对他们的提防之心无时不有。

武将是帝王的"走狗",有的时候,也是敌人。

武将跋扈

伪齐入侵前期,刘光世是逃跑主义者,连张浚这个诸路人马大都督也不能压制。宋高宗亲笔写信给杨沂中,让杨沂中以军事

---

① [宋]王巩:《闻见近录》,载《全宋笔记》第二编六,大象出版社,2017年,第22页。太祖即位,方镇多偃蹇,所谓"十兄弟"者是也。上一日召诸方镇,授以弓剑,人驰一骑,与上私出固子门大林中。下马酌酒,上语方镇曰:"此处无人,尔辈要作官家者,可杀我而为之。"方镇伏地战恐,上再三喻之,伏地不敢对。上曰:"尔辈是真欲我为主耶?"方镇皆再拜,称万岁。上曰:"尔辈既欲我为天下主,尔辈当尽臣节,今后无或偃蹇。"方镇复再拜,呼万岁,与饮尽醉而归。

手段严厉制止，刘光世才勉强稳住阵脚，没有溃退。

宋高宗一直为无法有效统驭这些武将而头疼。

战争离不开武将，甚至可以说，武将决定着战争的胜负。战争又让武将骄横跋扈，甚至成为国家大患。

武将祸国，莫过于五代。

五代战乱，各方势力拼的不是道德仁政、治国方略，而是拳头武功！皇帝是老大，掌握兵权的将领按座排次，谁的兵多、谁能打、谁不怕死，那就谁说了算。领兵在外、镇守一方的大将一旦实力超过中央，就成了王朝的掘墓人。短短五十年间，仅中原地区就先后存在着后梁、后唐、后晋、后汉、后周五个政权，走马灯似的轮换，大多是部属造反，夺了江山。军阀安重荣公开叫嚣："天子宁有种邪？兵强马壮者为之尔！"[①]

北宋对历史的一大贡献是整治了桀骜不驯的武将，实行文人政治。把中央禁军一分为三：殿前都指挥使司、侍卫亲军马军都指挥使司和侍卫亲军步军都指挥使司，统称"三衙"。三衙掌兵，却没有调兵权，另设枢密院作为军事主管机构。"兵符出于密院，而不得统其众；兵众隶于三衙，而不得专其制。"[②] 通过枢密院和三衙之间相互制衡，限制了武将对兵权的垄断。

对地方藩镇，采取的办法是：夺其权力，制其钱谷，收其精兵。把地方上的精兵收归中央禁军；让节度使有职无权，各路设置多名官员分权制衡：安抚使掌管军事政务，转运使掌管财赋民

---

① ［宋］欧阳修：《新五代史》卷五十一，中州古籍出版社，1998年，第102页。
② ［宋］李纲：《梁溪集》卷四十三，影印古籍《钦定四库全书·集部四·别集类》。

政，提点刑狱司掌管司法监察，提举常平广惠仓掌管粮食、矿业。

另外一个办法就是，无论枢密院还是地方官吏，都用文官，武将升迁空间非常有限，大多成为职业军人，一辈子只能冲锋陷阵，而不得掌权。

这就是北宋具有里程碑意义的"文人政治""文官政治"。

但是，随着北宋政权的瓦解，原北宋统治区域陷入无政府状态，流寇横行，盗贼蜂起，拳头重新成为最有分量的话语权。即便宋高宗南渡后，因为要依仗武将抵御金国和伪齐入侵，而被招安的流寇和盗匪本身就不把朝廷当回事，所以宋高宗不得不看着武将和军队的脸色说话，对武将和军队控制力很弱。譬如，军队抢掠百姓，朝廷不能禁止。吕颐浩就十分痛心地说："官军所至，争取金帛之罪犹小，劫掠妇女之祸至深。"军队甚至将良家妇女扣留军中，充当营妓。①

建炎四年（1130）五月，从海上回銮、驻跸越州后，有感于诸将无能，无法抵御金军，宰相范宗尹建言：

> 昔太祖受命，收藩镇之权，天下无事百有五十年，可谓良法。然国家多难，四方帅守事力单寡，束手而莫知所出，此法之弊也。今日救弊之道，当稍复藩镇之法。亦不尽行之天下，且裂河南、江北数十州为之，少与之地，而专付以权，择人久任，以屏王室。②

---

① [宋] 李心传：《建炎以来系年要录》卷十二"建炎二年正月辛卯"条，商务印书馆，1936年，第231页。
② 同上书，卷三十三"建炎四年五月甲辰"条，第640页。

范宗尹的意思是，在河南、江北这些与金国接壤的地方设立藩镇，赋予他们兵权、人事权、财赋权，以及土地世袭的权力，让他们屏卫朝廷。换言之，这些藩镇名义上归大宋控制，实际上是独立王国。

其实，早在金军第一次围攻汴京后，李纲就提出在北方建立藩镇的建议；建炎三年（1129），兵部尚书谢克家也有类似的奏章。鉴于五代惨痛的教训，皇帝和群臣都不敢贸然重新建立藩镇制度。

范宗尹这番建言并不新鲜，宋高宗却采纳了，因为范宗尹说出了一个事实：即便朝廷不分封，现在盘踞在诸郡的那些盗贼流寇，听朝廷的吗？其实早已形同藩镇了。既然已成事实，不如顺水推舟。

由此我们也就理解了桑仲和李横在襄阳的境遇，没有粮食，他们与房州的王彦火拼，与伪齐作战，但不能依赖朝廷拨付，因为他们是藩镇，不是朝廷养活的军队。

建立藩镇的好处是，地方长官有了世袭权，他们的积极性就被激发出来，可以不要命地跟金军作战。另外，少了朝廷的瞎指挥，地方军队有了自主权和机动性，打仗更容易取得胜利。

弊端不言而喻，地方军队对抗朝廷更加有恃无恐。

宋高宗采纳范宗尹的建议，分封的藩镇叫镇抚使，先后分封镇抚使三十三个，岳飞就曾被封为通州、泰州镇抚使，牛皋曾被襄阳镇抚使李横任命为蔡、唐州镇抚使。朝廷最后一次分封镇抚使在绍兴三年（1133）四月，之后没再分封。这一月，德安府、复州、汉阳军镇抚使陈规入对，言诸将跋扈，如果继续分封，将来怕不可收拾，所以停止了建藩。

无论封，还是罢封，其实都一个指向，那就是武将跋扈。

镇抚使为了扩大自己的势力，相互打仗争地盘，屡见不鲜。

建炎四年（1130），游寇李成已成淮西大患，但朝廷仍任命他为舒州、蕲州、光州、黄州镇抚使。李成一方面接受招安，一方面继续进犯江西，后在张俊、杨沂中、岳飞协同作战下，才被剿灭。

孔彦舟是辰州、沅州、靖州镇抚使，他带兵至益阳，进据潭州。朝廷只好同意他占据潭州，扩大他的封号，为鼎州、澧州、辰州、沅州、靖州镇抚使。绍兴元年（1131）五月，孔彦舟将潭州掠夺一空后，又进军鄂州。朝廷再一次退让，任命他为荆湖东路副总管，屯兵汉阳，后又分封他为黄州、蕲州镇抚使。就这他还不满足，绍兴二年（1132）六月带军队投奔了伪齐。

不仅镇抚使如此，中央神武军也差不多等同于私人武装。虽然他们各自有正规的番号，如张俊的左护军、韩世忠的前护军、岳飞的后护军，但很少有人用正规番号称呼他们，而是冠以首领的名字——如韩家军、岳家军。并且，这些军队之间明里暗里相互攻击、兼并，从来没有停止过。

刘光世是军旅世家，父亲刘延庆曾征讨方腊起义军，刘光世与韩世忠都是随军将领。南宋草创时，刘光世即率兵跟随宋高宗，为南宋第一位建节的将领。建炎末，刘光世知镇江，是长江防线上的重要力量。在对金作战中，韩世忠崭露头角，取得宋高宗信任，宋高宗有意以韩世忠顶替刘光世守镇江。绍兴元年（1131）三月，诏令调刘光世过江，置司扬州，刘光世拒不从命，宋高宗也没有办法。

绍兴三年（1133）四月，宋高宗给刘光世加官晋爵，目的还是让他同意离开镇江，与韩世忠换防。韩世忠军到了镇江城下，刘光世还是不愿离开。韩世忠派人混进城中，烧了刘光世的府库。刘光世要找韩世忠算账，带着军队出了城，等冷静下来，知道打不过韩世忠，又调转马头，向另一个方向跑去。韩世忠遣兵从背后袭击，造成宋军内讧。刘光世部下、江东统制官王德对刘光世说："我跟韩世忠有矛盾，让我单身去见他，供他解气吧。"① 这次争执因换防而起，与王德无关，王德做出了高姿态，韩世忠只好作罢。

后来官司闹到宋高宗处，宋高宗谁也不敢得罪，只是劝二人和解，还赐钱抚慰。

就是这位韩世忠，在建炎三年（1133）因为一点小事，直接带兵闯入建康府临时府衙，将知府轰了出去！韩世忠在苗刘之变中新立大功，宋高宗拿他没有办法，只好免了知府来讨好他。

绍兴六年（1136）三月，张浚在淮南谋划北伐，主要依靠的力量是韩世忠。韩世忠借口自己兵少，直接点名索要张俊部下骁将赵密。韩世忠公开挖墙脚，张俊也不傻，当即拒绝。张浚为了北伐大业，奏请宋高宗降旨，将赵密归于韩世忠。宋高宗十分为难，这道旨意无论下还是不下，都会在两路大将之间造成尖锐矛盾，其后果难以估量。特别是圣旨一下，张俊如果拒不执行，皇帝的权威在哪里？如果强制执行，张俊军心不稳，生出事端，朝

---

① ［宋］李心传：《建炎以来系年要录》卷六十四"绍兴三年四月辛卯"条，商务印书馆，1936年，第1088页。江东统制官王德请于光世曰："韩公之来，独与德有隙耳。当身往迎见之。"

廷也无法承受。

最后还是赵鼎凭智慧圆满解决了这个问题，下令殿前司龙神卫四厢都指挥使杨沂中调归韩世忠，赵密接任杨沂中。作为御前军统领，韩世忠不敢小瞧杨沂中，也不敢说不要；调赵密入卫皇帝，张俊也没有拒绝的理由。各方都得到了满足，矛盾也没有激化。

这才有杨沂中对伪齐的藕塘关大捷。

张俊也不是善茬。绍兴元年（1131），朝廷围剿李成，先派孔彦舟，孔彦舟拒不听旨。又派张俊，张俊拥兵自矜，迟迟不动身，逗留不前。最后，宋高宗不得不调动御前中军统制杨沂中、御前前军统制王燮，以及岳飞等协助张俊，才将李成镇压下去。

朝中有识之士对武将跋扈忧心忡忡。早在建炎四年（1130）、绍兴元年（1131），汪藻两次上书谴责诸将横暴："平时飞扬跋扈，不循朝廷法度。所至焚掠驱掳，甚于敌人者，陛下不得而问也。拥重兵，居闲处，邀犒设锡赉者，陛下不得而吝也。"① 要求收回兵权，削减军费。绍兴六年（1136）三月，李纲上疏论兵，其中谈到官军对老百姓的抄掠，甚于寇盗，恐失民心；朝廷与诸路之兵尽付诸将，外重内轻，宿卫单弱，不能不防肘腋之变。

朝廷对诸将不能制，是因为宿卫单弱。北宋时，禁军半数在京师，半数在边境及全国各地。宋高宗的亲兵却只有杨沂中的神武中军，绍兴三年（1133）约七千人，还经常被调往前线作战。

---

① ［宋］汪藻：《浮溪集》卷一《奏论诸将无功状》，文渊阁四库全书影印本。转引自程圩：《试论南宋初武将权力地位的提高》，西北大学硕士学位论文，2004年。

史载，绍兴五年（1135）三月，殿前司只有九百人，侍卫马、步司各六百人而已。枝盛干弱，宋高宗只能靠权谋压制武将，不能施以绝对的领导。①

诸将之中，最为忠勇、最为懂事的当数岳飞。但恰恰是岳飞，给朝廷带来了更多的麻烦。

岳飞的情绪

岳飞早年受张俊节制，在诸将面前算是小字辈。但岳飞升迁最快，是有宋一代最年轻的建节者，这引起了老将们的嫉妒。

岳飞对老将的心思心知肚明，尽力修好与他们的关系，多次给他们写信问候，但他们都置之不理。

绍兴五年（1135）六月，岳飞镇压了杨幺乱军，缴获一批军用物资。其中杨幺水军使用的楼船，南宋还比较少见。岳飞向张俊和韩世忠一人献上一艘，还送了大量军械器材，韩世忠才高兴起来，而张俊认为岳飞炫耀，反而更忌恨了。

不过宋高宗心中有数，诸将之中能战斗的只有岳飞、韩世忠二人而已，所以他对岳飞格外垂爱，绍兴七年（1137）二月，升岳飞为太尉、湖北京西宣抚使。在武将官阶中，太尉已属最高一级；在地方官中，宣抚使权力最重。

宋高宗不但提拔岳飞，还要给岳飞更多的兵，扩充其部队。

当时诸大帅的兵力，刘光世左护军五万二千人，韩世忠前护

---

① 朱崇业：《南宋政府的收兵权与对金议和》，载《江苏师范大学学报（哲学社会科学版）》1987年第1期。

军四万,张俊中护军三万,而岳飞后护军只有二万三千人。① 将领作战能力有高有低,宋高宗便产生将军队重新洗牌的念头。

诸帅之中,刘光世最弱。刘光世平日里沉溺于酒色,没有进取之心,绍兴六年(1136)十月抵御伪齐时,刘光世部队未战先退,连张浚都无法制止,差一点导致整个战争失败。这样的将帅如果继续执掌兵权,则非常危险。况且,刘光世军队纪律差,军容不整,士兵恣肆蛮横,不受约束,既缺乏战斗力,又埋藏着叛乱的隐患。战争过后,张浚建议免除刘光世,宋高宗同意了。

刘光世既罢,他手下的五万大军交与谁统领呢?宋高宗早有人选,那就是岳飞。

他把岳飞召至行在,进行了几次秘密谈话。

第一次,岳飞建议宋高宗立储。在扬州受到惊吓后,宋高宗不能生育,唯一的儿子赵旉也夭亡了。皇帝无后,对于国家来说是大事,但一般大臣讳莫如深,因为历史的经验告诉人们,掺和到皇帝家事中,不会有好下场。这次,宋高宗也没给岳飞好脸色:"卿言虽忠,然握重兵于外,此事非卿所当预也。"② 这件事不是一员武将应当考虑的。当年宋高宗才四十一岁,岳飞为何这么没眼色,竟谈起这个话题?

---

① 韩世忠、张俊、岳飞兵力为绍兴二年十一月的数字,见《建炎以来系年要录》卷六十"绍兴二年十一月己巳"条;但《建炎以来系年要录》卷一百四十"绍兴十一年六月癸未"条又记载"韩世忠止有众三万"。刘光世兵力为绍兴七年数字,见[宋]岳珂编:《鄂国金佗稡编续编译注》续编卷八《督府令收掌刘少保下官兵札》,熊曦等译注,郑州大学出版社,2022年,第843页。

② [宋]李心传:《建炎以来系年要录》卷一百〇九"绍兴七年二月庚子"条,商务印书馆,1936年,第1764页。

其实这正是岳飞的聪明之处。

宋高宗收复中原，打出的旗号是"迎还二圣"①。有学者分析这只是对外宣传的口号，为了聚集人心；如果宋徽宗、宋钦宗真的回来了，宋高宗的皇位合法性就不复存在，皇位让给二圣还是不让？宋高宗将非常尴尬。这样的说法没有多少道理，因为靖康时，宋徽宗已经成了太上皇，即便宋钦宗回来，也不过再多个太上皇而已。宋钦宗在位时间短，又有失国之过，在臣民中并无威望，不必担心其复辟。

不过，既然有这样的议论，说明这些顾虑并非空穴来风，要消除皇帝的顾虑，担当"迎还二圣"重任的武将必须立场鲜明，支持现任皇帝。如何对皇帝表忠心？劝皇帝立太子当然是不错的选择。这个人都考虑到皇帝千秋之后的事了，还会去拥戴其他旁支吗？！

有学者认为，建言立储是岳飞招致杀身之祸的缘由之一，其实大错特错。岳飞既要收复故土又要自保，建言立储是平衡二者关系的绝妙之举。

第二次谈话的涉及面很广，宋高宗夸岳飞有见识，有很多见解可以施行。他们还谈到驭马之道，宋高宗说，大抵容易驯服驾乘的，是驽马，跑不远就乏了；一开始不易制服的，是超常出众的马，驰骋很远才爆发出潜力。宋高宗实际以马喻人，那些庸常的将领取悦君主，却不堪大用，岳飞这样的俊才，才是国家的栋梁。

---

① ［宋］李心传：《建炎以来系年要录》卷四"建炎元年四月丙寅"条，卷七"建炎元年七月辛丑、乙巳"条，卷八十一"绍兴四年十月壬寅"条，商务印书馆，1936年。

宋高宗把岳飞比作超常出众的骏马，自己自然是有器量的主人。

第三次谈话，主题是收复故土。岳飞请求从商洛一带进军陕西，以陕西为根据地收复中原。岳飞还提出一个要求，那就是自己兵少，愿意一并统驭淮右之兵。宋高宗很谨慎地询问，完成收复中原需要多长时间，岳飞答曰三年。宋高宗摇摇头："朕驻跸东南，全凭淮河兵力护卫。撤走淮甸之兵，如果真的能够收复中原，朕有点危险也不在乎。但是，万一中原没有收复，淮河流域也丢失了，行朝就没地方安放了。"①

岳飞提到的"淮甸之兵"，指的是刘光世左护军。

岳飞稍后上了一道《乞出师札子》，对北伐的规划则与这次召对大致相同：提兵直趋京洛，占据河阳（今河南孟州一带），掐断陕西与汴京的联系，进而占领陕西、潼关，号召伪齐的军队归顺大宋，使伪齐不得不舍弃汴京，这样就收复了京畿、陕西。而后兵分两路，由韩世忠、张俊收复京东诸郡，岳飞亲自挥师北上，经略河南河北。

宋高宗对岳飞"三年收复中原"的计划既有忧虑，又有激赏，他还是决定把淮西军队交给岳飞。据《鄂国金佗稡编续编》记载，绍兴七年（1137）三月，宋高宗与岳飞进行了一次重要谈话：

中兴之事，朕一以委卿，除张俊、韩世忠不受节制外，其余

---

① [宋]李心传：《建炎以来系年要录》卷一百〇九"绍兴七年三月乙亥"条，商务印书馆，1936年，第1744页。上问何时可毕，飞言期以三年。上曰："朕驻跸于此，以淮甸为屏蔽，若辍淮甸之兵，便能平定中原，朕亦何惜。第恐中原未复，而淮甸失守，则行朝未得奠枕而卧也。"

并受卿节制。①

这意味着，宋高宗最终还是同意了由岳飞主导收复中原的计划，并且明确淮西军由岳飞统领。

宋高宗还亲笔给刘光世副将王德写了道御札，要求他们"听飞号令，如朕亲行"②。

让岳飞兼并刘光世军看来已然板上钉钉，他收复故土的计划马上要付诸实施了。然而，岳飞无论如何也想不到，到手的鸭子还能飞走，而放飞这只鸭子的正是他的上司、昔日的"战友"张浚。

张浚与岳飞在平定杨幺战役中有良好的合作，通过那次战役，他对岳飞的精忠报国和善于用兵有了较深的了解，对岳飞赞不绝口，还在宋高宗面前为岳飞的长子岳云邀功。但是，张浚对国家大政的理解与岳飞不同，个人利益诉求也不同，这次他站在了岳飞的对立面。

张浚虽然一直注重军事，他的政治生涯与军旅密不可分，但其本质还是文臣，文臣最担心的是武将跋扈，是军队尾大不掉，威胁中央。好不容易排挤掉了一个军阀刘光世，何不趁机收兵权！

他向宋高宗提出建议，让刘光世的淮西军直属都督府。

都督府是中央协调各路军马的机构，军队直属都督府，可以视为军队直属朝廷；当然，都督府首脑是张浚本人，也可以认为是张浚直接领导这支军队。

---

① ［宋］岳珂编：《鄂国金佗稡编续编译注》稡编卷一，熊曦等译注，郑州大学出版社，2022年，第31页；续编卷二十七，第1306页。
② 同上书，稡编卷一，第31页。

张浚不同意将军队交给岳飞，还有一个原因，那就是二人关于北伐策略的分歧。

张浚希望诸军合兵北伐，这样作为都督的张浚可以发挥更大的作用。而岳飞根本不把其他军队放在眼里，希望独自北伐，韩世忠、张俊守好江淮就可以了。二人都想主导北伐，策略之争难免演变为军权之争、功劳之争。

张浚都督诸军事，岳飞是将领，在宋高宗心中，都督当然高于将领，所以最后同意了张浚收兵权的建议。

但是皇帝已经承诺给岳飞了！怎么办？张浚主动请缨，找岳飞谈话，协调好这件事。

几天后，张浚把岳飞请进相府，装作征求意见："刘光世被罢免后，属下两员大将王德和郦琼，王德颇有威望，我打算升他做都统，将军以为如何？"岳飞是个直性子，没有去揣摩张浚的花花肠子，有一说一："王德与郦琼素来平起平坐，一旦分出高低，恐怕军队不稳。"张浚开始试探："张俊、杨沂中如何？"张浚这样问的用意就是暗示这支部队不打算归于岳飞麾下了，可岳飞一点也不"识相"，只是就事论事："张俊过去是我的顶头上司，为人暴躁无智谋；杨沂中地位跟王德不相上下，我看二人都难以服众。"见岳飞"不开化"，张浚愤愤地说："你的意思不就是非你不可吗！"岳飞这时才觉察到张浚的用意，慌忙之中辩称自己只是发表个人意见，并不是非要这支军队。[①]

---

① ［宋］岳珂编：《鄂国金佗稡编续编译注》稡编卷七，熊曦等译注，郑州大学出版社，2022 年，第 205 页。

事情的变化出乎岳飞意料之外，他的情绪低落，当即写下请辞书信，理由是母丧未满三年，停职服丧。

淮西兵叛

春秋时越国君主勾践重用文种、范蠡打败了吴国，之后范蠡劝文种离开越国，否则会有杀身之祸。文种不解，范蠡说："飞鸟尽，良弓藏；狡兔死，走狗烹。"意思是天上没有了飞鸟，弓箭也就失去了用途，就会被闲置；田野里没有了野兔，猎犬就无用武之地，主人会把猎犬杀了吃。范蠡告诉文种一个道理：一个人失去了利用价值，往往会落得凄惨的下场。

文种不听，果然被勾践杀了。

刘邦得天下后，同样杀掉了功勋卓著的将领韩信；宋太祖赵匡胤在篡了后周的江山后，把曾与他并肩作战的大将们解职回家，让他们做纸醉金迷的富贵翁，但绝不允许染指军队。

没有一个皇帝放心兵权旁落。

不过，宋高宗和张浚这次"收兵权"，显然着急了些。收复中原、中兴社稷的壮志未酬，正值用人之际，就匆匆忙忙从武将手中夺权，或者中央与武将争权，显然不是明智之举。况且，武将虽然跋扈，但几大军团相互牵制，没有失控迹象，如何发挥他们的作用，尽快打败金、伪齐，才是朝廷最应该考虑的事情。

当然，宋高宗和张浚最初的用意可能不是"收兵权"，确实是因为淮西军纪律松散，他们要为这支军队"择良将"。但事情最终发展成了"收兵权"的结果，究其原因，一来朝中大臣提防武将，有"收兵权"的呼声,皇帝也有"收兵权"的潜在动机;二来张浚格局小、私利重,贪功贪权,借"收兵权"名义将军队置于自己指挥之下;三来岳飞自视甚高,不愿与其他将领分享兵权,不愿其他将领染指北伐。

如果各退一步,岳飞与韩世忠、张俊达成默契,合力北伐,然后将淮西军分散各营,未尝不是皆大欢喜的局面。

不管怎样,这次从"移交兵权",演变为"上交兵权",寒了岳飞的心。

岳飞老家在汤阴,南渡后在庐山置业,作为寄寓之地。他的母亲于绍兴六年(1136)三月病逝,按宋朝制度,子女当丁忧二十七个月。但当时张浚正部署北伐,关键时刻鄂州、襄阳怎能无帅?宋高宗金字牌降旨"起复",即以国事为重,无须守丧。现在已过一年,岳飞以丧期未满为由,挂职而去。

客观来讲,岳飞这次反应过度了,刺激到宋高宗怀疑武将的痛点,张浚则弹劾岳飞"要君"。但是,宋高宗又始终清醒,他深知现在绝对离不开岳飞、韩世忠这些勇将,连下三道御旨,要求岳飞出山。岳飞直到绍兴七年(1137)七月才重返军中。[1]

张浚把刘光世淮西军收归都督府,但有一个体制问题无法解决:都督府的职责是协调各军,自己若直接统兵,职责就乱了。并且,若天下兵马皆由都督府直管,权力过于集中,后患更大。

被张浚推荐复为枢密使的秦桧,与知枢密院事沈与求提出异议,认为都督府应当避嫌,须依过去的体例,淮西军另置统帅。

---

[1] 邓广铭:《岳飞传》,生活·读书·新知三联书店,2007年,第224页。

万般无奈之下，张浚提拔刘光世的副将王德为都统制，统领淮西军，派自己的心腹、都督府参谋军事吕祉到军中节制。

然而张浚忽视了一个问题，正如岳飞所说，刘光世两位副将王德与郦琼不和，现在王德做了郦琼的上司，郦琼怎么会服气！吕祉是一位书生，不懂军事，由他节制这帮骄兵悍将，殊非易事！淮西军潜伏着极大的危机！

果然，一山难容二虎，没多长时间，王德与郦琼就撕破脸皮，互相拆台，状子告到了都督府。都督府偏袒王德，郦琼又申诉到御史台。淮西军成了火药桶，一根导火线就能将其点燃。

为了平缓矛盾，张浚暂时将王德调回都督府，由吕祉直接节制郦琼。吕祉到任后，不是想办法疏导将士们的情绪，而是一味压制，还写信向朝廷建议罢免郦琼。不料书信内容泄露，郦琼担心受到惩罚，遂杀死吕祉，叛变了。绍兴七年（1137）八月，郦琼带着四万军马渡过淮河，投奔了伪齐。

四万军马不是小数目，淮西兵叛对主战派是个沉重的打击。它看起来只是局部军事事件，但动摇了南宋整个战略部署，改变了南宋的军事形态、政治生态、心理状态，影响极其深远。

淮西兵叛后，国家士兵总数减少了五分之一，位于宋、齐前沿阵地的江淮重地出现防卫真空，南宋面临的首要任务是重筑江淮防线，对伪齐由战略进攻转为战略防守，北伐只好暂时搁置。

宋高宗虽然不信任武将，但由于立足未稳，还得靠武将去拓展生存空间。而淮西兵叛发生在江南已经稳固的时候，宋高宗加深了对武将的猜忌，希望能尽快摆脱对武将的依赖。这种心理必将转化为国家政策，那就是急切盼望与金国议和，息兵止战。

军事形态决定暂时搁置北伐，心理状态决定长期搁置北伐。南宋最终未能收复故土，固然有金国依然强大、南宋国力不足的因素，也不能忽视淮西兵叛对政策走向的影响。

淮西兵叛是南宋立国政治方向的转折点。

在这之前，宋高宗的目标是收复故土，大宋中兴。与金国的接触、谈判是为了延缓金国的武力进攻，赢得喘息、振作的时间，和议为军事服务，为北伐服务，努力收复是目标，也是政治的主旋律。

淮西兵叛后，息兵罢战成为国家的最高目标，军事成为被动选项，军事为和议服务，偏安成为主旋律，收复的努力不复存在。

我们需要检讨一下淮西兵叛的原因，决不能把它视为偶然事件。

兵变的直接原因，是张浚处置不当。岳飞和其他大臣都提醒过他，淮西军将骄兵悍，王德、郦琼不和，吕祉难以节制，应当把军队交给有威望、有能力的将领，张浚不听，导致兵变。

兵变的深层原因，是刘光世对军队管理不当，形成了将领不和、纪律松散的状态。岳飞与张浚置气，撂挑子上庐山守孝时，将军务托付给事务官张宪，而都督府又派了个监军张宗元。军中对张宗元不服，张宪做将士的工作，要求将士服从张宗元，部队才没有出现乱子。两相对比，不难发现，岳家军管理水平高，即使主帅不在，军队仍秩序井然。而刘光世管理水平低下，将领和士兵情绪不稳，最终导致了兵变。

这还不是兵变的根本原因。兵变的根本原因在于宋高宗和张浚过早地启动"收兵权"。天下未稳，军事优先，在这种状态下，贸然想着"收兵权"，不把军队交给功勋卓著的武将，而是妄图直归都督府，直归朝廷，不符合政治、军事运行的基本规律，不切合内政外交的实际情况，必然导致失败。

淮西兵叛的直接后果是张浚去职。兵叛一周后，张浚请辞，宋高宗请他推荐新的宰相人选。宋高宗属意秦桧，但张浚认为秦桧阴险，于是重新召回知绍兴府的赵鼎。绍兴七年（1137）九月中旬，温和的主战派（或者说主守派）赵鼎第二次为相。

如何评价张浚这个人？张浚任内最大的成绩是取得抗击伪齐的胜利。但是，抗击伪齐的功劳应主要记在将士们名下，张浚没有亲自指挥战斗，他的成绩有很大的运气成分。张浚积极谋划北伐，态度可嘉，但没有多少实际作为，能力有限，成语"志大才疏"非常适合他。

秦桧一直以为自己能接替张浚为宰相，得知召回赵鼎，错愕不已。但他不会善罢甘休。赵鼎还未上任，就闻到了党争的火药味。

新赵鼎路线

张浚因淮西兵叛而被罢免，如何摆脱淮西兵叛的阴影，是赵鼎执政的当务之急。

通常，新宰相会吸取前宰相的失败教训，停止干不成的事。但赵鼎没有，他要继续罢兵权，只是换了种方式而已。

宋高宗第一次接见赵鼎，话题就离不开淮西。赵鼎认为，淮西防线一下子空虚了，但不足虑；最担心诸将借着淮西事件，更加骄纵，更加难以号令。朝廷不能因此消沉下去，该做的事还要做。

赵鼎实行的是另一种较为稳妥的收兵权方法，他将现有军团中的副将、裨将独立出来，拆分现有军阀的势力。这一构想得到宋高宗的支持。绍兴八年（1138）五月，监察御史张戒入对，谏言诸将权力太重，宋高宗就谈道：朕今有术，惟抚循偏裨耳。可见，宋高宗与赵鼎在削弱诸将势力上取得了高度一致。

这种方法类似于汉武帝的"推恩令"。汉初分封的同姓王尾大不掉，汉武帝颁布推恩令，诸王死后由几个儿子共同继承分封的土地，这样每个人得到的土地很少，并且传代越久王国被拆分得越多，以一己之力对抗朝廷就越来越不可能。

赵鼎拆分的目标首先是张俊，具体实施人是枢密副使王庶。

王庶长期在陕西，陕西后来成为宋金战争前线。张浚经略川陕时，王庶与张浚意见不合，被闲置不用。直到绍兴六年（1136）年末，朝廷才任命他为湖北安抚使、知鄂州，这让他有机会觐见皇帝，宋高宗开始关注并赏识他。

绍兴七年（1137）九月，张浚倒台，宋高宗亲自点名王庶回朝，因为有过从军的经历，赵鼎推荐其任兵部侍郎、兵部尚书。王庶主张严肃法纪，进言高宗不要过于仁慈："今天下不可专用姑息，要当以诛杀为先。"① 宋高宗辩解称这是祖宗之训，宁可失之太慈，不可失之太察。现在要收兵权，不能慈，说不定还要大开杀戒，所以用了王庶。

绍兴八年（1138）三月，赵鼎上台半年多了，人事安排已全部到位，擢拔王庶为枢密副使，派他带着圣旨到沿江及淮南等处巡察边防，名义上防范秋天金兵再起战事，实际上为约束诸将权

---

① ［宋］李心传：《建炎以来系年要录》卷一百一十三"绍兴七年八月戊戌"条，商务印书馆，1936年，第1826页。

力，伺机收兵权。宋高宗特地向诸路下诏，要求他们各尽其心，配合王庶的军事巡察，如果傲慢失职，王庶有密奏的权力。宋高宗又与王庶进行了一次语重心长的谈话，总结张浚治理军队的弊端在于"多用术数，且狎昵，自取轻侮"①，即讲究权术，轻视规矩，做事不庄重，让诸将看不起他。而吕祉太傲慢，所以引发了淮西兵变。宋高宗要求王庶引以为戒：

> 王伯之道，不可兼行，当以三王为法。今之诸将，不能恢复疆宇，它日朕须亲行，不杀一人，庶几天下可定。②

"王伯之道"即王霸之道。王道指以仁义治天下，遵循人情世故、道德标准、社会准则；霸道指以武力、刑法、权势统治天下，独裁专断。王道是儒家的治国理念，霸道是法家的治国理念，古代中国在大多数时间里，表面上倡导王道，实际上王、霸兼用。

无论是张浚的权术轻佻，还是吕祉的放肆自大，在宋高宗看来，都属霸道，心术不正。治军如治国，应当像夏、商、周三代开国君主一样，既讲法度，也讲人情，处事公正，不偏不党，所谓"正己方能正人"。宋高宗这段话恐是有感而发，虽是告诫王庶，实际上表明了自己统治及处世的准则，重点在以德服人，不偏不倚。

总的来看，宋高宗一生为人中庸，天下初定，即禅位于孝宗，

---

① ［宋］李心传：《建炎以来系年要录》卷一百一十九"绍兴八年四月丙寅"条，商务印书馆，1936年，第1920页。
② 同上。

不留恋权力；国事上，用人兼收并蓄，初期虽然也有党争，但比起徽宗朝，有极大的进步；与金国关系上，有杀父亡国之仇，但能认清现实，可战则战，可和则和，没有偏执的目标和行为。在宋高宗的思想体系中，确实以王道为主，霸道色彩比较淡。

但是，这并不意味着宋高宗的一生值得肯定。无论王道还是霸道，促进社会发展、促进社会关系改善才是好道。淮西兵变后，宋高宗一味偏安，虽然不"霸道"，但毫无理想和进取心。为了收兵权，不惜自毁长城，无论如何都相当怪异，不是一句王道、霸道能够解释和洗白的。

出发前，王庶到都校场检阅军队，以壮声势。王庶穿便服坐在看台上，自杨沂中以下，统一着戎装，由辕门列队入内，到校场中间拜见王庶。士兵们恭恭敬敬，不敢仰视，其军容军纪，被认为是靖康以来所没有的。

王庶此行巡视的是张俊、韩世忠地盘，首要目标是张俊。张俊也知道王庶的用意，托人向王庶捎话，希望他做事不要太积极，暂缓分化军队，并威胁说，朝廷人事更迭得很快，今天在枢密院，明天不知道会被调到哪里，先安置好自己才是正事。王庶也不客气，回敬说，无论我位子稳不稳，在位一天就干一天事。张俊很不高兴，但也拿王庶没有办法。

绍兴八年（1138）六月，王庶巡军结束，提出分化、调配军队的方案：命张俊部将张宗颜七千人驻守庐州，巨师古三千人驻守太平州；将韩世忠军分成两部，一部守天长军，一部屯泗州；刘锜主要驻防镇江府，拱卫江南。

过去，诸路大帅军队只要不出自己的地盘，如何驻守、调配，都由军队自己决定。这次调配军队驻防，是朝廷干预军队内部事务的一次尝试，旨在对"家军"形成统一指挥，进一步收兵权。

不过，王庶提出方案后，各军执行得如何，没了下文。从以后宋、金战斗的情况去分析，这个方案没有得到认真执行。因为王庶还未回朝，金国使团已经到了临安，就战与和的问题，朝廷内部掀起了激烈的争论。临时性事务压过长期战略，收兵权只好暂时放一放。

战和之争

郦琼带着四万大军投奔伪齐，刘豫大喜，像打了胜仗一样通报给金人，请求金军协助再次南侵。

金国扶立伪齐，用意是通过伪齐对抗南宋，使金国能够息兵罢战。不料伪齐不济，动辄请求金国出兵援助，让金国不胜其烦。如果每次都要金国出兵，要伪齐何用？于是产生了废除伪齐的心思。

如何不动干戈地轻松废掉伪齐？金国统帅心生一计，对于伪齐的出兵请求，假装为难地说：没有齐国时，我们每次出兵都能获胜，自从立了齐国，却经常打败仗，辱没我威武之师的名声。真想让出兵也行，齐国军队得听大金国指挥。刘豫不知是计就同意了。①

金国让伪齐把军队、兵器数量逐一上报，然后将伪齐部队调到两淮前线，汴京空虚。

绍兴七年（1137）十一月，完颜昌、完颜宗弼在"南侵"途中，

---

① ［宋］徐梦莘：《三朝北盟会编》卷一百八十，上海古籍出版社，2019年，第1305页。

带领金兵进入汴京，直接闯到后宫，囚禁了刘豫。至此，存在八年的伪齐寿终正寝。

彼时，完颜宗翰已死，金太宗长子完颜宗磐掌握军政大权，甚至能够与金熙宗抗衡，其党羽在军中的代表为完颜昌。金熙宗一派军中主要干将是完颜宗弼，两派都同意废除伪齐，但目的不同。完颜宗弼一直在中原拥有庞大的势力，他的如意算盘是，将伪齐的地盘全部纳入囊中。而宗磐一派则希望将中原归还于宋，既然要假手于他人，刘豫和赵构有什么区别呢？[①]

中原到底能不能回到宋朝手中，取决于南宋、金熙宗、宗磐三方如何角力。

南宋与金的纠葛一是土地，二是徽宗、钦宗及皇室成员被金国扣留，宋高宗希望二圣能平安回到宋境，尤其是老父亲宋徽宗，这是孝道。不料，宋徽宗于绍兴五年（1135）四月病死于五国城（今黑龙江省依兰县）。由于金国有意封锁消息，绍兴七年（1137）正月宋高宗才从返回的使者口中得知这一消息。

金国有意让使者传回消息，很明显在试探南宋的反应。此时，宋高宗面临着三个选项，一是不受干扰，置之不理；二是起兵复仇；三是索要徽宗棺椁。第一个选项最为理智，但有悖孝道，无法向臣民交代；第二个选项意味着选择战争；第三个选项意味着和议。

宋高宗审时度势，最终选择了第三个选项。二月，宋高宗派王伦出使金国，出使的名义即是"迎奉梓宫"。王伦九月见到金

[①] 胡文宁：《伪齐政权研究》，西北大学硕士学位论文，2014年。

左副元帅、鲁王完颜昌。

废除伪齐,中原成了政权真空,完颜昌一派迫切需要重新布局,遂向王伦传递了明确的议和信息:"回去好好报告给你们官家,齐国已不复存在,两国和议没有阻力了。一旦启动谈判,就要持之以恒达成协议。"[1]

十二月,王伦回到行在,带来了宋高宗想都不敢想的好消息:金人不但愿意归还宋徽宗梓宫和宋高宗的生母韦太后,而且愿意归还黄河以南地区!

宋高宗急迫地想迎还梓宫和生母,以实际行动向金国做出回应,温和的主战派赵鼎打算召开的军事会议被叫停。

双方的和谈愿望都十分强烈,因此,接下来的绍兴八年(1138),和谈成为最大的政治主题。

确定了主和这一战略决策后,宋高宗不愿待在建康了。当初驾幸建康是为了"亲征",建都建康是为了收复中原,既然打算和谈,宋高宗果断地排除用武力收复江山的选项,决定回銮临安。奢靡和钟情艺术,几乎是宋朝历代皇帝的共性,宋高宗也不例外。临安山湖秀媚,物阜民丰,既适合享乐生活,又富含文艺气息。

激进的主战派、参知政事张守反对皇帝回銮,力谏不可离开建康,免得中原人民失望。宋高宗不听,反而将张守驱逐出朝。[2]

绍兴八年(1138)二月七日,宋高宗从建康出发,二十二日

---

[1] [宋]楼钥:《攻媿集》卷九十五,载《钦定四库全书·集部四·别集类》,影印古籍。是冬废豫,使谓公曰:"归报皇帝,强梗扫去,自此和议无复间沮,但有当议者须不倦以终之。"

[2] [宋]佚名:《中兴两朝编年纲目》卷八,燕永成点校,凤凰出版社,2018年,第272页。

回到临安。

这次回銮,标志着南宋从皇帝层面开始由进取转向内敛;也标志着从精神层面,由开放逐步转向保守。正如胡寅所说:"然则居杭者乃实情,而恢复者乃空言耳。"①

自此选择都城的议论渐次消失,君臣基本认可将临安府作为南宋都城所在。

除了回銮以示息兵,宋高宗还采取以下三项措施向金国示好。

一是停止到"敌占区"招降纳叛。伪齐灭亡后,一批留恋汉族政权的守臣投诚过来——在过去南宋是求之不得——宋高宗却向沿淮将领下发诏令,不得擅自派人到淮河以北招降,免得引起争执。

二是停止增兵补员。岳飞的防区包括荆湖南路、荆湖北路、京西南路,其中京西南路军力需要辐射到洛阳南部和西部,二万多人马数量太少,打报告请求增兵。宋高宗表示宁可收缩防线,不占那么多地盘,也不能增兵。他担心末大必折、尾大不掉,也担心引发金国不悦。

三是调整一些强硬的主战大臣。左正言辛次膺以国耻未雪反对议和,连续上疏六七次,还当面与宋高宗、秦桧争论,被外放为湖南提刑。②不久,由张浚引荐的参知政事陈与义也改知湖州。替换上去的人大多执行赵鼎路线。赵鼎虽主战,但温和持重,在淮西兵叛、宋金和议的大背景下,更是变得镇静、安定。

---

① [宋]李心传:《建炎以来系年要录》卷一百二十五"绍兴九年正月丁酉"条,商务印书馆,1936年,第2042页。
② [宋]佚名:《中兴两朝编年纲目》卷八,燕永成点校,凤凰出版社,2018年,第272页。

张浚政府唯一留任的是枢密使秦桧，他得到提拔，三月拜相成为尚书右仆射。宋高宗之所以提拔秦桧，大约与金国的和议对接人是完颜昌有关，毕竟秦桧与他熟悉并且关系良好。

与金国的谈判当然越快越好，依旧用王伦担任使者。王伦于绍兴八年（1138）四月到达祁州（今河北安国），见到完颜昌，完颜昌将他引荐给金熙宗。五月，王伦抵达金国都城上京会宁府（今黑龙江省哈尔滨市阿城区）。

在金国太师完颜宗磐的斡旋下，金熙宗会见了王伦，并"始密与群臣定议许和"[①]。和议在秘密状态下进行，因为无论是金还是宋，对和议都有一大批反对者。

王伦回宋之时，金国也派来使团回访，正使为太原少卿乌陵阿思谋。乌陵阿思谋在徽宗宣和年间即为两国使臣，金国再次派遣他，示和意图十分明显。

和议本是南宋君臣朝思暮想的美事，但事到临头，善于空议的大臣不甘寂寞，又掀起一场战、和或者怎样和的争论。

按外交惯例，外国使臣前来，宋朝应派接伴使迎接，到京后由馆伴使全程陪同。宋高宗一开始任命魏矼为馆伴使，魏矼反对和议，拒不从命。秦桧专门找他谈话，魏矼说敌人狡猾，不可靠。秦桧说："公以智料敌，桧以诚待敌。"魏矼愤然道："相公固以诚待敌，第恐敌人不以诚待相公耳。"[②]

---

① ［宋］李心传：《建炎以来系年要录》卷一百一十九"绍兴八年五月丁未"条，商务印书馆，1936年，1929页；［宋］佚名：《中兴两朝编年纲目》卷八，燕永成点校，凤凰出版社，2018年，第281页。
② 同上书，"绍兴八年五月辛亥"条，第1931页。

新上任的枢密副使王庶这时也表现出主战的一面，称宋、金有不共戴天之仇，甚至指责宋高宗"不念父母之仇，不思宗庙之耻，不痛宫眷之辱，不恤百姓之冤，逆天违人，以事夷狄"[①]。

左宣义郎王之道则认为有九成理由反对和议，只有一成理由支持和议，即"九不可一可"。这一成理由就是迎还二帝、六宫和祖宗故地。

坚决反对议和的还有韩世忠、张九成等人。

虽然议论汹汹，但当乌陵阿思谋到达朝堂带来好消息时，众臣傻了眼。金国不但答应归还徽宗梓宫、韦太后、渊圣皇帝[②]，而且还要归还宋朝土地，这让南宋君臣不敢相信。魏矼、常同等人判断金国诈和；王庶担心金国索要岁币，不料只字未提，怀疑有阴谋[③]；赵鼎也不相信。高宗则直接问金使："朝廷多次派人议和，贵国都不答应，现在为什么这么主动？"[④]

大臣们将信将疑，但又说不出金国"诈"在何处。宋高宗坚持己见，只要归还父亲梓宫和生母，其他都好商量。温和的主战派则开始"和稀泥"，把大臣们的思想与皇帝统一起来。监察御

---

① [宋]徐梦莘：《三朝北盟会编》卷一百八十三，上海古籍出版社，2019年，第1328页。
② 渊圣皇帝即宋钦宗赵桓。宋高宗即位后，为赵桓上尊号"孝慈渊圣皇帝"，见[宋]李心传：《建炎以来系年要录》卷五"建炎元年五月辛卯"条，商务印书馆，1936年，第117页。
③ 绍兴八年宋金并未签署规范的协议文本，具体条款未及详细讨论。但《建炎以来系年要录》卷一百二十五有"许岁贡银绢共五十万匹两"记载，可以理解为宋朝在岁币方面打算允诺的条件。
④ [宋]李心传：《建炎以来系年要录》卷一百二十"绍兴八年六月丁丑"条引《三朝北盟会编》，商务印书馆，1936年，第1946页。思谋引见礼甚倨，上问："朝廷数遣使议和，不从，今忽来和，何也？"思谋曰："大金皇帝仁慈，不欲用兵，恐生灵涂炭。"

史张戒总结了三条：当以和为表，以备为里，以战为不得已。① 表面上满足了主和、主战、主守各派诉求，其实只是为和议寻找一个合理的说辞而已。赵鼎要求大臣们体谅皇帝诚挚的孝心，争论才逐渐平息下来。

宰执中，秦桧对金国了解最深，他跟完颜昌是否有信息上的往来，人们不得而知，但完颜昌归还宋朝故土的真实性，秦桧毫不怀疑。他数次单独向宋高宗进言，打消了宋高宗的疑虑，让宋高宗不再怀疑金人的诚意。

南宋君臣基本统一了意见，绍兴八年（1138）七月，王伦带着南宋的诉求再次出使金国。

金国反目

秦桧在北宋末年上书金国，请求保留赵氏政权，张浚错误地以为他是主战派，与赵鼎并相的时候，推荐秦桧对付赵鼎。不过，张浚很快发现自己与秦桧的鸿沟更深，在他罢相的时候，宁愿推荐赵鼎也不推荐秦桧。

赵鼎再相后，宋高宗赋予他人事权，人员的去留自己就可以决定。赵鼎将张浚一派张守、陈与义、勾鏊、赵霈、胡世将、周秘、陈公辅等一律黜去，或外放，或罢免，同时擢拔自己的党羽刘大中、胡寅、常同、赵戒、林季仲等人，军、政、台谏全部换上了自己人。

---

① ［宋］李心传：《建炎以来系年要录》卷一百二十"绍兴八年九月乙巳"条，商务印书馆，1936年，第1970页。

正如朱熹后来总结的:"淮上既败,张公既退,赵公复相,凡张公所为,一切更改。张公已迁都建康,却将车驾复归临安;张公所用蜀中人才,一皆退之。"①张浚所用多蜀人,故有是论。

但是对于秦桧,赵鼎明确表态:"秦桧不能离开!"秦桧当时感谢不已。②

赵鼎为何钟情于秦桧?因为秦桧反对张浚激进的主战主张,反对建都建康,这些都让赵鼎误以为秦桧是"自己人"。党同伐异,观点上的趋同,是赵鼎用人的重要标准。

南宋初期的党争,虽然没有熙宁、元祐年间那么尖锐、阵线分明,但也一直没有停止过,随着宰相的更换起起伏伏。

其实,赵鼎看走了眼。张浚、赵鼎、秦桧三人,分别代表激进的主战派、温和的主战派③与主和派,激进的主战派与主和派犹如冰炭不可以同器,张浚与秦桧反目在情理之中。

温和的主战派曾在战和之争中起到中和与缓冲的作用。但是,当激进的思想被清除,温和的思想就变成了敌人,议和一旦成为国策,温和的主战派也不合时宜,成了绊脚石。

宋高宗渐渐发现,只有秦桧才是他的知音。他与秦桧"密谈"的次数越来越多,二人也越来越默契。据《三朝北盟会编》:

---

① [宋]黎靖德编:《朱子语类》卷一百三十一《中兴至今日人物上》,中华书局,1986年,第1035页。
② 《宋史全文》卷二十上,汪圣铎点校,中华书局,2016年,第1515页。
③ 《建炎以来系年要录》作者李心传和今世部分学者将这一派定义为"主守派"。参见陈志刚、王新锁:《略论赵鼎》,载《淮北师范大学学报(哲学社会科学版)》1998年第11期。

一日朝议,宰执奏事退。桧独留身,奏讲和之说。且曰:"臣以为讲和便。"上曰:"然。"桧曰:"讲和之议,臣僚之说皆不同,各持两端,畏首畏尾,此不足以断大事。若陛下决欲讲和,乞陛下英断,独与臣议其事,不许群臣干与,则其事乃可成。不然,无益也。"上曰:"朕独与卿(议)。"桧曰:"臣亦恐未便,欲望陛下更精加思虑三日,然后别具奏禀。"上曰:"然。"

又三日,桧复留身奏事如初。知上意欲和甚坚,犹以为未也。乃曰:"臣恐别有未便,欲望陛下更思虑三日,容臣别奏。"上曰:"然。"

又三日,桧复留身奏事如初。知(上意)坚确不移,方出文字,乞决和议不许群臣干与。上欣纳之。①

这真是戏剧性一幕。秦桧请求宋高宗只与自己商议讲和之事,不许其他大臣参与,宋高宗答应了。但秦桧怕皇帝态度不诚恳,意志不坚,便故弄玄虚,又过了两个三日,才上疏提出和议方面的建议,不允许其他臣僚参与。

既然不允许其他臣僚参与,左丞相赵鼎自然就是多余的了。十月,宋高宗免去了赵鼎的尚书左仆射职务。

赵鼎击垮激进的主战派,没想到为主和派铺了一条路。

主战派反对议和,拿不出过硬的理由,只是怀疑金国的条件过于优厚,担心有诈。然而正如宋高宗批驳的那样,如果有诈,不签协议就是了,再不然,把金使扣留了,金国能诈南宋什么呢?

---

① [宋]徐梦莘:《三朝北盟会编》卷一百八十四"绍兴八年十月"条,上海古籍出版社,2019年,第1333页。

其实，金国真的不是诈和，他们诚心诚意地希望结束战争。

绍兴八年（1138）七月初七，金国朝堂上发生了一场辩论，太师完颜宗磐、左副元帅完颜昌、尚书左丞相完颜宗隽支持和议，理由是把土地归还给宋朝，宋朝必定对大金感恩戴德。太傅完颜宗干以及其弟完颜宗宪是反对派，认为宋、金世仇，把土地给宋朝，是资助仇敌，不可能换来感恩。但是完颜宗宪在朝堂上的分量太轻，分量重的完颜宗磐、完颜宗干、完颜宗隽，其中二人支持和议，占据了上风。①

这年秋天，金国调整地方官的职务，李成由知许州（今河南许昌）改知翼州（今山西翼城县），郦琼由知拱州（今河南睢县）改为知博州（今山东聊城），都由南边调整到了北边，表明他们已经行动，开始放弃南边的土地，准备归还南宋。

于是，绍兴八年（1138）出现了奇怪的一幕：一方有心归还土地，另一方不领情，叫嚷不共戴天。

南宋不领情、拒和的声音因赵鼎去职有所抬头，因为温和的主战派也是主战派，当他们的朝中地位受到威胁时，主战的立场反而走向坚定。权礼部侍郎兼侍讲张九成自称赵鼎一党，坚决不与秦桧苟同，被罢免；枢密副使王庶不同意和议，求去，换上了参知政事孙近兼同知枢密院事；韩世忠累章上书，岳飞也有奏章，因无法罢免他们，秦桧记恨在心，只能暂且放过，另寻机会。

政策转向、群情汹涌，给投机分子带来了机会。中书舍人勾

---

① ［清］毕沅：《续资治通鉴》卷一百二十"绍兴八年七月辛卯"条，中华书局，2021年，第3182、3183页。

龙如渊讨好秦桧："相公为天下大计，而群说横起。何不择人为台官，使尽击去，则相公之事遂矣。"①选择自己人为台谏官，将对手都弹劾出朝，事情就能办成了。秦桧想想颇有道理，干脆任命勾龙如渊为御史中丞。

自从允许宰相控制台谏人选，台谏便失去了制衡的意义，不可避免地沦为为虎作伥的帮凶。

有了勾龙如渊这个助手，秦桧开始对主战派进行全面清理。枢密院编修胡铨屡屡上书反对和议，请斩秦桧、王伦，秦桧和孙近代宋高宗批旨，斥责胡铨"狂妄上书，语言凶悖""鼓众劫持朝廷"，下令销毁胡铨所有文章，送昭州编管，永不录用。②

温和的主战派反对议和，主要是反对南宋自降身份，名分卑微。金国派出的是"诏谕使"，而皇帝下旨才叫诏谕，此举意味着金以臣属看待南宋，宋朝皇帝须向金国国书行跪拜之礼，这有损国格和皇家威仪，令南宋十分难堪。不过，宋高宗有自己的看法："卿等欲首议名分，而土地次之，盖卿等事朕不得不如此言。在朕所见，当以土地、人民为上，若名分则非所先也。何者？若得复旧疆，则陵寝在其中，使两国生灵不残于兵革，此岂细事！"③也就是说大臣们在意的是名分，其次才是土地，在朕看来，当以土地、人民为上，不能优先考虑名分。

---

① ［宋］李心传：《建炎以来系年要录》卷一百二十三"绍兴八年十一月甲辰"条，商务印书馆，1936年，第1996页。
② 同上书，"绍兴八年十一月辛亥"条，第2004页。
③ 这是宋高宗绍兴三十二年说的话，应当也代表了此时心声，所以引用于此。见［宋］李心传：《建炎以来系年要录》卷一百九十六"绍兴三十二年正月壬辰"条，商务印书馆，1936年，第3314页。

为平息众议，防患于未然，宋高宗特地下诏向臣民解释，言明大金使者前来，只是为了向宋朝割让陕西、河南土地，归还梓宫、母、兄、亲族，没有其他索取，禁止煽动不明真相的民众借机闹事。同时明确，大臣凡是进言反对和议的，不得晋升官职。

杨沂中等军中护卫担心会引起军民哗变，秦桧和勾龙如渊则保证不会有任何屈辱的礼节，杨沂中松了一口气：如此万幸。

所谓"屈辱的礼节"，指宋高宗向金人跪拜。金使提出，必须要宋高宗率百官到驿馆，向北叩头跪拜接受金国"诏书"。这让宋高宗和群臣难以接受。经过协商，双方找到一个变通的办法，由宰相秦桧代行跪拜之礼。

十二月二十八日，是日立春，宋尚书右仆射秦桧在驿馆代宋高宗跪受金使的国书，三省的胥吏们则穿上绯色、绿色或紫色的朝服，佩戴金鱼或银鱼袋①，假扮成百官。就这样，双方演了一场大戏，完成了南宋向金国称臣之礼，也完成了金国向南宋归还土地之礼。

金国平白归还土地，虽然比北宋故土少了河北、河东等地，但免了战争和生灵涂炭，值得肯定。南宋主战派臣僚拒绝协议，幻想用武力收复北宋故土，少不了要将士枯骨，百姓轹釜，最后还不一定能够成功。公允地说，对于南宋，这次和议值得庆贺。

其实，汉、唐草创之初，都有向异族称臣的经历，不过很少有人提及，因为当时人们不太看重这些虚名，后来汉、唐又打败了异族，称霸四方，用胜利洗刷了最初的屈辱。南宋正是民族意

---

① 鱼袋为官员的标志佩饰。

识和民族主义高涨的时期，对敌人称臣，人们的屈辱感分外强烈。

严格来说，绍兴八年（1138）十二月，只是金国向南宋单方面递交国书，双方并未签署协议，许多条件未及细谈。因此，宋高宗于次年正月派王伦再使金国，许诺每年进贡岁币银、绢五十万两、匹。如果按这个条件达成协议，宋、金第一次绍兴和议的具体内容应包括：

第一，金国归还宋徽宗梓宫，放还韦太后、渊圣皇帝；

第二，金向宋归还河南、陕西土地；

第三，宋向金称臣；

第四，宋每年上贡银25万两、绢25万匹。

宋高宗沉浸在憧憬之中，诏令政府机构和军队以大局为重，睦邻修好，和众安民。一方面紧锣密鼓地开始工作，准备迎接梓宫和两宫，诏令临安府为渊圣皇帝修建宫殿，秦桧亲自为宋徽宗挑选墓地并为墓地取名。另一方面，让王伦在汴京与金人进行土地交接，并把伪齐改过的地名恢复原有名称，比如归德府恢复为应天府，不一而足。

宋高宗还专门派兵部侍郎到永安（今河南巩义西南）去祭奠北宋诸皇陵，告知收复部分旧土的消息。

河南、陕西土地的交接很简单，土地和民众原本属于宋，完颜宗弼带着他的军队离开就算完成了，地方官府人员、牌子都不需要变动。

三月丙申，完颜宗弼在汴京郊外酌酒与宋朝使者王伦作别，离开了这片他战斗过的异国领土。

然而，谁也想不到，完颜宗弼这一去，并不是永久地离开，他还会回来。

金国分成两派，金熙宗、完颜宗乾、完颜宗弼是一派，完颜宗乾是金太祖的庶长子，此派俗称"太祖派"；完颜宗磐、完颜宗隽、完颜昌是一派，完颜宗磐是金太宗的长子，俗称"太宗派"。

长期作战形成的格局，由完颜昌盘踞山东，河南是完颜宗弼的势力范围，完颜宗弼部属撒里喝在陕西驻军。有必要说明一下，北宋时黄河走向为：过温县折向东北，经新乡到卫州（今河南卫辉）、滑州（今河南滑县）、大名府（今河北大名）、恩州（今河北清河）、武强、清州（今河北青县）入海，这样"山东"属于河南。南宋时黄河走向变了，过卫州折向东南，走长垣、徐州、宿迁，到淮阴（今江苏淮安）与淮河汇流入海。所谓"河南"，有新（黄）河河南与旧（黄）河河南之别，完颜昌、完颜宗弼的势力范围，以新河为界。金国归还给南宋的河南地，指的也是新河河南。

不难看出，太宗派慷完颜宗弼之慨，把河南、陕西让出去，实际上是为了削弱太祖派的势力。所以，第一次绍兴协议是金国内部斗争的结果。作为最大的受害者，完颜宗弼因为不在朝中，几乎没有参与整个和议的酝酿过程。

等开始实施归还事宜，完颜宗弼傻眼了。他不愿坐以待毙，也不能坐以待毙，他要反击！

完颜宗弼回到金国京师会宁府后，向金熙宗密奏，完颜宗磐与完颜昌归还南朝，是卖国行为，一定是他们私下与南宋达成了某种交易。完颜宗磐骄横，早就引起金熙宗的不满，只是金熙宗无力制衡他。完颜宗弼长期与南宋作战，手中有兵，金熙宗的胆子便壮了起来，决定铲除宗磐。

七月初一，太师完颜宗磐、太保完颜宗隽等参加朝会，金熙宗早已在大殿安排好了伏兵，一声令下，将几人拘捕，初三即全部诛杀。完颜宗磐的政治对手、政变功臣完颜宗弼则荣升为都元帅，总领全国兵马。

完颜昌算是完颜宗磐的党羽，但长期在外作战，有大功，因此金熙宗赦免了他，调他任燕京行尚书省左丞相，右丞相是宋朝的降将杜充。这个新职务，与其说是赦免，不如说是侮辱！完颜昌果然大怒：我乃开国功臣，怎么能与降将为伍？于是带兵反叛了。完颜昌的兵力自然无法抗衡金国主力，他打算向西北跑进浩渺无际的沙漠，像耶律大石一样，在西域某个地方再建一个女真国。可惜时运不济，完颜昌跑出燕京没多远就被追上，打入祁州大狱，不久也死了。

完颜宗磐、完颜昌的罪名之一就是勾结南宋，出卖土地，二人死了，金国风向大变，对南宋的政策一百八十度大转弯，已经诏谕南宋的国书不算数了，没有签署的协议永久搁置了，金熙宗还下令中山府拘捕南宋使者王伦。十月，金国将王伦押解到临时行宫玉田县御林，关押六年后将其杀害。

绍兴十年（1140）五月，金国经过一年的充分准备，兵发四路，想要夺回割让给南宋的河南、陕西两地。宋金绍兴八年（1138）初步达成的和议全部作废。

番外：草创时期的大国外交

濮阳因濮水得名。濮水是一条古河流，春秋时期的男女在这里幽会、唱情歌，留下了"桑间濮上"的成语；战国时期，庄子在这里垂钓，楚国人请他出仕做官，庄子持竿不顾，说自己愿像王八生活在烂泥里。

濮水早已湮没，濮阳与黄河的渊源更深一些。现在的黄河流经濮阳南部边界，这是一条年轻的河道，约形成于清光绪年间，由古黄河决堤改道而成。北宋之前，黄河也流经濮阳，那时的濮阳叫澶州，黄河穿城而过，将澶州分为南澶城、北澶城。后来黄河南迁，千年之后，河道了无痕迹，只留下"堌堆""岗""台"这些与河道有关的村落名字。

沧海桑田，南澶城现在也化为黄土，如今的濮阳县即北澶城，还留有一小段城墙遗址，被小心翼翼地保护起来。

濮阳最重要的宋朝遗迹是回銮碑，在城西御井街，为纪念澶渊之盟时宋真宗御驾亲征而立。碑文是宋真宗的一首古诗，题为《契丹出境》，宰相寇准书丹。碑已残破，是全国重点文物保护单位，被用玻璃罩了起来，上面还盖个亭子遮风挡雨。

回銮碑前面，有一眼古井，传说宋真宗亲征时喝过井里的水，称其"甘洌"。

澶渊之盟大约是宋真宗最大的历史功绩了，它确立了一种新型的大国关系，即平等、互利、和平。

纵观中国数千年文明史，国家与国家之间并非没有和约，但是，一来形成文字流传下来的不多，二来平等互利的鲜少，三来大都未能维持较长时间。

自周朝起，北方民族一直是中原政权的威胁，也是中原政权外交的重点。据《汉书·匈奴传》，商汤灭夏后，将夏朝最后一位君主夏桀流放到遥远的北方，逐草而居，形成新的民族，在周时叫"猃狁",秦汉叫"匈奴"。战国时,中原内乱,匈奴乘机而起,不断南扰。赵国曾派李牧长期驻兵代地(今山西北部),抗击匈奴;秦统一后,派蒙恬将匈奴逐出河套,收复了阴山以南地区。

秦末,匈奴冒顿单于兼并了几个西域国家,国力强盛,出兵燕、代,又占领了蒙恬曾经夺取的地方,并多次深入中原,掠夺人口与牲畜。

汉初,刘邦将韩王信封在马邑(今山西朔州),抵御匈奴。结果韩王信反戈汉朝,与匈奴联合攻打太原。汉高祖七年(公元前200年),刘邦亲自率军讨伐,击败了韩王信军队,又打退匈奴援兵。刘邦决定乘胜追击,一劳永逸地平定匈奴。追至平城(今山西大同),反被匈奴所围,困守七天七夜,苦无解围良策。

后来,刘邦听取陈平的建议,游说冒顿单于,汉军才平安回还。陈平的建议具体是什么内容?《史记》记述"其计秘,世莫得闻"①,事情机密,只有决策层很少一部分人知道,其他人无从得知,更没有文字记录。史学家普遍认为,之所以这样神秘,是因为这些建议有损于刘邦和汉朝的尊严。其后,《史记》《汉书》《资治通鉴》《通典》等史料间接透露出一些信息,大致可以推测白登之围中双方达成了秘密协议,包括:

第一,划疆立界,两国以长城为界。

第二,汉朝定期将公主嫁于匈奴单于。

第三,汉朝每年奉送大量的金、絮、缯、酒、米等珍贵物品给匈奴;匈奴不得侵扰汉界,以保持双方境内人民安宁和正常的

---

① [汉]司马迁:《史记·陈丞相世家》,中州古籍出版社,1998年,136页。

生活。

第四，汉朝与匈奴约为兄弟，享有平等地位。

第五，双方进行一些互通关市活动。[①]

可以看出，这项协议虽然定义两国为平等之国，但汉朝要和亲与岁贡，实际上处于弱势。比起宋朝的澶渊之盟，显然更加苛刻。不过，和议化干戈为玉帛，为汉朝赢得了休养生息的时间，应当说，双方互利互惠。

汉匈协议执行得并不顺利，这一点也远不如澶渊之盟。仅仅数年，匈奴向刘邦的皇后吕后请婚，这明显带有侮辱的意味——想撕毁和议。而汉朝也只好隐忍，继续向匈奴输送女子和物资。

汉文帝继位的第三年，匈奴再次侵边，并主动要求和亲。汉文帝与大臣商议后，只好重申和约，满足匈奴的苛刻要求。

汉朝对匈奴和亲加岁贡的政策，持续了六十多年。经过长期的休养生息，汉朝国力强盛，不愿再维持屈辱的汉匈协议。汉武帝继位五六年后，发动了大大小小十余次战争，给匈奴以致命打击，此后匈奴北迁，再也没有力量对中原构成威胁了，汉匈不平等和议才算终止。

匈奴的衰败使中原政权在几百年里不再有北疆之忧。东汉曾痛击匈奴，三国曹操北伐乌桓，对方几无还手之力。魏晋将北方少数民族内迁，促进了民族融合。

晋朝由于内部纷争，皇族之间大肆屠杀，导致中原主体民族人口数量急剧下降，少数民族乘胜而起，黄河流域长期被少数民

---

① 杨燕：《"白登之围"与汉匈合约》，载《经济与社会发展》2012年第4期。

族统治（主要是鲜卑族），南方长江流域则仍为汉族的地盘。

隋朝脱胎于北朝的北周，北方的主要敌人是突厥。突厥崛起于阿尔泰山脉，先后消灭了柔然等周边国家，日益强大。隋朝建立不久，突厥即率军四十万来犯，但隋朝并非白手起家，军事力量强悍，粉碎了突厥的进攻，突厥由是分成东、西两大势力，以阿尔泰山为界，两大突厥从此未能对隋构成威胁。隋大业三年（607），隋炀帝北巡，突厥献马三千匹，隋炀帝回赠帛一万三千段；隋大业五年（609），隋炀帝西巡，西域二十七国纷纷来贺。

隋朝的强盛没有维持多长时间，从隋大业七年（611）起，内乱不断，爆发了轰轰烈烈的农民大起义。

隋大业十三年（617），太原留守李渊蠢蠢欲动。李渊周围有三股武装势力，北有刘武周，西有梁师都，东有窦建德。这三股势力的共同特点是与突厥有勾结。梁师都被突厥封为"解事天子"，刘武周被突厥封为"定杨可汗"，窦建德向突厥纳贡，甚至连俘获的隋炀帝皇后萧氏，都被遣送到了突厥。

李渊起事，不能不取得突厥的支持和认可。李渊派刘文静出使突厥，许诺得天下后，仍与突厥和亲，并"征伐所得，子女玉帛，皆可汗有之"[①]。据陈寅恪考证，李渊还向突厥称臣纳贡[②]。突厥非常满意，不仅不再骚扰李渊，而且资助马匹，甚至出兵支援。可以说，唐初能够顺利夺取关中、傲视群雄，与突厥的支持是分不开的。

---

① ［唐］温大雅：《大唐创业起居注》卷一，上海古籍出版社，1983年，第9页。
② 刘袖瑕：《略论唐初对突厥的政策》，载《咸宁学院学报》2010年第2期。

平定天下后，唐朝不再对突厥俯首帖耳，突厥也不愿看到身边出现一个强大的王朝，双方的矛盾愈加尖锐。突厥几乎每年都要大规模侵边，唐武德九年（626），攻至距长安仅四十里的泾阳。大唐京城空虚，朝野震动，唐太宗率少量军队迎战到渭水边，与突厥结成城下之盟。渭水之盟的具体内容不详，但依当时双方的兵力和形势看，应是唐朝做出了重大让步才让突厥退兵。事后唐太宗向大臣解释为什么要盟约："一与虏战，所损甚多；虏结怨既深，惧而修备，则吾未可以得志矣。故卷甲韬戈，啖以金帛，彼既得所欲，理当自退。"①真与突厥打起来，损失很大，而突厥也会积极备战，以后想打赢他们更不容易。所以要息兵止战，给他们钱财，满足他们的欲望，他们自然就退兵了。

在唐太宗治下，唐朝国力恢复很快，已经具备与突厥决胜的条件了。唐贞观三年（629）冬天，唐太宗令徐世勣、李靖等率军十多万征伐突厥，大败突厥军于白道（今内蒙古呼和浩特市西北），生擒颉利可汗，灭亡了东突厥。

在唐朝的对外政策中，"和亲"是常用的手段。有统计数字显示，整个唐朝和亲次数为二十三次，其中与吐蕃和亲两次、南诏一次、吐谷浑三次、突厥两次，于阗、宁远国各一次，以及回纥六次、契丹四次、奚三次。②与汉朝被迫和亲有所不同，唐朝和亲主要是为了加强与周边国家的联系，以体现"天下一家"。

---

① ［宋］司马光：《资治通鉴（精装典藏本）》卷一百九十一，［元］胡三省音注，中华书局，2013年，第5383页。
② 杨军、武智慧：《唐代和亲与天下一家》，载《赤峰学院学报（汉文哲学社会科学版）》2022年第11期。

但毋庸讳言，和亲给那些公主们带来极大的伤痛，她们成为政治的牺牲品。大唐所谓"天下共主"，唐太宗所谓"天可汗"，都浸透着和亲公主的斑斑血泪。

中国古代历史上最强盛的两个朝代——汉与唐，草创初期都曾称臣于外邦，有过和亲、纳贡一段屈辱的时期。然而，后世之所以慢慢淡忘了他们的屈辱，是因为他们卧薪尝胆、励精图治，最终书写了自己的荣耀。

唐朝之前，中原政权与北方民族地位的此消彼长，取决于国家政治、经济、军事实力，如国内政局是否动荡、粮食保障是否得力，以及军队战斗力、战马数量等，但地理环境也不可忽视。中原政权的西北方和正北方都有大山环绕，从西到东，依次是祁连山脉、贺兰山脉、阴山山脉、燕山山脉等，这些山脉是天然的防御屏障。不过，困难的是，山脉的隘口很多，不可能每个隘口都驻守大量军队。为了及早发现敌情，西周时开始在山上设置烽火台，这是长城的雏形。到了春秋，国家分裂，小国家防御外族难度更大，于是长城得到广泛的应用。秦朝统一后，将原秦国、赵国、燕国长城连接起来，形成完整的北部屏障，对防御匈奴起到了重要作用。隋朝为了抵御突厥的袭扰，也曾三次重修长城。

长城并不能完全抵御侵略，如汉、唐两朝，外族都曾跨越过长城。不过，匈奴、突厥在长城内只能流动作战，速战速决，不能长期对峙，否则后勤保障就会出现问题。汉、唐两朝的初期受到北方威胁，都能通过和亲、岁贡解决问题，并无灭国之虞，就是因为有长城和山脉屏障的存在。

到了北宋，形势发生了根本性变化。五代后晋为了对付后唐，将燕云十六州割让给了北方的契丹。燕云十六州包括整个燕山南北,这样河北、河南、山东北部再无任何屏障。

北宋用澶渊之盟调和了与契丹的关系,但始终无法像汉、唐一样在军事上战胜契丹,仍时时笼罩在契丹的军事压力之下。这是后人诟病北宋"积贫积弱"的主要原因。

不过,宋朝大臣对于和亲另有高论。宋太宗时,李昉、张洎主张对契丹和亲,他们以汉、唐为例,认为和亲以极小的代价换取两国安宁,能达到战争不可企及的效果。

宋仁宗时,辽国提出和亲要求,宋仁宗只有一个女儿,但他并不反对和亲,并表示如果真的有利于社稷,不能因个人小爱耽误国家大事。著名政治家范仲淹也支持和亲。然而,大多数臣僚不赞成和亲,赵抃、夏竦等通过对前朝和亲史进行分析,得出结论:和亲的作用极其有限,并不能阻挡外族的侵扰。他们认为,汉朝和亲时,赐予匈奴大量财物,耗费国力以资敌人。贾昌朝则强调"和亲辱国"。代表北宋前去辽国谈判的富弼,坚决打消宋仁宗和亲的念头,表示宁增岁币,决不和亲,果断拒绝了辽国。

宋仁宗朝对待和亲的态度为后世树立了标杆。南宋初,国事不利,但鲜有人提出和亲建议,相反李纲等人上疏,反对包括和亲在内的一切卑躬屈膝,终朝没有发生和亲事件。

宋朝之后,元、清兴起于塞外,基本不存在北方扰边问题。明朝是宋后唯一的由汉人建立的王朝,取代了蒙古,蒙古退回漠北,已经无力与明朝抗衡。后来蒙古分裂为鞑靼、瓦剌等部落,亦有扰边问题,明王朝采取退守内地、坚壁清野的策略,将塞外百姓迁到内地,限制百姓出塞,并通过重修长城阻断塞内外交往。

这些措施与东南海禁出于同一思路，外交日趋保守，严重阻碍了国家经济发展和政治进步。即便如此，明朝未能取得军事上的主动，也未能完全阻挡蒙古铁骑，明正统十四年（1449），瓦剌部大举南下，在土木堡俘获明英宗，一直打到北京城下。不过，终明一朝，未发生和亲、割地、岁贡等屈辱事件。

从秦、汉经隋、唐、宋到明，总的来看，在与北方民族的争锋中，中原政权愈来愈被动，唐朝之后北方威胁几乎从未间断。然而，内地的民族意识愈来愈强——汉朝被动和亲，称臣纳贡，唐朝和亲有了自主性，宋朝不和亲只岁贡，明朝不和亲亦不岁贡。

南宋草创，宋高宗称臣于金，输以岁币，在历史的时间轴上，亦符合中原政权外交的基本发展方向。

#　第六章
罢兵与议和

宋真宗景德元年（1004）秋，辽国萧太后与辽圣宗亲率大军侵入宋境，二十万草原铁骑来势凶猛，一边攻城，一边分兵长驱而入，直扑汴京。

宋真宗畏敌，想要迁都南逃，宰相寇准力请御驾亲征。十一月二十五日，宋真宗到达澶州。

黄河越城而过，将澶州分为南、北两城，北城正面迎敌，南城是后援基地。宋真宗登上北城城楼，手下打起了皇帝专用的黄龙旗。城下士兵无不激动地高呼"万岁"，顷刻间士气高涨，人人渴望上阵杀敌。

次日，宋军将辽国先头部队杀得丢盔卸甲，仓皇而逃。

几日之后，萧太后率领辽军主力来到澶州城下，战争进入相持状态。

与此同时，双方私下开始秘密议和。辽国希望宋朝割让领土，宋真宗不能接受辽国的条件，宁愿给他们一些钱财。经过讨价还价，势均力敌的两个国家达成了"以钱财换和平"的协议。

当议和使曹利用拿着和议副本回来复命的时候，宋真宗正在用膳，没有办法立即接见。但他急于知道谈判结果，让内侍先问一下岁币的大概数目。曹利用神秘地伸出三根手指头。内侍回宫禀报，宋真宗以为是三百万，失声道："太多！"后来问清楚是三十万，于是大喜过望，重赏了曹利用。[①]

宋、辽在澶州签署停战协议，澶州有湖叫澶渊，这份协议就被称为"澶渊之盟"。澶渊之盟缔结宋、辽友好，双方维持了百年和平，影响了中国古代思想界及历史界。

澶渊之盟的负面作用之一是，两国"不识干戈"，军事能力不断下降，当女真金国崛起时，两国只有被动挨打的份了。

还有一个负面作用是，宋朝有了这次盟约的成功经验，形成了思维惯性，一遇战争，就会想着以钱财买和平。

顺昌保卫战

绍兴十年（1140）五月，金国以完颜宗弼为元帅，兵分四路进犯南宋：镊哻贝勒出山东，右副元帅完颜杲入陕右，骠骑大将军、知冀州李成入河南，完颜宗弼自将精兵十余万人与知东平府孔彦舟、知博州郦琼、前知宿州赵荣进驻汴京。

遗憾的是，土地交割了一年多，南宋居然没有在新领土上驻军！

---

① ［宋］李焘：《续资治通鉴长编》卷五十八"景德元年十二月丁亥"条，中华书局，1986年，第1292、1293页。

朝廷本来是打算驻军的，金国使者张通古路过，向送伴使韩肖胄抗议说："我家天子割让土地给你们，你们应当懂得感恩。现在刚刚移交，就赶紧部署防御，这不是自找嫌疑吗！如果我国兴师问罪，你们怎么应对？"韩肖胄通报给朝廷，朝廷不愿得罪金人，便停止了驻军安排。①

所以，完颜宗弼轻易地进入汴京，金军很轻松地"收复"了河南、陕西土地。

河南唯一驻有军队的是顺昌府，但其实也不算"驻"。东京副留守刘锜率一万八千人，以九百艘船自水路赴汴京上任，路过顺昌府，传来消息，汴京和应天府都已落入完颜宗弼之手，就停留在了这里。刘锜手下的一万八千人，是过去王彦的手下，因为面部刺有"赤心报国，誓杀金贼"八个字，得名"八字军"。不过，军中大部分是辎重和随军家属，能够作战的只有五千余人。刘锜担心难以抵抗，询问知顺昌府城中物资储备情况，得知有米数万斛，还有伪齐留下的火药等，认为或可一战。

十七日，金军距顺昌府三百里，阖城惶恐。刘锜下令关闭城门，进入防御状态，人心稍定。

刘锜召集部属商议对策，大多数部属认为宋军远道而来，人马又少，不可与金兵硬拼。但是如果退军，辎重和家眷行动缓慢，怕敌人断宋军归路，也不妥。最后大家统一思想，不如一战，死中求生。他们将九百艘船凿穿底部，沉入水底，以示破釜沉舟，

---

① ［清］毕沅：《续资治通鉴》卷一百二十一"绍兴九年五月乙巳"条，中华书局，1957年，第3214页。

绝不后退。刘锜将夫人及子女安置在寺庙里居住，门口堆积柴草，并交代下属说，一旦失败，就把我的家烧了，不要落入敌人手中受辱。"八字军"士气高昂，连妇女都帮着磨刀擦剑，相互激励："平时人欺我'八字军'，今日当为国家破贼立功！"①

南宋对金军入侵毫无准备，顺昌府守城器具奇缺。刘锜亲自登上城墙，督工防御工事。他们准备战具，加固壁垒，补齐短板。有些城墙残缺，来不及修补，就用伪齐留下的痴车②，覆盖上黄土，拆居民的门板挡在周围作为护体。刘锜又发现城外有数千家百姓的房屋，担心成为金军的营寨，下令全部烧掉。

紧张准备了六天，金人已有小股骑兵渡过颍水，到了城外。

刘锜推测敌军会围城，在城下设置埋伏，擒获金千户阿黑等二人，经过审讯，得知敌军另一支队伍在城外三十里安营，于是派千余名精兵夜里偷袭，果然成功，杀死不少敌人。

这只是金军游骑，不久来了三股部队，约三万人。刘锜率部用弓箭在城墙上射击，敌人不能近前，只能后撤。刘锜趁机出城追击，又获胜，敌人慌乱之中坠入水中的难计其数。

敌人越集越多，步步紧逼，在城外二十里扎寨。刘锜又用老办法：夜里劫寨。他只用五百人，有人建议士兵嘴里衔着小木条，叫"枚"，防止出声。刘锜笑了笑：不必。反而用竹子做成乐器，每位士兵拿着一个，吹得震天响，像儿童游戏一样。当晚天气阴沉，将要下雨，闪电不断。刘锜下令闪电时奋勇击敌，闪电过后

---

① ［元］脱脱等：《宋史》卷三百六十六《刘锜传》，中州古籍出版社，1998年，第1684页。
② 一种搬运巨石大木的车。《建炎以来系年要录》作"蚩尤车"，今从《宋史》。

天暗下来则藏匿不动。打得金军摸不着头脑，也不知道宋军多少人，乱作一团，自己人跟自己人砍杀起来。天明一看，躺了一地金人的尸体。

金军像铁拳打在棉花上，使不上一点力气，只好退兵，同时禀报远在汴京的完颜宗弼。

完颜宗弼当然不甘心失败。六月初亲率主力大军前来围困顺昌府。刘锜再施一计，派两名细作伪装成骑兵，在完颜宗弼大军路过的地方，佯装从马上掉下，被完颜宗弼捉住。完颜宗弼想从细作口中打听刘锜的情况，细作谎称刘锜享受惯太平了，沉溺于声伎，朝廷因为两国交好，所以派他去汴京享乐。完颜宗弼一听，喜形于色：顺昌城容易破！于是产生了麻痹轻敌的心理，连攻城的鹅车炮具也不带了。

一到城下，完颜宗弼就埋怨诸将无能。诸将很委屈："南朝用兵，跟昔日大不一样，元帅攻城的时候就知道了。"①

刘锜派人向完颜宗弼下战书，完颜宗弼很意外，也很愤怒，轻蔑地说："刘锜何敢与我战，以吾力破尔城，直用靴尖趯倒耳。"认为用靴尖就可以把城踢倒。来人激将完颜宗弼："太尉非但请与太子②战，且谓太子必不敢济河，愿献浮桥五所，济而大战。"我们准备了五座浮桥，等太子过河。③

第二天，宋军果然在颖河上架起了五座浮桥。

---

① ［元］脱脱等：《宋史》卷三百六十六《刘锜传》，中州古籍出版社，1998年，第1684页。兀朮至城下，责诸将丧师，众皆曰："南朝用兵，非昔之比，元帅临城自见。"
② 因完颜宗弼是辽太祖阿骨打第四子，人称"四太子"。
③ ［元］脱脱等：《宋史》卷三百六十六《刘锜传》，中州古籍出版社，1998年，第1684页。

原来，刘锜在颖河上游及水草中投了毒。农历六月已经入暑，天热日燥，人渴马饥，金兵渡河时看见河水就猛灌起来，战马则肆无忌惮地啃起了丰美鲜嫩的水草。刘锜这毒，不是马上会令人马毙命的毒，那样的话金兵纵然死掉一批，接下来就会有所防备。刘锜这毒，只让人马身体困乏，早上还显现不出来，到午后未时、申时，尤其难受。平日这两个时辰也是人容易犯困的时候，所以敌人浑然不觉。

敌人初渡河，战斗力还比较旺盛，数万人开始攻城，宋军以五千应对。

到了午时，宋军一边擂着战鼓，一边从容地坐在城墙上吃饭，就好像下面没有敌军一样。金军攻城不力，眼睁睁地看着却无计可施。

申时是金军最困乏的时候，城上一声鼓响，刘锜忽遣数百人冲出城门，逮着金军乱砍。金军阵营稍乱，城里又冲出数千人，与金军战作一团。金军此时体内的毒性发作，力疲气索，虽然人多，但全然没有战斗力。

过去，金军之所以能够所向披靡，除了士兵英勇善战，还因为他们有一套独特的阵法，依靠"铁浮图"和"拐子马"配合作战，威力无比。

所谓"铁浮图"，就是连人带马披上铁甲，骑兵头戴铁兜鍪，四周有长长的帽耳，将整个脸部围得严严实实，远看像铁塔，令对方的武器无处下手。《宋史·刘锜传》和岳珂《鄂王行实编年》都提到三匹马为一组，用皮绳拴在一起，共同进退，但受到后人质疑，因为这样明显不利于作战。

"拐子马"是轻骑兵,一般部署在侧翼,速度快,冲击猛,负责包抄、掩护,配合"铁浮图"作战。

时人有"金军不满万,满万不可敌"的说法[①],就是因为一旦满万,金军就可以形成阵法,将"铁浮图"和"拐子马"的作用发挥得淋漓尽致。

过去宋军屡战屡败,就是没有找到对付金军骑兵的办法。

在十多年的战斗中,宋军逐渐琢磨出克制"铁浮图"的妙招。刘锜"八字军"的办法是:用标枪挑下金军骑兵的铁兜鍪,然后用大斧砍其胳膊、敲碎其头颅。

金军这套独特的阵法为"八字军"所破,自此优势全无,加上人饮了毒水、马食了毒草,遂大败,只得退回营寨。

夏天雨多,说来就来,夜里下起了大雨,水深尺余。金兵城外营寨简陋,士兵们双腿都泡在水里。完颜宗弼哀叹时运不济,只好拔寨北去,宋军出城追杀,又杀敌近万。

顺昌之战是史上著名的以少胜多的战例之一。之所以能大胜,宋军士气高涨、金军士气不振是主要原因,金军中甚至有汉人偷偷向宋军透露金军的战备战术情况,更遑论卖命了。宋军找到对付"铁浮图""拐子马"的方法,也是决定性因素之一。其他诸如麻痹敌人、战术运用得当等,则属锦上添花了。

顺昌之战,标志着宋军有了反攻金军、战而胜之的能力。可以佐证的是,金军只是收复了没有南宋驻军的地方,凡短兵相接

---

① [元]脱脱等:《金史》卷二《本纪第二》,中州古籍出版社,1998年,第8页。"辽人尝言女直兵若满万则不可敌,至是始满万云。"

的，南宋都相继有所胜利。比如，权主管鄜延经略司公事王彦败金人于青溪岭；湖北宣抚司统领官孙显在陈、蔡之间击败金军；川陕宣抚司都统制杨政遣左部统领官曹成，在天兴县袭击金人，败之；京东淮东宣抚使韩世忠，遣统制官王胜北伐，遇金人于淮阳军南二十里，水陆并进，将金人驱入沂水，金人死伤不少，缴获二百艘船只。

朝野比较乐观的看法是，如果诸将协同作战，几路大军全面追击讨伐金军，有可能擒获完颜宗弼，收复汴京。①

差一点收复汴京

事实上，顺昌之战是一场偶然的遭遇战，并不是南宋朝廷的有意应对。顺昌之战进行中，宋高宗、秦桧担心刘锜一万多人不足以抵御金军，曾下诏班师，刘锜不听，因而刘锜在胜利后还是被调到后方。

其实，坐实金军南侵之后，南宋朝廷一直在纠结该如何应对。

绍兴八年（1138）的和议本来就招致许多朝臣的反对，现在金国出尔反尔，恣意违约，似乎证实了"金人不可信"论，对秦桧的政治威信是一次沉重的打击。据《建炎以来系年要录》记载，听到前方打仗的消息，赵鼎喜形于色，因为秦桧有可能被罢免，赵鼎无疑是新相的有力人选。

而秦桧也在试图挽回影响，力保自己的宰相宝座。

---

① [元]脱脱等：《宋史》卷三百六十六《刘锜传》，中州古籍出版社，1998年，第1684页。"故议者谓是时诸将协力，分路追讨，则兀术（宗弼）可擒，汴京可复。"

秦桧建言宋高宗积极应战，晓谕沿江诸路将帅同力招讨金军，皇帝也将亲自犒劳军队，激发士气。秦桧还主动表态，如果自己的建议不可行，请求罢免。其实，他早已控制了台谏，指使御史中丞王次翁在朝中散布一种观点，即国家遇到大事，不应该更换宰相：一来后相不一定比前相更有本事；二来如果临阵易相，自上而下又要大换血，朝廷纷乱数月不能安定，不利于应对紧急事态。宋高宗听信了此番言论，果然没有更换秦桧。朝中偶有攻击秦桧的，如工部尚书廖刚、权监都进奏院陈鼎，亦都被罢官外任。

既然宋高宗信任秦桧继续主导朝政，对金国的态度就不会发生根本性改变。二人很快确定对金之策，那就是被动应付，努力使战争局部化，继续以战促和，恢复南北共存这个绍兴八年和议制定的目标。

五月二十五日，宋高宗下诏，有生擒完颜宗弼者，将授予武将最高荣誉职务——节度使，此外还有银、帛、田地等。诏书并未谴责金熙宗，留下了和谈的余地。

六月初一，枢密院下发檄文，谴责完颜宗弼以一人之私破坏两国修好的关系，兵出无名，神人共怒，号召官、军、民为义奋起，勠力同心，共赴前线，将其生擒。这篇檄文，算是正式对金宣战。

按宋高宗、秦桧的战略，以及枢密院的要求，各路大将打好防御战，不要主动出击。不过在这一大政方针确定前，南宋军队已经给予金军一定程度的反击，张俊占领了亳州、宿州，韩世忠占领了海州，岳飞攻取了陈州、蔡州。当防御方针确定后，张俊、韩世忠二人止步于此，按兵不动。

唯有岳飞，他的志向是收复整个河北、山东、河东。他一直与河北的起义军保持着联系,派梁兴渡河,发动河北忠义社的力量;其他诸将则攻打以洛阳为核心的汝州、郑州、颍昌等地。

岳家军从鄂州北伐,进军到德安府(今湖北安陆),恰好朝廷派司农少卿李若虚来考绩,并带来宋高宗亲笔御札,诏令岳飞着眼于防守,不可轻动。岳飞拒不奉诏,李若虚说:"事既尔,势不可还。矫诏之罪,若虚当任之。"①事情到了这种地步,没有还兵的道理,李若虚慷慨地担下了矫诏之罪。

岳家军进展顺利。河南府兵马钤辖李兴先收复伊阳等八个县,又复汝州,金河南尹李成吓得不战而逃,西京洛阳和皇陵所在地永安军也被宋军收复,李兴因此被擢拔知河南府。

岳家军在洛阳周围扩大战果,主帅驻扎在郾城。完颜宗弼认为有机可乘,亲率大军要找岳飞一决雌雄。七月八日,双方相会于郾城。郾城在汴京正南三百里处,无深山无大河无关隘,在这里作战意味着硬碰硬。金军马快,距郾城二十里时岳飞才得到消息,岳家军主力部队都征战在外,郾城兵微将少,帅府可用之军只有岳云的"背嵬军"和姚政的"游奕军",兵力悬殊,众人皆惊慌失措。岳飞心中虽有隐隐的担忧,但作为主帅,不能显露出半点胆怯,只能给部下以勇气和希望。他哈哈大笑:"金人黔驴技穷了,这是最后挣扎!"②表面上故作轻松,心里面不敢有丝毫侥幸,他知道这是一场硬仗,只有最亲近的人上阵才能鼓舞士气,只有

---

① [宋]李心传:《建炎以来系年要录》卷一百三十六"绍兴十年六月乙丑"条,商务印书馆,1936年,第2186页。
② [宋]岳珂编:《鄂国金佗稡编续编译注》稡编卷八,熊曦等译注,郑州大学出版社,2022年,第224页。先臣(指岳飞)曰:"虏之技穷矣,使诚如谍言,亦不足畏也。"

最勇猛的人出战才能坚守到底。他取出一支令箭交付到岳云手上，狠下心来说了一句："必胜而后返，如不用命，吾先斩汝！"[①]

这一战恐怕是岳家军成立以来最艰苦的一场恶战，金军人数是岳家军的数倍，但岳云背水一战，早将生死置之度外。完颜宗弼依然出动"铁浮图"和"拐子马"，岳家军对付重骑与刘锜又有不同，岳云挑选了一批步兵，每人拿着一根麻秆刀，并交代他们不要仰视，不要躲避，只看地面，专砍马腿，不要管敌人的刀枪在哪里，即使与敌人同归于尽也不允许后退。岳家军勇往直前，个个效命，统制官杨再兴单骑冲入敌阵，想要擒获完颜宗弼，身中数枪，却杀敌百人。这一仗天昏地暗，金军尸横遍野，"铁浮图"和"拐子马"几乎全被歼灭，完颜宗弼大恸曰："自海上起兵，皆以此胜，今已矣！"[②]这下子完了！

岳家军孤军奋进，完颜宗弼仗着人多，继续增兵，至郾城北五里店，派一千骑打头阵。岳云手下一名将官王刚率五十骑侦察敌情，遭遇金军，奋勇作战，斩金将阿李朵孛堇。岳飞巡营回来，望见黄尘蔽天，率随从四十骑前去查看，亲冒弓矢，加入战斗。主帅不惜命，将士多死战，遂击退了敌人。

完颜宗弼不甘心失败，纠集十三万大军进攻颍昌府。这时岳家军诸将已经赶来增援，双方做出决一死战的架势。大战数日，岳家军杨再兴、高林战死，金人抢走了杨再兴的尸体，从他身上拔出的箭头就有二升之多。而金军死伤更加惨重，十多位将领阵

[①] [宋]岳珂编：《鄂国金佗稡编续编译注》稡编卷八，熊曦等译注，郑州大学出版社，2022年，第225页。
[②] 同上。

亡，副统军重伤而死，完颜宗弼只得退回汴京。

郾城之战双方军力对比的准确数字不甚清楚，但毫无疑问，岳家军以少胜多，置之死地而后生，以致金军哀叹："撼山易，撼岳家军难！"①经历这一大战，旧都汴京近在眼前，不过，东线宋军按兵不动，张俊甚至撤回了原驻地庐州，岳家军孤军深入，仍然处于十分危险的境地。《建炎以来系年要录》还记载，岳飞在颍昌不能支撑，求救于淮北宣抚判官刘锜，刘锜派统制官雷仲出兵，抵达太康县牵制金军。

岳飞上奏朝廷，希望抓住收复洛阳这一契机，诸军齐头并进，给予敌人致命一击，"时不再来，机难轻失"。②

然而朝廷不仅没有命令东线跟进，反而送来加急敕令——金字牌，诏岳飞班师回军。如果班师，意味着功亏一篑，以后怕再难有收复的机会；如果不班师，违反君命，罪当致死。更重要的是，岳家军独木难支，没有其他军队配合，恐怕难有更大的作为。

岳飞召集主要将领商议对策，最后决定遵命班师！岳飞痛苦到无法自拔："所得州郡，一朝全休。社稷江山，难以中兴。乾坤世界，无由再复。"③"十年之功，废于一旦。"④

岳飞还想再向朝廷争取一下，一边筹划班师，一边上奏，表示不能抓住收复洛阳这一重要契机，诸路兵马齐头并进，给予敌人致命一击，实在令人痛惜！右承议郎汪若海也向宰辅提出建议，

---

① ［元］脱脱等：《宋史》卷三百六十五《岳飞传》，中州古籍出版社，1998年，第1683页。
② ［清］毕沅：《续资治通鉴》卷一百二十三"绍兴十年七月己酉"条，中华书局，1957年，第3261页。
③ ［宋］徐梦莘：《三朝北盟会编》卷二百〇七，上海古籍出版社，2019年，第1494页。
④ ［元］脱脱等：《宋史》卷三百六十五《岳飞传》，中州古籍出版社，1998年，第1682页。

当前士气正旺,若以淮西之兵不后撤,京西之兵出河阳(今河南孟州)、渡孟津,淮东之兵卷淮阳、渡彭城(今江苏徐州),陕西之兵下长安、渡蒲坂(今山西永济市蒲州镇),可以复故土、擒宗弼。但宋高宗最后还是决定让岳飞撤军。

为防止金军掐断班师后路,岳飞放风将继续作战,渡河与河北义士会师。完颜宗弼果然上当,把主要精力用在把守各个渡口上,岳飞得以从容班师。

钱粮之困

《建炎以来系年要录》引《岳侯传》载,秦桧忌妒岳飞功高,指使殿中侍御史罗汝楫上奏,说南宋兵微将少,民困国乏,不是作战良机,等将来兵强将众,粮食得济,兴师北征,一举可定。宋高宗听信谗言,一天下了十三道诏书,强迫岳飞班师。

当时南宋有战绩的将领有岳飞、韩世忠、张俊、刘锜、杨沂中、王德等,西北吴玠已死,其弟吴璘不在吴玠之下,可谓名将荟萃,说"将少"肯定是借口。兵有多少,难得其详,按绍兴七年(1137)的数字,不算川陕,主要将领手中大约十五万兵力,淮西兵变带走了四万,绍兴七年(1137)九月赵鼎朝议时说"今行朝握精兵十余万"[①]。《宋史·兵志》记载绍兴十二年为二十一万四千五百人。那么绍兴八年(1138)、九年(1139)兵力应在十五万左右。这样的兵力,仅仅是北宋熙丰年间禁军的四

---

① [宋]李心传:《建炎以来系年要录》卷一百一十四"绍兴七年九月戊子"条,商务印书馆,1936年,第1853页。

分之一①。金国方面，这次举全国之兵，分四路入侵，仅完颜宗弼一路就有精兵十余万。②论兵力，金国明显占优，所谓"兵微"，有几分道理。

至于"民困国乏"，真实情况如何呢？

建炎以来，南宋统治面积缩小，加上盗贼蜂起、天下大乱、民不聊生，四川粮食不能给养当地的军队，还需朝廷调拨；京湖、淮南土地撂荒，农民外逃，一片凋敝，当地的军队靠外出抢粮为生；朝廷仰仗的，不过两浙、江南、福建、两广数地而已，收到的赋税不及北宋的五分之一。③

这些税赋的确数是多少呢？李心传《建炎以来朝野杂记》述为千万，是北宋最盛时的六分之一！④

收入大幅度减少，而开支一点也不少。据《建炎以来系年要录》：

（四川转运司）绍兴四年所收钱物，计三千三百四十二万余缗，比所支计阙五十一万余缗；五年收三千六十万余缗，比所支计阙一千万余缗：皆以宣抚司攒剩钱及次年所收登带通那应

---

① ［宋］李心传：《建炎以来系年要录》卷六"建炎元年六月丙戌"条，第167页。"李纲留身，上三议：一曰募兵，大略谓熙丰时内外禁旅合五十九万人，崇观以来阙而不补者几半，今所存无几，何以捍敌。"
② ［清］毕沅：《续资治通鉴》卷一百二十三"绍兴十年五月丙子"条，中华书局，1957年，第3241页。"乃集举国之兵于祁州元帅府，大阅，遂分四道并进：命锡呼贝勒出山东，右副元帅完颜杲入陕右，骠骑大将军、知冀州李成入河南，而宗弼自将精兵十余万人与知东平府孔彦舟、知博州郦琼、前知宿州赵荣抵汴。"
③ ［宋］庄绰：《鸡肋编》卷中，中华书局，1983年，第76页。"时天下州郡没于金人，据于僭伪，四川自供给军，淮南、江、湖荒残盗贼。朝廷所仰，惟二浙、闽、广、江南，才平时五分之一，兵费反逾前日。"
④ ［宋］李心传：《建炎以来朝野杂记》甲集卷十四，徐规点校，中华书局，2000年，第289页。"渡江之初，东南岁入不满千万。"

副。六年未见收数，支计三千二百七十六万余缗。今年所收计三千六百六十七万余缗，比所支计阙一百六十一万余缗。①

无一年不亏空。绍兴五年（1135）亏空更是高达三分之一！

国库开支最大的一项无疑是军队，占总开支的十之八九。②按说二十万军队并非巨大的数字，以一国之力给养二十万军队，不至于困难。但由于朝廷不能直接掌控军队，军队主帅往往狮子大开口，冒领军饷的现象非常普遍。有些军队给朝廷名单十万人，其实作战士兵不到三分之一，其他三分之二或为家属，或为闲杂人等，占用士兵名额，领着士兵口粮。还有的一个人用几个姓名去冒领粮食，或低阶高报，不一而足。在非战时状态，军饷会稍微少些，还勉强能支撑，进入战时，国家财政压力可想而知。

行政开支虽然不及军费，但麻雀虽小，五脏俱全，南宋版图小了，官并没有少很多。北宋初年，吏禄兵廪之费，全年不过一百五十万缗。宋徽宗是出了名的奢靡，宣和年间户部每月支出已达九十五万贯，而绍兴三年（1133）竟至一百一十万贯。③

南宋无论官员还是政治体制，都是北宋末延续下来的，宋徽宗奢靡之风不能不影响到新朝，仅年节、祭祀各种赏钱，就是一笔不小的开支。资料显示，绍兴四年（1134）犒军赏赐就达

---

① ［宋］李心传：《建炎以来系年要录》卷一百一十一"绍兴七年五月壬午"条，商务印书馆，1936年，第1796页。
② 同上书，卷九十六"绍兴五年十二月辛亥"条，第1588页。"兵革未息，屯戍方兴，大计所入，充军须者十居八九，此国用所以常乏。"
③ ［宋］徐梦莘：《三朝北盟会编》卷一百七十六《吕丞相颐浩奏对十论劄子》八论，上海古籍出版社，2019年，第1277页。

二百九十五万缗，入不敷出，军人、官员又不能不养，这些钱最终必然转嫁到百姓身上。①

吕颐浩为相，恢复北宋的经制钱，设立"月桩钱"，财政状况有所好转，但老百姓的负担更重了。

朝廷敛财的手段还有卖度牒、鬻官爵、出卖户帖、预借和买等。②

度牒是和尚、道士的"身份证"。出家当和尚、道士，可以不用耕田，不用纳税，享受香供，所以有很大的市场。宋朝规定做和尚、道士要获得官方许可，发给的凭证就是度牒。度牒发放有指标，申请起来很难。每次财政困难，都会打度牒的主意，把本来应该免费发放的度牒标价出售。卖度牒并非无本买卖，因为当了和尚、道士不用纳税，对于朝廷来说，实际上相当于寅吃卯粮，只能解一时之困，以后的财政负担将会更重。

宋朝本就有卖官的传统。宋太宗时明文规定，捐粮一千石授某官、二千石授某官，捐粮五千石可以给予进士出身、七千石授州别驾、一万石授班直。不过捐来的官，一是官位低，二是权力有限，大多相当于闲职，比如七千石授别驾，专门强调不得签书本州公事，相当于有职无权、有职无责。

南宋初，财政拮据，官价大跌，一万贯钱可以买到从八品官职。有一位叫叶钧的右迪功郎，献钱一万二千贯，晋升了四阶，变为右文林郎。卖这些虚衔还不够，还要卖实职。专管缉捕罪犯

---

① 任崇岳：《南宋初年的经济与政治形势——绍兴和议研究之二》，载《郑州大学学报（哲学社会科学版）》1993年第1期。
② [宋]徐梦莘：《三朝北盟会编》卷一百九十一，上海古籍出版社，2019年，第1379页。

的武官，宰相范宗尹给他们标价，鼓励他们购买差遣职位。张浚主政时，出卖官诰，规定卖官得到三十万缗的地方要员，考核时给予优先。

国家如此，各军主帅、各地守臣也是如此，将管辖的职位对外出售，得到的钱财则装进了自己腰包。

户帖相当于各户的产权证明，包括田地、房屋等，也是纳税依据和诉讼凭证。承平年间，每家每户都应该有户帖，但金军南下，很多户帖遗失或者损毁，加上北方人逃难到南方、南方人绝户、流亡撂荒等因素，需要重新登记财产，重新发放户帖。绍兴五年（1135），朝廷打起户帖的主意，令各州郡出卖户帖，田亩、地宅、房屋等，民间自行开具，官府只管收钱，并且中央统一制定了收费标准。民间自行开具户帖过于荒唐，所以这项政策实行一年多就被迫取消了。

"和买"本指公平交易，但朝廷名义上和买民间物资，实际上就是强制征收。

上面这些敛财手段，还不是百姓负担的全部，可以说，宰执绞尽脑汁想的就是如何巧立名目搜刮钱财，以筹措军费。而镇抚使、招讨使之类的军阀，压榨民脂民膏更不手软，只要缺粮、缺钱，要么发动对邻郡的战争，要么放纵士兵自行到民间抢掠。

朝廷的苛捐杂税都是竭泽而渔，老百姓终不堪重负。史书中大量记载当时农民卖儿鬻女、弃田逃荒，以致乡村绝迹的景象。朝廷按男丁设税，老百姓因为交不起税，只好杀死未成年的男孩；女儿长大后置办不起嫁妆，也不养育。所以通过变相加税充资军费，作用亦有限。

历史上解决军队吃饭穿衣困难的办法，还有一个就是屯田。战乱中产生了大量的撂荒田、无主田，军队耕种，亦兵亦农，自力更生，丰衣足食。朝廷鼓励军队屯田，绍兴元年（1131）令宗纲和樊宾在荆襄屯田，绍兴二年（1132）令陈规在德安府、鄂州等地屯田，后来扩大至整个前线，一时间营田（即屯田）成为普遍现象，诏令各大帅兼任营田大使。据学者统计，南宋营田总数超过了十万顷，占官田总数的二分之一以上。①

营田数目既多，如何管理是个问题，毕竟当时还没有"集体农庄"这一概念。这一时期营田基本按农户方式管理，军民杂用。即把军户当作民户，将土地租给他们，地方或军队收取租金或实物。

营田本是好事，在一定程度上纾解了军费困境。但南宋初期各项管理措施不全，吏治、军队又十分腐败，所以在现实中弊端丛生，如土地以次充好、诱夺佃客，又如配备的生产资料（牛马）不能耕种等。对农户、军户的剥削非常严重，一些地方还酿成事故，如王彦营田，军户逃亡者十有八九②。后来，还出现了营田户聚众造反之事。③

屯田效果不明显，也让南宋经济特别是粮食经济步履艰难。绍兴六年（1136），朝廷拨付岳飞部队钱粮，任务压给了荆湖南路。荆湖南路上奏诉苦，列举了一大堆困难，最后落脚于三个字："拿不出。"

---

① 汤开键：《试论南宋的营田》，载《兰州大学学报（社会科学版）》1982年第1期。
② ［宋］薛季宣编撰：《浪语集》卷二十《与宋守论屯田利害》，载《钦定四库全书·集部四·别集类》，影印古籍。
③ ［宋］佚名：《两朝纲目备要》卷六，载《钦定四库全书·史部二·编年类》，影印古籍。

所以，罗汝楫说的"民困国乏"，确是实情。连李纲这样顽固的主战派，也无奈地提出"先守备而后攻战"，因为"生理未固"①。生存还是个问题，谈何壮大？

深入北方作战，需要源源不断的粮食补给，对南宋经济是极大的挑战，而现实经济实在无法支撑长期作战。

但是，这并不能完全构成岳飞必须马上撤军的理由。

宋军如果能妥善调配，张俊大军向北，威慑金国；韩世忠驱兵汴京，与岳飞协同攻击完颜宗弼，川陕佯攻，让金兵无法回援，宋军有可能在短期内打下汴京，收复黄河以南地区。如果这样，宋、金将以黄河新河道为界，恢复到绍兴九年（1139）和议时的状态。

这场假设的战役，胜负在于能否在短时间内拿下汴京，关键取决于各大军区能否协调作战！而宋军诸帅不和早已不是什么秘密，能否做到统一调配、统一行动，对宋高宗的领导能力和协调能力都是个考验。

但历史不能假设，岳飞几乎兵临汴京城下，被迫退军，收复之战功亏一篑。可惜可惜！

淮西之战

岳飞班师后，绍兴十年（1140）的战争告一段落。之后宋、金国内政局都发生一些小的变化，比如完颜宗翰生前器重的宰相完颜希尹被杀，完颜宗弼的地位得到强化；而秦桧相继被封为华

---

① [宋] 李纲：《李纲全集》，王瑞明点校，岳麓书社，2004年，第739页。

国公、卫国公，地位也更加巩固。完颜宗弼与秦桧，在一定程度上左右着两国关系。

完颜宗弼不甘心军事失利，仍然想要灭亡南宋。

绍兴十一年（1141）正月，完颜宗弼再次发兵，攻寿春，接着又攻入庐州；二月，围滁州、濠州。

从史料分析，宋廷的迎战意图是：淮西宣抚使张俊、副使杨沂中正面迎敌；淮西宣抚判官刘锜北上防守庐州；湖北、京西宣抚使岳飞从鄂州出发，插入敌军腹背；淮东宣抚使韩世忠从楚州出发，堵住濠州，截断金军退路。

张俊、杨沂中、刘锜虽然都属淮西宣抚司，但各自成军，互不节制，进退由张俊决定。不过张俊素来贪生怕死，并未亲临战场，他的军队由原刘光世的部将王德带领。

刘锜奉命驻守庐州，驱兵赶到时，知庐州陈规刚刚病卒，庐州城根本没有任何备战措施：守城器械匮乏，军民官吏散出逃遁，只有宣抚司统制官关师古[①]率兵二千余人守在城中。刘锜认为庐州守不住，便与关师古向南撤到了巢县东南的东关（今安徽含山西南）险要地带。

和州（今安徽和县）是长江西岸重要城市，是建康西南的门户，对面即是著名的采石矶。张俊大军犹在江东，江东制置大使叶梦得催促张俊发兵渡江。张俊晓谕诸将：先得和州者胜。王德主动请缨，愿当先锋，于二月初从采石渡江，占据和州。金军将

---

① 关师古原为熙河路总管，绍兴四年仙人关之战前投降金军（见本书"收复的曙光"一节），在伪齐任职。伪齐灭亡，关师古遣使来朝，乞赦其罪，自效来归，归于刘锜麾下。事在绍兴八年四月。

领、镇国大将军韩常来夺,被王德击退。这个韩常原是辽国汉族人,降金,为完颜宗弼所器重,常跟随身旁。不过黄天荡之战后,韩常似乎成了常败将军。

刘锜也从东关主动出击,击败金军,收复了一些地区,金军节节败退。

二月十七日,金军退至柘皋(今安徽巢湖柘皋镇)。这里虽然地势平坦,但有石梁河(今柘皋河)可为倚仗,并且平原利于骑兵作战。前一天,天降大雨,河水暴涨,金军便不再后退,屯于河西,毁断桥梁,作出防守的姿态。

宋军刘锜先到,屯于河东,随后杨沂中、王德军也向柘皋集结。刘锜伐木搭桥,不到半日,被毁断的桥梁便恢复了通行。

次日,杨沂中、王德赶到,宋军分三路向金军发起进攻,而金军由邢王阿鲁补和韩常指挥,列阵左、右翼,严阵以待。杨沂中率先从上游涉水过河,与金军短兵相接,结果不利。王德在一旁观察了一会儿,说:敌军右翼最强,让我先破敌右翼。率领将士过桥,见金军中一位将领在指手画脚地指挥部队,便弯弓搭箭,一箭将金将射于马下。王德乘势鼓噪,士气大涨,诸军席卷而上,勇不可敌。杨沂中派人手持长斧,堵在前面,专砍金人马匹,金军骑兵发挥不了作用,大败。"柘皋战地,横尸十余里,臭不堪行。"[①]可知金军损失众多。宋军死亡人数,张俊战后上报名单为九〇三人,将帅总是希望多领一些抚恤金,虚报可能性极大;《建

---

① [宋]熊克:《中兴小纪》卷二十九,顾吉辰、郭群一点校,福建人民出版社,1985年,第344页。

炎以来系年要录》记述为一九〇人。无论哪一种说法，都远低于金军。二十日，宋军乘胜收复了庐州。

金军败退后，没有直接撤回淮北，而是急攻濠州。濠州派人向张俊求援，张俊错误估计了形势，以为金军大部队已退，围攻濠州的只是小股游击军，便亲自披挂上阵，想要摘取胜利果实。他与刘锜不睦，不愿刘锜立功，于是找了个借口令刘锜回兵，只带杨沂中、王德去解救濠州。

三月初六，张俊与杨沂中会师，然后挥师北上。行数里，有谍报至，说金军攻濠州甚急，绝不是小股部队。张俊茫然失色，急忙遣人重新召回刘锜。刘锜军队只带了十天军粮，跟在杨俊、杨沂中后面行军。

初九，三军行至距濠州六十里时，得到探报，濠州已被攻陷。张俊召集二将商议下一部行动方案，杨沂中主战，愿一马当先，有进无退；而刘锜认为，我军素来作战能力不足，加上星夜行军，人马疲顿，粮草也快完了，不如拒险下寨，确保自身安全，再寻找机会，出兵袭击敌人。大多数将领赞同刘锜的建议，于是安营扎寨，休息整顿。

张俊派细作前往濠州打探消息，当地人说金兵攻破濠州后，闻知宋朝主力前来，就撤退了，现在濠州根本没有金兵。又派几百骑前往搜寻，仍然没有发现敌情。宋军皆以为濠州已是空城。张俊再次撇开刘锜，独派杨沂中与王德率两千人马前往濠州城。他们深夜出发，第二天午时骑兵先到濠州城西岭上，不想，有万余名金军埋伏在城南，专等他们上钩。杨沂中、王德立马未稳，忽见城上狼烟燃起，金兵包抄过来。骑兵率先溃退，后面步兵以为兵败，争相逃散。金军紧追不舍，宋军步兵几乎全军覆没。

第二天，韩世忠率水军从楚州前来增援，本想将金军围剿在濠州，而金军欲从淮河上断其归路，韩世忠不得已退回楚州，金军得以从容退至淮河北岸。

至此，淮西之战，宋、金各胜一局。不过，宋军柘皋之胜，是对金军的迎头痛击，金军濠州之胜，是撤退时顺手"打秋风"，二者意义绝不相同。加上金军没有达到占领更多土地的预期目的，整体上看，可以认为南宋取得了淮西之战的胜利。

自此，宋、金两国各自的实际控制线以淮河为界。

金军进击庐州时，宋高宗催促在鄂州的岳飞星夜前往江州，照应淮南。但岳飞上奏，对战局提出了自己的看法，他认为金军主力陷于淮南，若由自己率军直趋中原，袭取洛阳和汴京，金军必疲于奔命。这条策略比较大胆，当然也有些冒险，岳飞估计宋高宗不会同意，未等朝廷回话，又提出中策：自己率军出蕲州（今湖北蕲春县蕲州镇）、黄州（今湖北黄冈），既可以从正面援助宋军，又可以从背面对金军施加压力，使金军腹背受敌。宋高宗接到岳飞第二封奏报较晚，未等批复下来，岳家军已经执行中策，从蕲州、黄州登陆，到了舒州（今安徽潜山）。

岳飞与张俊联系增援事宜，彼时刚经历柘皋大捷，张俊不愿岳飞来"抢功"，便派人通报说，金军已经撤到淮北，淮南粮草又少，无法供应军饷，言外之意不需要岳飞增援。

岳飞一面在舒州待命，一面飞报朝廷，等待指示。宋高宗不满岳飞在舒州按兵不动，先后十五道御札要求他立刻奔赴前线，御札先诏令他赴庐州，转而又要他到濠州同韩世忠、张俊等会合作战，一举歼灭金军。

岳家军还未到位，宋军在濠州已经吃了败仗，张俊、杨沂中、刘锜等撤离淮西，岳飞只好退兵。

岳飞是有意逗留不进，还是因朝廷诏令滞后，未能及时得到命令，贻误了战机？众说纷纭。这次淮西之援，日后成为岳飞的主要罪状之一。岳家军没有参加具体战斗，给对手陷害他提供了口实。政敌指责他不听调遣，按兵不动，在淮西之战中作壁上观。还有的说郾城战后被召回，岳飞心怀不满，故意延拖战事，导致张俊、秦桧对他产生怨恨，而宋高宗"始有诛飞意"[1]。"逗留不前"是岳飞狱"四大罪状"之一。

另外，岳飞听到濠州败绩，悲愤不已，脱口而出："国家了不得也，官家又不修德。"[2] 意思是国家快不行了，皇帝又不修德行。如果真说了这样的话，便是"指斥乘舆"，死罪。但岳飞究竟说了没有，直到现在还争议不断。邓广铭《岳飞传》对此闭口不谈，而王曾瑜《岳飞新传》引用了这句话，并没有加以说明和澄清。

这是后话。

收兵权

"淮西之战"后很长一段时间，宋、金双方没有发生大规模的军事冲突。但南宋政府不可能预知未来，不可能知道宋、金下一阶段战争的走向。尽管如此，战争稍有停息，朝廷还是决定收

---

[1] ［宋］岳珂编：《鄂国金佗稡编续编译注》稡编卷二十二引《王次翁叙纪》，熊曦等译注，郑州大学出版社，2022年，第533页。
[2] 同上书，稡编卷二十四，第592页。

兵权。换言之，狡兔未死，已经架好了烹狗的烧烤炉。

张浚在位，要收兵权，以郦琼淮西叛变而失败；赵鼎上台也要收兵权，但时间太短而没有成效；秦桧独相，还是要收兵权！由此可以看出，在宋高宗的判断中，国家的主要矛盾已经由宋、金之间的民族矛盾转变为政权与军队之间的矛盾。特别是淮西叛乱后，由国家统制军事力量，成为南宋朝廷的最高课题，甚至压过了宋、金两国的关系。

秦桧收兵权的方法与张浚、赵鼎又有不同。给事中范同献计，趁这次柘皋大捷，论功行赏，将韩世忠、张俊、岳飞三大将调入中央，夺其兵权。范同此计，即"调虎离山""明升暗降"，明升其官，暗去实权，然后就听任摆布了。

四月，朝廷诏韩世忠、张俊、岳飞入朝，赏赐柘皋大捷之功绩。韩世忠、张俊先至，岳飞晚来了六七天。二十四日，韩世忠、张俊并为枢密使，岳飞为枢密副使，"并宣押赴本院治事"，①各自上任，不再回到军中。过了几天，又下诏明确，免去三大将宣抚司职务；宣抚司之下的统制官各领所部，自成一军，原军职前加"御前"二字，表示直接隶属于朝廷，不再隶属于宣抚司。诏书强调，如果打仗，临时取旨，不一定从属于原来的将帅。

这两份诏书表明，在对三大帅"明升暗降"之外，仍然沿用了王庶的策略，由裨将带兵，分解过去的队伍。

王庶任枢密副使时，曾试图分解张俊军队，张俊对罢兵权最

---

① ［宋］李心传：《建炎以来系年要录》卷一百四十"绍兴十一年四月壬辰"条，商务印书馆，1936年，第2247页。

敏感，对朝廷的意图最为了解。这次见躲不过了，遂化被动为主动，上章表示愿将本部人马划拨御前听用，由朝廷直接统领。并且张俊贪生怕死，力赞议和，迎合宋高宗与秦桧，所以在收兵权运动中，张俊荣宠不减，他的两个儿子张子颜、张子正还同时除直秘阁、赐六品服，连他推荐的人也都得到了妥善安排。不久，宋高宗还加封他为太傅、广国公，并赐玉带。

宋高宗让范同草拟诏书，表彰张俊主动释位，并以唐朝平定安史之乱的功臣李光弼与郭子仪作比，二人均有大功于王室，李光弼不懂进退，握住兵权不放，与朝廷产生嫌隙，郁郁而终；而郭子仪一切听从朝廷，闻命就道，得以享受勋名福禄。诏书似乎在为三大将指明道路："是则功臣去就趋舍之际，是非利害之端，岂不较然著明？"[1]功臣应该做出怎样的选择，不是很明显吗？

韩世忠反对议和，不过这次宣召入朝，到得比较及时，明里算是配合。授枢密使后，出入带亲兵相随，还自制了一条"一字巾"，办公时也戴在头上，通过装束上的"异样"表达不满，让秦桧很不高兴。

岳飞也反对议和，又迟到了六七天。任枢密副使后，脱掉军装，穿上文官服装，却敞襟带怀，显得悠闲雍容。秦桧认为他对收兵权愤愤不平，宋高宗下旨将岳飞的两位幕僚朱芾、李若虚调离岳飞身边到州郡任职，以剪除岳飞羽翼，为下一步行动做了铺垫。

---

[1]［宋］李心传：《建炎以来系年要录》卷一百四十"绍兴十一年四月乙未"条，商务印书馆，1936年，第2248页。

第六章　罢兵与议和

从细枝末节上看，在收兵权这件事上，三大将态度各异：张俊最为配合，岳飞情绪最大；而朝廷一手胡萝卜、一手大棒，各人结局在发微时已见端倪。

解除大将兵权，是一场不同寻常的大变局，最容易引发军队骚动。朝廷一方面拉拢、恐吓三大将，一方面派人到三大将的部队进行安抚："凡尔有众，朕亲统临。……高爵重禄，朕岂遐遗。尚摅忠义之诚，共赴功名之会。"①以高爵、重禄、忠义、功名为诱饵，迫使各部服从，防止横生枝节，发生兵变。

三大将虽然名义上被解除了军权，但不排除遥控指挥的可能性，朝廷必须快刀斩乱麻，掐断将帅与军队的一切联系。三大将中，韩世忠的地位最高、资历最老，朝廷指派张俊和岳飞前往楚州韩家军驻地，巡视军马，拊循将士，并将韩家军从楚州调到长江南岸的镇江府。

所谓"巡视军马"，实际上是对韩家军进行整顿，去韩世忠化。此举确实一石二鸟，利用三大将之间原有的嫌隙，使其互相"找碴儿"。如果韩家军顺服，正好对他们移防、分解；如果韩家军不顺服，便以张俊、岳飞的资历和能力进行压服，趁机罗织罪名，整治韩世忠。通过巡视，还可以让张、岳二人与韩世忠产生新的矛盾。宋高宗、秦桧最怕三大将团结起来联合抗旨，那样全国大半军队就会举事，其后果是朝廷无法承受的。

此行有个小插曲，令张俊虚惊一场。张俊的军队与韩世忠的军队多次发生冲突，张俊大约担心安全问题，到楚州后，不敢入

---

① ［宋］徐梦莘：《三朝北盟会编》卷二百〇六，上海古籍出版社，2019年，第1482页。

城，岳飞居城内，张俊居城外。韩世忠的部属王胜带着全副武装的士兵迎请，张俊非常紧张，派人质问为何穿甲执戈，王胜解释说，枢密使是来检阅军队的，自然要穿军士装束。张俊仍然担心，要求他们去除铠甲，然后才肯相见。

韩世忠只有三万人马，守卫楚州十余年，金人不敢攻，还有余力奔袭山东，这一点令岳飞叹服。

岳飞与张俊本就不对付，楚州之行更加深了二人的矛盾。二人登城巡视，看到城墙有毁坏之处，张俊提议尽快把城墙修好，以便守御；而岳飞强调应当着眼于收复中原，不能只考虑防守退保。二人话不投机，张俊迁怒于他人，竟滥杀哨兵以泄私愤。张俊回朝后，歪曲岳飞话语，变成了岳飞主张放弃楚州，因此遭受言官弹劾。

张俊在楚州故意整军队将官的黑材料，以蛊惑众听为由，将韩世忠部属耿著刺配流放。

韩世忠不但有军事头脑，政治嗅觉也极其敏锐，他感到朝廷此举不善，有针对他的嫌疑，于是俯首听命。韩世忠保命的办法是毫无保留地将自己部队中的信息提供给朝廷。

首先，向朝廷献上自己的"秘密武器"——克敌弩。这种弩为韩世忠所创，在战场上克敌制胜，屡立奇功。将克敌弩制造技术献于朝廷，表明在军事上不藏私。宋高宗年轻时善射，对弓箭有研究，感叹克敌弩造得工巧，认为还有改进空间。于是他亲自设计，将弓箭重量减少数斤，而强度增加了二石。改进后的克敌弩，诏有司批量制造。

其次，向朝廷献上西马五百匹。所谓"西马"，指陇西生产的马匹。宋朝内陆虽然也能产马，但没有优良的牧场，因此马匹的战斗力远不如西马。南宋地域被压缩到淮南，遥远的陇西马匹能够装配在淮南军队中，殊为不易。

再次，如实上交军中"小金库"。除了朝廷拨付的军饷外，韩家军还私下贸易，积攒军需100万贯；军中屯田囤积粮米90万石，以及在交往中收受酒15库。

韩世忠交代的军队信息，包括技术、器械、钱帛等各个方面，以实际行动表明了态度——将军队无条件地交付朝廷。

同样识趣的还有过去与三大将比肩的刘光世。刘光世被罢兵权后，为三京等路招抚处置使、雍国公。金人刚渝盟时，刘光世上奏，提议将舒州、蕲州等五个州置宣抚司并派驻军队，为京师藩篱。谏官解读，刘光世有意复出，并仿效唐朝的藩镇，不能应允。三大将被罢，刘光世怕被翻旧账，诚惶诚恐，赶忙入朝请辞。宋高宗就喜欢这样识趣的人，允许他辞官，赏赐他好几种宫中玩物。是夜，刘光世秉烛把玩，一直到四更。听到这个消息，宋高宗更放心了。

只是，不知道刘光世深夜在家的动向，是怎样传到宋高宗耳中的。或许刘光世有意放出消息？或许宋高宗在其身边安插有耳目？人们已不得而知。

另一位立下大功的将领刘锜，也辞去官职，乞请宫观使。宋朝的宫观使为挂名官职，有职无权，有职无责，享受待遇，无须上任。

诸大将中，唯一"不识趣"的是岳飞。

岳飞之死

宋高宗和秦桧为什么要杀岳飞？后人推测其可能性，众说纷纭。

说法一：宋高宗唯恐岳飞迎还二圣，威胁自己的皇位。这种说法没有道理，前文已经阐述。即便放手让岳飞北伐金国，宋徽宗已死，宋钦宗远在松花江畔，岳飞什么时候才能打到"黄龙府"[①]？这几乎是不可能实现的目标，宋高宗为此要杀岳飞，逻辑上难以自洽。

说法二：岳飞议立太子，干预了皇帝家事。皇权社会，请建储立太子，一般不算忌讳。比如北宋仁宗无子，范镇曾十九次上章，建议早定嗣君，宋仁宗虽然恼怒，也只是给他换了个职位。皇家忌讳的是，臣子指定某人为嗣君。绍兴七年（1137）二月，岳飞密奏请正建国公皇子之位，建国公即后来的孝宗赵昚，当时养在宫中，还没有名分。岳飞直接点名，确实不妥。况且，宋朝一向防范武将，武将更不应该干预宫中之事。宋高宗当即给了岳飞冷脸，不过，事后特意让参谋官薛弼开导岳飞，免得他思想负担过重。

宋高宗当时没有过多责备岳飞，也可以解释为权术。但如果真的放在心上，有意怪罪，二人密谈之事，不可能泄露出去，让不相干的人知晓。

[①] 黄龙府即今吉林农安，金国时为北方重镇，设黄龙府。传岳飞有"直抵黄龙府，与诸君痛饮耳"的壮语。见［元］脱脱等：《宋史》卷三百六十五《岳飞传》，中州古籍出版社，1998年，第1682页。

岳飞虽然耿直，但并不傻。议立皇子，或别有用意，前文已经探讨过。

说法三：岳飞执意抗金，反对议和。岳飞被杀，不排除有这个因素，但肯定不是决定性因素，也不是直接因素。反对议和的人很多，同是武将，韩世忠也从来没有改变过自己的观点，却没有招致杀身之祸。

关键是在宋高宗、秦桧收兵权、促议和的意图十分明显的情况下，岳飞仍执迷不悟。

张俊、岳飞刚从楚州回来，右谏议大夫万俟卨即上章弹劾，开篇即是：

> 伏见枢密副使岳飞，爵高禄厚，志满意得。平昔功名之念，日以颓堕。①

"颓堕"的意思是"颓废""轻慢""做事不积极"。万俟卨没有明指，但其"颓堕"，当是对比张俊、韩世忠主动弃兵权而得出的结论。

当然，"颓堕"只是导火索，不能构成罪状。万俟卨弹劾岳飞，攻其两点，一是淮西之战中逗留不进，二是对将士们说"滁州不可守"，动摇士气。

《建炎以来系年要录》载，秦桧指使万俟卨上这道奏章，"始

---

① ［宋］李心传：《建炎以来系年要录》卷一百四十一"绍兴十一年七月壬子"条，商务印书馆，1936年，第2264页。

有杀飞意"①。

万俟卨之后，御史中丞何铸、殿中侍御史罗汝楫相继上章，请斩岳飞，理由仍为牙慧，并无新意。但上章的人多了，形成舆论，宋高宗竟于八月初九下旨，免去岳飞枢密副使职务，充万寿观使。岳飞无事可做，便离开临安，回庐山去了。

这只是个开始。

秦桧既然"始有杀飞意"，当然不满足于岳飞被罢职、弃官！要置岳飞于死地，还需更严重的罪名、更有力的证据，而这些证据，只能从岳家军内部搜集。

罪行之极，莫过于谋反。秦桧通过威胁、要挟、收买等手段，拉拢了岳家军原都统制王贵、副都统制王俊，审讯岳飞部将董先，终于搞到了岳飞"谋反"以及其他"罪行"的证据。除岳飞外，罪状还涉及前军统制、同提举一行事务张宪以及岳飞的长子岳云。

九月上旬，张俊召张宪至镇江府，将他拘捕，押解到京师大理寺狱中。十月十三日，把岳飞也投入大狱。

经过审讯，大理寺给岳飞定了四条"罪状"：

一是抗旨逗留。指绍兴十一年（1141）春金人犯淮西时，岳飞坐拥重兵，前后受十五道御札，但坐观胜负，迟缓不前。为了得到岳飞"逗留不前"的证据，右谏议大夫万俟卨抄了岳飞的家，取出宋高宗给岳飞的十五封御札以及岳飞的奏章。

二是指斥乘舆。大理寺最初认为，淮西之战后，岳飞曾在会

---

① [宋] 李心传：《建炎以来系年要录》卷一百四十一"绍兴十一年七月癸丑"条，商务印书馆，1936年，第2265页。

议上说"国家了不得也，官家又不修德"，但未能坐实。另一条就是岳飞三十二岁建节，得意地类比宋太祖，说自己与太祖都是三十岁建节，这也属大逆不道。但是，岳飞部将董先供词，岳飞只说过"我三十二岁上建节，自古少有"①，并没有比并太祖。

三是凌轹同列，即欺压损毁同僚。淮南楚州战败后，岳飞曾指着张宪说："似张家人，张太尉尔将一万人去蹉踏了。"意思是，张宪率一万人就能踏平张俊的部队。又指着董先说："似韩家人，董太尉不消一万人去蹉踏了。"②这条无论真假，都构不成罪状，最多说明岳飞狂妄失态。

四是策划谋反。据王俊交代，岳飞被罢职后，给张宪写信，令张宪别作打算。岳云也给张宪写信，密谋割据襄阳，叛乱朝廷。不过，大理寺审理的所谓"证据"，经不起推敲，无论当时还是后世，大多认为这一条子虚乌有。

岳飞案，最初由御史中丞何铸审理。何铸本是秦桧爪牙，但尚存忠直之气，认为岳飞案缺乏定罪的依据，从而得出"岳飞无罪"的结论。秦桧急了，脱口而出："此上意也。"③定罪岳飞是皇上的最高指示，必须执行。何铸不肯合污，便换由万俟卨担任主审官。后来何铸受此影响，也丢了官职。

万俟卨对岳飞、岳云、张宪严刑拷打，但没有得到有效的供词，特别是岳飞，自始至终零口供。无奈，便从岳飞手下几位将

---

① ［宋］岳珂编：《鄂国金佗稡编续编译注》稡编卷二十四，熊曦等译注，郑州大学出版社，2022年，第595页。
② 同上书，第592页。
③ ［元］脱脱等：《宋史》卷三百八十《何铸传》，中州古籍出版社，1998年，第1747页。

领王俊、董先、姚政、庞荣、傅选等处，得到零碎的口供，串缀成状，为岳飞强行定罪。

已经杜门谢客的韩世忠实在看不下去，找到秦桧当面诘问，特别是其中最为严重的"谋反罪"。秦桧含糊其词道："其事体莫须有。"莫须有，有人解释为"可能有""也许有"，最贴切的解释可能就是字面意思：不一定要有。言外之意，皇上想要岳飞死，还需要确凿的证据吗？韩世忠只能悲愤地斥责："'莫须有'三字，何以服天下乎！"①

尽管包括审理定性人员周三畏、李若朴、何彦猷在内的很多人为岳飞鸣不平，称"天下冤之"②，但宋高宗还是下诏：岳飞赐死，张宪、岳云刑诛。

绍兴十一年（1141）十二月二十九日，离新年只有两天时间，岳飞被赐死于大理寺狱中，杨沂中监斩张宪、岳云于闹市。是年岳飞三十九岁，岳云只有二十三岁。

其实，大理寺一开始给出的意见是判岳飞两年徒刑、岳云三年徒刑，但被宋高宗改为赐死和斩首。

在宋高宗看来，岳飞必须死！究其原因，无外乎下面几条：

其一，他认为岳飞在淮西之战中没有不折不扣地执行诏令，逗留不前。其本质是指挥不动。

其二，他曾许诺将刘光世部队划拨给岳飞，过后食言，岳飞一气之下撂挑子上了庐山。在君王看来，这是"要君"。"要君"

---

① [宋]李心传：《建炎以来系年要录》卷一百四十三"绍兴十一年十二月癸巳"条，商务印书馆，1936年，第2298页。
② 同上。

的本质还是指挥不动。

其三,岳飞被罢免军职、任枢密副使后,没有像张俊、韩世忠那样主动表态交兵权,与原有部下还有联系,这让帝王非常担心。对武将拥有绝对控制权是赵家的传统,是宋朝的"祖宗之法",岳飞触犯了"祖宗之法",只能将其处死。

其四,狡兔死,走狗烹。宋、金正在进行新一轮议和,岳飞主战,坚持收复,与南宋眼下的基本国策相抵触,也必须死。

还有一种流传甚广的说法,金国点名让岳飞死,作为和议的先决条件。这种说法缺乏强有力的证据,也不合情理。不过,说岳飞是宋、金和议的绊脚石,却不为过。

搬掉这块绊脚石,宋、金就可以签署盟约,南宋将成为一个正常的国家。所以文史作者谌旭彬认为,岳飞之死是南宋王朝的"畸形成人礼"[①]。

绍兴和议

宋高宗派张俊将韩世忠的军队调到镇江,是一种"虚外守内"的思维,便于对军队进行控制。他敢"虚外",至少表明两点,一是不再将金国视为主要威胁,二是为议和腾出空间。

与此同时,完颜宗弼也意识到,凭武力已经难以征服南宋,败盟以来的战争,金军输多胜少,两国军事力量的天平正向南宋倾斜。基于这种判断,完颜宗弼一改主战面目,转而开始推动和谈。

绍兴十一年(1141)九月,金国将扣留的使臣莫将、邢恕放

---

① 谌旭彬:《岳飞之死:南宋王朝的畸形成人礼》,载《传奇故事:百家讲坛》,2009 年第 4 期。

回,同时捎来一封完颜宗弼的手书,威胁将兴兵问罪于南宋。然而,宋高宗勘破完颜宗弼的用意,断言完颜宗弼此举释放出休兵和谈的信号。

宋高宗张罗派出新的使者,但前方烽火已起。是月,完颜宗弼出兵攻占泗州、楚州。张俊作为主管军事的枢密使,躲在镇江不敢迎战,找借口说双方就要和谈,要以大局为重。倒是陕西方面,右护军都统制吴璘将金军围困在腊家城(今甘肃秦安县东)中,眼看就要攻破城池,朝廷用金字牌诏令回军,遗憾未能全功。

在朝廷不抵抗政策下,十月,金军又攻破濠州。

金军这次进兵,意在恐吓,迫使南宋早日签订盟约。宋高宗要求做好两手准备,向达成盟约努力,做继续开战的打算。但秦桧似乎信心十足,下令宋军只守不攻,不许轻举妄动。

宋高宗、秦桧议和可谓"背水一战",先派左武大夫刘光远为正使、忠州团练使曹勋为副使,完颜宗弼嫌他们官小,诚意不够,马上改遣吏部侍郎魏良臣、知阁门事王公亮出访。完颜宗弼这边,渡淮军队粮草不济,士兵饥苦,军心不稳,又传言南宋军队将涉江北上,完颜宗弼心神难宁。幸而魏良臣来使,解除了金军两难处境。完颜宗弼派行台户部侍郎萧毅、翰林待制邢具瞻随同魏良臣回访临安,带来书信,提出和议的具体条件:

> 许以淮水为界,岁币银帛各二十五万匹两,又欲割唐、邓二州。[1]

---

[1] [宋]李心传:《建炎以来系年要录》卷一百四十二"绍兴十一年十一月辛丑"条,商务印书馆,1936年,第2288页。

之所以特意提出唐州、邓州，完颜宗弼在信中进行了解释。淮水发源于桐柏山，延伸不到唐、邓二州，但按纬度计算，二州在淮水以北，因此由宋割让给金。事实上，在后来的划界中，金国还勒索了商州（今陕西商洛）、虢州（今河南灵宝）、和尚原、方山原等地。

《建炎以来系年要录》《三朝北盟会编》等收录了完整书信，除此之外，还提到：

> 既能尽以小事大之礼，货利又何足道……既盟之后，即当闻于朝廷，其如封建大赐，又何疑焉。①

所谓"以小事大之礼""封建大赐"，即奉表称臣，南宋为金国藩属。

绍兴八年（1138）完颜昌主导的和议，没有提岁币，更没有提称臣，完颜宗弼主导和议，增加了这两项，边界也由黄河新道南移到淮河。南宋淮西战胜，却被勒索更多，连议和的"总策划师"秦桧都感到不好意思了，认为盟约不能由单方面说了算，抱怨金国出尔反尔，索要太多。但宋高宗急于达成协议："然朕有天下而养不及亲，徽宗既无及矣，太后年逾六十，日夜痛心。……若归我太后，朕不惮屈己与之和。"②生父已死，来不及尽孝；生母年逾六十，不愿留下遗憾。"孝道"成为宋高宗委曲求和的遮羞布。

---

① ［宋］李心传：《建炎以来系年要录》卷一百四十二"绍兴十一年十一月辛丑"条，商务印书馆，1936年，第2288页。
② 同上书，"绍兴十一年十一月壬子"条，第2291页。

这封信中还有一句："其间有不尽言者，一一口授，惟详之。"①研究者推断，除书面所列，完颜宗弼还口头交代了其他事项。这些事项是什么？《秦桧研究》一书推断有三项：一是谋杀岳飞；二是"不许以无罪去首相"；三是不遣返钦宗。②

关于第一条，其时岳飞刚下狱，还未定罪，岳飞被赐死与和议签署几乎同时，不能不让人产生联想。不过，并无明证。关于第二条，《四朝闻见录》《鹤林玉露》等宋人笔记中均有这样的记载，并且终高宗一朝，确实没有再更换宰相，这在宋朝绝无仅有。不过，秦桧原是完颜昌幕宾，与完颜宗弼隶属不同派系，完颜宗弼如此看重秦桧，似乎说不过去。关于第三条，过去，宋高宗每每念及北狩之人，必言"母兄"，但在和议交涉中，对宋钦宗只字不提，金国最终也未遣返，双方似乎达成某种默契，实在可疑。金国一直有种朝议，将宋钦宗封在中原，与刘豫一样。淮北赵桓，淮南赵构，亲兄弟二人，互为敌国，可以起到相互牵制、相互削弱的作用。金人不愿遣还宋钦宗，大概仍将这项朝议作为后手，以供腾挪。

萧毅使宋，还有个小插曲。萧毅渡江入境，船上悬挂一面旗帜，上书"江南抚谕"。朝廷巡察地方，才用"抚谕"，并且这里称"江南"，矮化南宋。知镇江刘子羽心里膈应，入夜悄悄将旗帜偷走。魏良臣为接伴使，大惧，胁迫刘子羽归还旗帜，刘子羽硬抗说：我虽然对于国策没有发言权，但在我管辖的境内打着这

---

① [宋]李心传：《建炎以来系年要录》卷一百四十二"绍兴十一年十一月辛丑"条，商务印书馆，1936年，第2288页。
② 韩酉山：《秦桧研究》，人民出版社，2008年，第175页。

样的旗帜，还不如让我去死。① 直到萧毅出境，刘子羽才将旗帜归还。

被金国扣留的使者洪皓也从燕京送来密奏，言金国将士厌战，军事上难以持久，希望朝廷不要同金国签署协议，应乘胜追击，以复故疆，报世仇。洪皓还特地指出，金人最怕岳飞。但他不知道，几乎与此同时，岳飞被赐死了。

尽管反对者众多，宋高宗还是打算满足金国的所有条件。他内心迫切希望金国承认南宋政权的合法性，这样就不会滋事灭国了，所以打心眼里感谢金国抛出的"橄榄枝"。南宋派出御史中丞何铸、知阁门事曹勋再次使金，取名"大金报谢使"，其卑躬屈膝可见一二。

萧毅辞行时，宋高宗强调金国当在本年度放还韦太后，他放出的唯一"狠话"是："如今岁未也，则誓文为虚设。"如果本年度不放还太后，盟约作废。宋高宗还亲自教何铸见金主时应如何表述，其核心还是请求放还韦太后。

何铸、曹勋带去的盟书曰：

臣构言：今来画疆，合以淮水中流为界，西有唐、邓州，割属上国。自邓州西四十里并南四十里为界属邓州，其四十里外并西南尽属光化军，为敝邑沿边州城。

既蒙恩造，许备藩方，世世子孙，谨守臣节。每年皇帝生辰

---

① ［宋］李心传：《建炎以来系年要录》卷一百四十二"绍兴十一年十一月乙巳"条，商务印书馆，1936年，第2289、2290页。子羽曰："吾为守臣，朝论无所预。然揭此于吾之境，则吾有死而已。"

并正旦,遣使称贺不绝。

岁贡银绢二十五万两匹,自壬戌年为始,每春季差人搬送至泗州交纳。

有渝此盟,明神是殛,坠命亡氏,踣其国家。臣今既进誓表,伏望上国蚤降誓诏,庶使敝邑永有凭焉。①

盟书的第一部分承许划界,第二部分承诺称臣,第三部分许诺岁币,第四部分为盟誓。值得注意的是最后一句,请求上国(金国)早降誓诏,使敝邑(南宋)获得凭据。若按这种说法,南宋政权的合法性不是或者不仅仅是来源于北宋的世袭,而是来自金国的册封。

古代很讲究正统性,特别是国土分裂的时候,往往确定一个政权为正统性政权,叫"正朔",该政权可以称"朝"。如三国时期,一般以曹魏为正统,魏国也称"魏朝"。在《三国志》中,魏国皇帝传记为皇帝特有的"纪",蜀国、吴国皇帝传记均为"传"。若按宋高宗的这份誓书,中国的正朔应是金。

绍兴和议,是南宋国民不堪忍受的屈辱,后世站在汉族的视角,也难以接受。好在南宋对金称臣只有二十二年,宋孝宗隆兴和议废止了称臣的条约。加上南宋经济文化远超金国,所以史上仍将南宋视作正统王朝。

建炎年间,宋高宗东奔西逃,浮槎海上,疲于奔命;宋军碰到金军,不击自溃,全然无力抵抗。若是那时,为了活命,为了

---

① [元]脱脱等:《金史》卷七十七《宗弼传》,中州古籍出版社,1998年,第286页。

偏安，签署这样的和议，尚且可以理解。到绍兴十二年（1142），金国国力衰退，南宋则猛将如云，士气高昂，对金作战屡有胜绩，即便军事上不占优势，但足可以保家卫国。这个时候丧权辱国，代价可谓惨重。后人将宋高宗视为荒淫之主，将秦桧视为投降之相，道理即在于此。

宋高宗多次解释为什么要与金国签署不平等条约，于私为了运回宋徽宗棺椁、迎还太后，于公不忍心百姓遭受战争之苦。这些理由看似冠冕堂皇，实际只是饰词。以亲情之私，而弃祖宗故土，格局太小了。为了百姓从来都是统治者的借口，屈辱求和可以打着为了百姓的旗号，强兵拓土也可以打着为了百姓的旗号。数千年中国史，饿殍遍野、人肉相食从来没有间断过，但皇帝君王、将相官宦，有几个愿意分一杯羹给他们？！若能减一分税、少一分差，老百姓已经感恩戴德了，不敢奢望统治者为了老百姓蒙受屈辱，息兵止战。

那么，是什么原因让宋高宗不惜一切代价屈己求和呢？

正如前文长篇赘述，其一，武将跋扈让朝廷不安，特别是淮西兵叛让朝廷警惕，局势稍有改观，便又拾起虚外安内、防范武将的祖宗之法；其二，民穷国困，无力支撑起长期的大规模战争；其三，宋朝皇帝大都没有太强烈的进取心，也许是一项主观因素吧。

还有一点，恐为人所忽视。历史上南北分治，如三国、东晋十六国、南北朝、五代十国，江南政权的北界大都在江淮一带，由于北方骑兵强悍，江南政权即便短时间能够占据北方地盘，也守不住。宋高宗愿意放弃淮北土地，大约有这方面的考量。

绍兴十二年（1142）二月，宋高宗专门向大臣们分析南北形势:"征战之事,各有地利。北狄骑兵,虽中国所不能及,若要驰骋于江淮,恐未易得志。孙权偏霸一方,而曹魏竭天下之力,终不能渡江。晋室微弱,而苻坚百万之众败于淝水。拓跋魏雄踞中原,而历六朝衰乱,终不能奄有江表。自非大无道如孙皓者,岂能致北兵之得志乎?今但修政事,严武备,北兵虽强,不足畏也。"①

这段话,虽是从防守角度论述南宋地利,其中也隐含北方不可得的苦衷。

三月二十三日,金左宣徽使刘筈带着衮冕、圭宝、佩璲、玉册来临安宣读大金国册命,其册曰:

> 皇帝若曰:咨尔宋康王赵构。不吊,天降丧于尔邦,亟渎齐盟,自贻颠覆,俾尔越在江表。用勤我师旅,盖十有八年于兹。朕用震悼,斯民其何罪!今天其悔祸,诞诱尔衷,封奏狎至,愿身列于藩辅。今遣光禄大夫、左宣徽使刘筈持节册命尔为帝,国号宋,世服臣职,永为屏翰。呜呼钦哉,其恭听朕命!②

册书将北宋亡国责任归咎于宋徽宗、宋钦宗背弃当年签订的《海上之盟》,将同意册封康王赵构归结于其有反思悔过表现。

册封标志着宋、金《绍兴和议》在法律层面进行完毕,也昭示在法律层面南宋完成了建国历程。

在册封之前,宋、金已经开始进行划界、交割土地。今陕西

---

① 《宋史全文》卷二十一上,汪圣铎点校,中华书局,2016年,第1644、1645页。
② [元]脱脱等:《金史》卷七十七《宗弼传》,中州古籍出版社,1998年,第286页。

商洛市棣花古镇，曾是"北通秦晋，南联吴楚"的六百里商於古道上的重要驿站，当时正位于宋、金边界处，至今尚遗留下宋金和议的痕迹。"宋金议和厅"是当年划界时办公的地方，也是于细微之处讨价还价的谈判场所。一条被命名为"宋金街"的街道，一街跨两国，中间便是国界线。据称，黄顶金瓦的建筑是金人风格，蓝顶灰瓦的则为宋民所建。丹江之上，一桥飞架，这座桥也被称为"宋金桥"，成为九百年前战争与和平的见证。

迎还太后

报谢使何铸、曹勋的一项重要使命是与金国交涉，准许迎还徽宗梓宫和太后韦氏。

金熙宗最初拒绝了宋使的请求，理由是先朝已经确定的事不可更改。报谢使伏地不起，再三叩头，何铸更是哽咽不能言，曹勋也是不停地哀求。金熙宗终于点头首肯，许还梓宫和太后。

有意思的是，这时宋钦宗可能还被囚禁在五国城，但南宋无人提及，仿佛已经将他遗忘。

南宋对迎还梓宫和太后倾注了极大的热情，成立了高规格的迎护队伍，特意新盖了慈宁殿，以备韦太后居住。徽宗墓地也通过了选址，只不过按视祲之仪，是年不宜大葬，因此先修坟陵。

一晃韦太后囚禁北地已经十五年。为贤妃时尽管在宫中不得宠，但生活高贵优渥，衣食精致。被掳之后，发落到洗衣院。洗衣院是宫中做杂役的地方，同时也是皇帝女人中的后备队伍，类似于中原政权的掖庭，可谓受尽凄苦、磨难和屈辱。金熙宗继位后，韦太后才被准许到五国城陪伴徽宗。

还有一种说法，韦太后曾改嫁盖天大王完颜宗贤，并且生了孩子。①

南返前，韦太后还住在五国城。野史记载，启程时，韦氏与宫中好姐妹乔贵妃道别，乔贵妃将自己省吃俭用攒下的五十两黄金送与金国押送使高居安，希望他途中好好照料韦氏。乔贵妃凄凉地说："妹还无期，终死于朔漠矣！"二人痛哭不止。②

诸人之中，唯一存有希望南归的是渊圣皇帝宋钦宗，他拉着韦太后的衣服哀求她转告宋高宗，如果把自己讨要回去，愿做太一宫主，没有其他奢望。韦太后不好推辞，答应了他，并且起誓，如若不迎还钦宗，上天惩罚她瞎了眼睛。据说，韦太后回銮之后果然失明。③

韦太后四月从五国城到达燕京，金国派高居安、完颜宗宪扈从出境。阴历四月天气开始炎热，金人找借口不愿南行。韦太后只好用重金贿赂，金人漫天要价，一张口就是三千两黄金。她在北地就是一囚徒，哪来那么多钱！不过，韦太后极会行事，向金使借钱，许诺到南宋后连本带利奉还。这样金人才如期护送南行。

由陆路至东平府，这里有条南清河，是黄河岔道，到徐州汇入黄河。韦太后从东平府坐船，经徐州、宿迁渡淮，到达楚州南宋地界。

宋高宗命太后的季弟安乐郡王韦渊、秦鲁国大长公主、吴国

---

① [宋]黄冀之：《南烬纪闻录》，载《全宋笔记》第四编四，大象出版社，2008年，第45页。
② [元]脱脱等：《宋史》卷二百四十三《后妃下》，中州古籍出版社，1998年，第1124页。
③ [宋]佚名《朝野遗记》，载《全宋笔记》第七编二，大象出版社，2015年，第286页。

长公主到国境迎接。秦鲁国大长公主是仁宗第十女,在宋朝诸公主中最为长寿;吴国长公主是哲宗第三女。朝中大臣王次翁为奉迎礼仪使,蓝珪、王晚为副使。

金人坚持让韦太后过境前归还借贷的黄金,奉迎使、参知政事王次翁事无巨细都要请示秦桧,没有得到命令,不敢自作主张,坚持不肯偿还。双方相持了三日,还是由秦桧的妻兄、副使王晚垫付,韦太后才得以入境。后来宋高宗欲治王次翁之罪,秦桧极力斡旋,事情不了了之。①

八月二十一日,韦太后到达杭州郊外,宋高宗亲自迎接到临平镇。太后历尽艰辛还归国朝,于国于帝都是大事,皇帝安排了盛大的欢迎仪式,皇家仪仗队玉辂及黄麾仗,出动半数共二千四百八十三人。重量级大臣如宰相秦桧、枢密使张俊、太傅韩世忠以及侍从、两省、三衙官员全体出动,跟从皇帝迎接太后。

见到生母的那一刻,宋高宗喜极而泣,军士们则齐声欢呼,声震天地。

诸人之中,韩世忠作战勇猛,多次击败金军,在金国名气最大,韦太后在北方曾听到过他的名字。在太后心中,韩世忠是英雄,是建立南宋的勋臣,也是她得以回銮的关键所在。她特意把韩世忠召至车轿之前,慰问良久。

据明人郎瑛《七修类稿》记载,韦太后还问到了岳飞。岳飞有眼疾,眼睛看起来一只大一只小,金人称之为"大小眼将

---

① [元] 脱脱等:《宋史》卷三百八十《王次翁传》,中州古籍出版社,1998年,第1748页。

军"。太后问怎么没见"大小眼将军",有人回答被判刑处死了,太后因此对宋高宗怨愤,闹着要出家,此后终身穿着道服。①

次日,大赏太后扈从官员;二十三日,百官拜表称贺;二十六日,遣执政官拜祭天地,奏告太后回銮的喜讯。一直到宋徽宗梓宫送到,庆贺才告一段落。

是月底,宋徽宗梓宫送到,一起船载而至的还有宋徽宗显肃皇后郑氏、宋高宗原配邢氏的棺椁。郑氏和邢氏也是靖康二年(1127)被掳去金国,命丧北地。

金人有火葬习俗,有传言宋徽宗尸骨早已化为灰烬,棺中躺着的一定不是宋徽宗本人。宋高宗担心传言是真,恐开棺后无法收场,下诏直接将梓宫放入椁中,不再改敛。②

九月,宋高宗大赦天下。下诏曰:

> 朕以寡昧之资,履艰难之运。上穹悔祸,副生灵愿治之心;大国行仁,遂子道事亲之孝。可谓非常之盛事,敢忘莫报之深恩。而况申遣使轺,许敦盟好。来存殁者万余里,慰契阔者十六年。礼备送终,天启固陵之吉壤;志伸就养,日承长乐之慈颜。宗社再安,遐迩用乂。庆来从于天上,泽周浃于人间;橐弓矢而戢干戈,式昭偃武;省刑罚而薄税敛,庶用还淳。宜均惠泽之施,以侈有邦之福,可大赦天下。於戏!去兵而未尝去信,蹈前古之格言;宁亲而有以宁神,懋大君之至德。惟比屋克跻于仁寿,在庶

---

① [明]郎瑛:《七修类稿》卷四十七,上海书店出版社,2009年,第497、498页。
② [宋]确庵、耐庵编:《靖康稗史笺证·呻吟语》,中华书局,2010年,第240页。

政宜尚于中和。其一心辅弼之臣,暨百职文武之士,交修不逮,永孚于休。①

诏书感谢上苍怜悯生灵,盛赞金国心存仁厚,称颂绍兴和议及太后回銮乃"非常之盛事"。诏书的字里行间能读到庆幸,能读到"大功告成"的轻松与喜悦,而这"功",即文中所言"宗社再安""橐弓矢而戢干戈",正是宋高宗孜孜以求的重构国家与偏安江南。

番外:从抗金英雄到精神偶像

在中原星罗棋布的乡镇中,开封五十里外的朱仙镇,与别处略有不同。

朱仙镇的主街道,用青石板铺成;街道两侧的房屋,大多灰墙、青瓦、红廊,廊的红泛出一些陈年旧味,大约出自世纪之交刻意的规划,毕竟那时候经济蒸蒸日上,小县城、大乡镇都在建设自己的经贸区、商业街。

明、清时,朱仙镇就是商业名镇,木版画享誉海内。而朱仙镇的历史更为悠久一些,至少在北宋末年就载入了史书。今日朱仙镇历史遗迹遍布,七十平方千米的土地上,分布着三项四处"全国重点文物保护单位",它们是开封故城"启封遗址"、清真寺、精忠岳庙和关帝庙。

精忠岳庙始建于明朝成化年间,与汤阴、鄂州(武汉)、杭

---

① [宋]徐梦莘:《三朝北盟会编》卷二百一十二,上海古籍出版社,2019年,第1525页。

州岳庙并称"四大岳飞庙"。岳庙正堂供奉着岳飞塑像,堂前跪着秦桧、秦妻王氏、张俊、万俟卨和罗汝楫,比著名的杭州岳庙多了一人。堂前两侧有风蚀残破的明、清石刻。

汤阴是岳飞出生的地方,鄂州是他长期驻军的地方,杭州则有墓冢。朱仙镇区区一方隅,缘何能与其他三地共享岳飞的荣光?

当地人相信,朱仙镇是岳飞战斗过的地方,见证了岳飞的高光时刻、事业巅峰。当地人所指,即岳家军"朱仙镇大捷"。他们指着镇西一块庄稼地说:这里曾是高冈,是当年激战厮杀的战场,后来农人扩耕种田,才将高冈夷平。当地人热情地将我引导到清真寺,告诉我说,朱仙镇大捷时,清真寺是岳飞的指挥部!寺里一间偏殿,陈放着一截一抱粗的槐木,那是当年岳飞拴马的老槐树,叫"拴马槐"。只是后来树死了,变成木料,被精心保护起来。

"朱仙镇大捷"并非只存在于百姓传说,而是来自史料记载。

据《经进鄂王行实编年》,郾城、颍昌大捷后:

先臣独以其军进至朱仙镇,距京师才四十五里。兀术复聚兵,且悉京师兵十万来敌,对垒而陈。先臣按兵不动,遣骁将以背嵬骑五百奋击,大破之。兀术奔还京师。

《经进鄂王行实编年》为岳飞之孙岳珂编写,因此称岳飞为"先臣"。京师则指宋朝法定都城开封。背嵬即亲随兵,由岳云率领。

岳珂对战斗过程写得很简略:完颜宗弼将开封金兵倾巢而

出,在朱仙镇二军对垒,五百名背嵬军将金军击败,完颜宗弼逃回开封。

不过,后续岳珂写得具体生动:

> 桧闻之,益惧,知先臣之志锐不可返,先诏韩世忠、张俊、杨沂中、刘锜各以本军归,而后言于上,以先臣孤军不可留,乞姑令班师。一日而奉金书字牌者十有二。先臣不胜愤,嗟惋至泣,东向再拜曰:"臣十年之力,废于一旦!非臣不称职,权臣秦桧实误陛下也。"
>
> ……
>
> 父老人民大失望,遮先臣马首,恸哭而诉曰:"我等顶香盆,运粮草,以迎官军,虏人悉知之。今日相公去此,某等不遗噍类矣!"先臣亦立马悲咽,命左右取诏书以示,曰:"朝廷有诏,吾不得擅留!"劳苦再四而遣之,哭声震野。①

秦桧担心岳飞收复河南立下大功,先下令让其他各路人马收兵息战,然后以岳飞孤军深入为由,劝宋高宗下旨令其班师,一天下了十二道金字牌。父老乡亲曾顶盆运粮欢迎岳家军,此时因担心金人报复,苦苦挽留岳飞。岳飞哽咽起来,出示皇帝的诏书让乡亲们看,表明自己的悲愤和无奈。

这些文字有细节、有语言、有情绪,看起来很真实。但是,

---

① [宋]岳珂编:《鄂国金佗稡编续编译注》稡编卷八,熊曦等译注,郑州大学出版社,2022年,第231、234、235页。

岳珂所编,只能算"家史",在《三朝北盟会编》《建炎以来系年要录》等正史中却没有一处文字提及朱仙镇之役。岳珂收集的奏章、宸翰中,也没有关于朱仙镇的只言片语。因此,今世学者对是否有朱仙镇之役争论不休。持怀疑态度者认为岳珂藏私,用朱仙镇大捷拔高岳飞形象,如邓广铭《岳飞传》中没有录入此战。也有学者认为《经进鄂王行实编年》应有依据,可以采信,如王曾瑜《岳飞新传》、龚延明《岳飞评传》都沿用了岳珂的记载。

朱仙镇大捷还有一点可疑之处:即使背嵬军铁打铜铸,也很难敌得过金人十万精锐之师。

由于旁证匮乏,朱仙镇之役俨然已成公案。不过无论怎样讨论,那都是学界的事,民间则更愿意相信,以岳家军之实力,不但能轻松打赢朱仙镇之役,而且可以跨过黄河,长驱直入,"直抵黄龙府,与诸君痛饮尔"[①]。

从被赐死那一刻起,岳飞的形象和价值一直被人们再认识、再评价、再改造、再利用。

宋高宗自始至终不愿承认错杀了岳飞,只是在绍兴三十一年(1161),金主完颜亮败盟南侵时,臣僚群起上言,要求重新评价岳飞,他为因应抗金形势,被迫放松了对岳飞、张宪子孙的管制,允许他们离开被拘管的州。宋孝宗励志恢复,在位期间给岳飞平了反,下令追复原职,以礼安葬,定谥"武穆"。宋宁宗时,权臣韩侂胄意图北伐金国,朝廷追封岳飞为"鄂王"。

皇帝褒贬岳飞,都出自政治目的。要同外族讲和,便把岳飞

---

① [元]脱脱等:《宋史》卷三百六十五《岳飞传》,中州古籍出版社,1998年,第1682页。

冷落到一边；要与外族开战，就想起岳飞来，通过抬高岳飞来激励士气。

民间对待岳飞，既受朝廷态度的影响，也融入了自己的情感诉求。

岳飞被害不久，就有军人自发纪念。郭彖《睽车志》记载，临安西溪寨军将子弟作法，请紫姑神降临，结果岳飞附着在紫姑神身上，写下一首绝句："经略中原二十秋，功多过少未全酬。丹心似石今谁诉，空有游魂遍九州。"还签署花押，宛如真迹。显然，一些军人借神灵为岳飞鸣冤叫屈。①

宋孝宗为岳飞平反后，乾道六年（1170），鄂州士民请求为岳飞立忠烈庙，得到朝廷批准，这是第一座岳飞庙。到南宋后期，岳飞生活、战斗过的地方，几乎都建起了祠堂。"江、湖之民，至今绘其像，家家奉祀之。"②

人无完人，作为历史真实，岳飞身上存在一些缺点，正如朱熹所评价："有才者，又有些毛病。"③但民间对岳飞冤死给予极大的同情。同时，宋元之际，民族矛盾尖锐，汉族人士生存空间逼仄，于是一些文人便有意无意地对岳飞形象进行改造，使其担当起民族英雄的榜样。如王自中《郢州忠烈行祠记》、李植《祭鄂王文》，都把忠义、德行作为岳飞首要品质进行歌颂，岳飞"儒将"的形象逐渐建立起来。

---

① ［宋］郭彖：《睽车志》卷一，载《全宋笔记》第九编二，大象出版社，2018年，第183页。
② ［宋］岳珂编：《鄂国金佗粹编续编译注》续编卷三十引王自中《郢州忠烈行祠记》，熊曦等译注，郑州大学出版社，2022年，第1374页。
③ ［宋］黎靖德编：《朱子语类》卷一百三十二，中华书局，1986年，第3166页。

嘉定十一年（1218），岳珂编成《鄂国金佗稡编》，为岳飞辩诬，收集了大量御札、手令、奏章、战报、诗文旧事等，资料丰富。书中，岳珂有意无意地美化岳飞，增加了一些具有传奇成分的描述，比如岳飞出生时有大鸟自东南而来，落在房上，岳飞因此得名，字"鹏举"；又如，岳飞出生不久遭遇洪水，岳母抱着岳飞坐在瓮中，在水中漂流，得以平安。这些资料和传奇，为后世演绎岳飞故事提供了蓝本和想象基础。

洪皓的儿子洪迈写有一本志怪小说《夷坚志》，其中记述秦桧陷害岳飞的故事，虚构了秦桧妻子王氏在东窗下为秦桧出谋划策的情节。所以在岳飞庙中，王氏成为主要罪人之一。

至少到宋末，岳飞的故事已经成为民间文艺的题材了。《梦粱录》卷二十："又有王六大夫，元系御前供话，为幕士请给讲，诸史俱通，于咸淳年间敷演《复华篇》及《中兴名将传》，听者纷纷。"[①] 这段讲述的是宋末流行的"说书"，其中《中兴名将传》，包括张俊、韩世忠、刘锜、岳飞等。岳飞叨陪末位，可见岳飞在当时的抗金故事中，地位低于其他名将。

不过，中兴诸将中，岳飞是最年轻的节度使，作战最英勇，收复最坚决，战绩最辉煌。特别是岳飞含冤而死，具有悲剧意义上的审美元素，因此他的故事在民间广泛流传，元、明之后，其地位不断抬升。

"明朝时期，外有异族入侵之虞，内有流寇作乱之患，朝中

---

① ［宋］吴自牧：《梦粱录》卷二十，载《全宋笔记》第八编五，大象出版社，2017年，第307、308页。

奸党宦官横行，明王朝处于风雨飘摇的动荡局势中。历史仿佛是宋朝的再次重演。于是，前朝人物岳飞成了最好的反思历史、寄托衷肠哀思的载体。"①

出于振奋军心的考量，明朝朝廷有意表扬民族英雄，将岳飞的历史地位推向高峰，岳飞形象达到一个新的高度。从朱元璋开始，每年在岳飞去世的那一天派人到杭州祭祀；到明英宗时，祭祀范围扩大到汤阴岳庙，并且由一年一祭改为春、秋两祭。万历四十三年（1615），加封岳飞为"三界靖魔大帝"，相当于承认了岳飞的神明地位。而清朝统治者作为少数民族，对岳飞有抑制有弘扬，抑制的主要是与汉民族对抗的成分，弘扬的主要是精忠事君的品格。

元、明、清民间文艺活跃，影响比较大的艺术形式有杂剧、戏剧等。出现在明初的杂剧《精忠记》，对岳飞形象进行了较大改造，对岳飞形象深入人心起到了重要作用。

《精忠记》除了突出正史中岳飞文武双全、仁智并施、百战百胜的形象外，还在"忠"字上进行了极大的铺陈。比如篡改正史，写岳飞在狱中担心张宪、岳云拥兵报仇，为了成全忠义名节，特意写信将张宪、岳云骗来，一同赴死。显然，《精忠记》受理学思想影响，对愚忠的宣传不遗余力。

《精忠记》杂糅了正史、野史和民间传说，并通过想象虚构，极大地丰富了岳飞的传奇故事，使岳飞的人生跌宕起伏，吸人眼

---

① 王振东：《试论岳飞形象的演变：以国家与民间的互动为中心的考察》，山东大学硕士学位论文，2008年。

球，其英雄的形象更加丰满，有血有肉。如采用秦桧与王氏"东窗事发"的故事，还虚构了岳飞女儿岳银瓶投井自尽、施全刺杀秦桧等情节。

最能展现人物形象的文艺作品莫过于小说。明朝以岳飞为主角的小说有《岳武穆王精忠录》《大宋中兴通俗演义》等。

明末清初，民族矛盾集中爆发，岳飞再次成为文艺作品中的热门人物。这一时期，诞生了岳飞作品的集大成者——《说岳全传》。

《说岳全传》是一部虚构大于史实的文学作品，其最大的特点不是按照人物本来的样子去刻画，而是按照群众需要的样子去塑造。小说迎合当时的社会心态，大量虚构情节，或者"移花接木"，将其他人物事迹嫁接到岳飞身上，如计杀刘豫、藕塘关大战等，使岳飞形象符合三个标准，即忠孝节义、民族大义、全智全能。忠孝节义体现了儒家倡导的道德伦理，民族大义迎合了弱势形态下的民族忧患意识，全智全能则寄托着普通民众对美好事物的愿景。

"《说岳全传》将以往的岳飞故事几乎网罗殆尽，连贯捏合，形成一部事无巨细、详尽完备的百科全书似的作品。"[1]岳飞形象至此定格。

由于政治加持和文艺演绎，后世有两个岳飞，一个是史实中的岳飞，一个是符号化的岳飞。前者人物复杂，有优点有缺点，有贡献亦有缺憾，是南宋的抗金英雄；后者形象丰满且近似于神

---

[1] 王振东:《试论岳飞形象的演变：以国家与民间的互动为中心的考察》，山东大学硕士学位论文，2008年。

灵，性格完美又具有悲剧性美感，是广大民众的精神偶像。

越是缺失的东西，越要强调。从抗金英雄到精神偶像，反映了统治者的政治导向和老百姓的心理诉求。

尾 声
苟且的中兴

北宋都城汴京，是当时世界上最繁华的城市。

漕运是汴京的动脉。蔡河、汴河、五丈河、金水河四条河流穿城而过，蜿蜒缭绕，如玉带白练，又似流淌在这座皇城身上的血液，为它带来勃勃生机。其中最大的是汴河，上游向西连接黄河，下游向东南贯穿淮河，然后通向江南。汴河是大运河的一段，江南丰饶的粮食和物产从汴河漕运至京城，皇家和百姓日常所需皆仰仗于此。河道忙忙碌碌，码头上商客、捎夫你来我往，步履匆匆，无暇驻足。马车、人力车聚集码头，将捎夫挑上岸的货物拉到汴京的角角落落，又加工成达官贵人和市井百姓的身上衣、盘中餐，维系着这座国际都市的繁荣和美盛。

四条河上，共三十四座桥，每座桥的两端，都连接着繁忙奢华的街市。汴京的中轴，是宽敞的御街。御街从皇宫出口宣德门一直向南，犹如一条笔直的延长线，直至外城。御街宽大弘阔，逾二百步（合现在三百米左右），中间的正道供皇家出行专用，平时空旷无人。正道两侧，挖有河沟，里面种满荷花，两岸植上桃、李、梨、杏，春天时节，最为绚丽，恍若仙境。树木之外，是御廊，廊内店铺林立，你卖我买，热闹非凡。

京城最热闹的去处，还不在御街。皇宫"东华门外，市井最盛，盖禁中买卖在此。凡饮食、时新花果、鱼虾鳖蟹、鹑兔脯腊、金玉珍玩、衣着，无非天下之奇"[①]。

东华门外是皇家御供，朱雀门东则是著名的民间菜市场。这里鸡鸭鱼肉、肚肺腰肾、活獾死狐、水饭干脯、青菜瓜果，餐桌上吃的、厨房里用的，应有尽有。若是到了夜晚，灯火通明，整夜不息，更显现出民间的烟火繁华。

若是悠闲之时，人们购物逛街，必是去东角楼街巷。这里是汴京的商铺聚集地。有衣物书画、珍玩犀玉、海产山珍、香糖蜜煎。还有专门的花鸟市场，亦有金银彩帛交易，真是一处商贾聚集的大商圈。除了购物，亦有娱乐。这里的娱乐以江湖表演为主，有大小勾栏（戏院）五十余处，除了唱戏，还有各种戏耍、唱曲、剪纸、卖卦等。顾客穿梭其间，逛完东角楼街巷，已然深更。

当然，京城最为人称道的，还是大大小小的酒肆瓦市，一到晚上，这里有喝酒的、听曲的、狎妓的、赌博的。连空气中都弥漫着荒淫、放纵和豪爽的气息。

汴京是宋朝人的旖旎记忆，是士大夫的精神家园。南渡之后，

---

① [宋] 孟元老：《东京梦华录》卷一《大内》，载《全宋笔记》第五编一，大象出版社，2012年，第122页。

他们无时无刻不在怀念汴京，怀念过去的豪奢生活。

他们希望，杭州是第二个开封，临安是又一个汴京。

君相的权力交易

绍兴和议巩固了秦桧的相位。宋高宗遍视朝野，没有一人比秦桧更懂自己、更会办事，也更契合国家大政方针。

他需要秦桧做一个助手，也做一个打手，压制那些反对和议的人。

朝中顽固的主战派，莫过于张浚。和议签署时，张浚在长沙奉母而居。及至太后南归，群臣都要上章庆贺，张浚也不例外。不过他在札子中，提醒宋高宗安不忘危，对和议不以为然。秦桧有意加害，诬陷张浚仿照朱温在家里盖五凤楼。朱温篡唐，才有后梁，如果属实，当是谋逆大罪。宋高宗派人查看，张浚宅第非常一般，并没有出格的迹象，这事才不了了之。绍兴十五年（1145），张浚再次上章反对和议，认为与金人议和是养痈自祸。这次，秦桧党羽以"强占民田"之名弹劾张浚，终使张浚被贬黜岭南连州。

赵鼎虽不是坚定的主战派，但是作为秦桧的前任，也是对秦桧相位威胁最大的人，秦桧便强加以阻挠和议的罪名，借以打击赵鼎一派。和议签署不久，右谏议大夫罗汝楫即上书，请秋后算账，要求对赵鼎以及好发议论的王庶、曾开、李弥逊进行处罚。赵鼎、王庶已经落职，朝廷又下诏以后永不起用；曾开、李弥逊还在任上，也被卸职。后来赵鼎被贬海南，王庶被贬岭南，不久去世，而曾开、李弥逊从此畅吟林泉，以诗自娱，不问政事。

绍兴二年（1132）的状元张九成，是和议的反对者，早在绍兴八年（1138）就被罢官。绍兴十二年（1142），高僧宗杲称赞他是"无垢禅如神臂弓"，作偈道："神臂弓一发，透过千重甲。""神臂弓一发，千重关锁一时开。"此语传到秦桧耳中，认定是攻击和议的言论。诏令宗杲还俗，送衡州编管。张九成因此被贬谪十余年。

秦桧与吕颐浩争权时，援引洛学人士以为羽翼。但赵鼎醉心洛学，是洛学在政界的代言人，加上洛学最讲"忠义"，民族情结深重，大多反对和议，因此秦桧与洛学渐行渐远。随着和议的签署，秦桧与洛学彻底分道扬镳。这次打击赵鼎，整个洛学界皆受株连，高闶、吕本中、胡寅、刘嵘、曾恬、胡襄、王佐等或被罢官，或被放逐。宋高宗也一改过去扶持洛学的态度，主张学者应各取所长，不可偏执于某一门学术。意识形态让位于现实政治，"复录程颐之学"① 成为罪名，一时间洛学界人心惶惶，纷纷离京避祸。洛学遭受南渡后又一次沉重打击。

秦桧要加害的另一位人士是李光。第一次绍兴和议前后，秦桧为了笼络江南士人，推荐李光出任参知政事。李光是会稽人，长期在东南地区为官，深得民心，声望颇高。秦桧想借李光推动和议，平息反对和议的声音，而李光从减轻人民负担的立场出发，也确实赞同和议。不过，二人很快在收兵权问题上凸显矛盾。秦桧主张彻底罢黜诸将兵权，而李光认为，朝廷可以主和，但金人

---

① 此御史中丞李文会弹劾侍讲高闶用语，见［宋］李心传：《建炎以来系年要录》卷一百五十一"绍兴十四年五月乙丑"条，商务印书馆，1936年，第2435页。

狼子野心，江淮防备不可松懈，因此反对弱化军队。另外，二人在用人标准上大相径庭，秦桧援引听话的人，李光推荐文人雅士，因而彻底走向决裂。李光任职仅一年，即罢去参知政事。

秦、李在执政位上共事时间不长，按说即便有矛盾，也不至于不共戴天。但李光性格耿直，政治上不知圆滑，到处说秦桧的不是。李光退居绍兴府，与陆游同乡。陆游在文集中写下小时候的见闻，即李光拜访陆府，与陆游父亲陆宰谈论秦桧之恶的情形：

（李光）时时来访先君，剧谈终日，每言秦氏，必曰咸阳，愤切慨慷，形于色辞。一日平旦来，共饭，谓先君曰："闻赵相过岭，悲忧出涕。仆不然，谪命下，青鞋布袜行矣，岂能作儿女态耶？"方言此时，目如炬，声如钟，其英伟刚毅之气，使人兴起。[①]

李光经常与陆宰一起议论朝政，他们谈论最多的是秦桧求和卖国，每提及此，无不悲愤痛心。秦桧姓秦，战国时齐、韩、魏三国联合攻秦，秦昭王害怕了，割让三座城池以求退兵，说："宁亡三城而悔，无危咸阳而悔也。"于是李光便蔑称秦桧为"咸阳"。赵相指赵鼎。

李光在江南的巨大威望和不愿息政噤声，让秦桧感到恐惧。绍兴十一年（1141）十一月，绍兴府发生群众游行事件，反对和议，秦桧怀疑为李光鼓动，将他贬到滕州（今广西藤县）。后来

---

① ［宋］陆游：《渭南文集校注》卷二十七《跋〈李庄简公家书〉》，马亚中、涂小马校注，浙江古籍出版社，2015年，第191页。

又以李光作诗动摇国论，更贬至海南。

秦桧一方面打压舆论、迫害政敌，平息反对和议的声音，另一方面任用亲友及唯唯诺诺之徒，以巩固自身权力。

绍兴和议与冤杀岳飞事件中，出力甚多的万俟卨、罗汝楫等都得到提拔。万俟卨由右谏议大夫拜参知政事，位列执政；罗汝楫由殿中侍御史迁御史中丞。

黄达如知南雄州时，因贪赃枉法遭弹劾，很可能被治罪。有人给他出主意称做一件事可以化解。于是黄达如上书，迎合宋高宗和秦桧，要求惩治和议时的异论者。果然，黄达如不但没有获罪，反而被任命为监察御史，成了皇帝和宰相的鹰犬。

曹泳曾资助过秦桧，后其妹妹嫁给秦桧的儿子秦熺，官至户部侍郎，从而成为秦桧一派最有权势的人物之一。曹冠是秦桧府上的塾师，通过秦桧的关系考中进士，此后走入仕途，荣升高官。

秦桧的亲戚也都沾光，鸡犬升天。秦桧的岳丈王仲山曾为抚州守臣，王仲山三兄王仲嶷为袁州守臣，建炎四年（1130）金人南侵，王仲山兄弟不战而降，双双献城于金人，因此受到处分。绍兴和议后，王仲山已死，八十多岁的王仲嶷给秦桧写信求官，秦桧不但满足了他的请求，还将王家子辈、孙辈都进行了安排。

郑居中是秦桧夫人王氏的姨父，女儿嫁给王仲山之子王晚为妻，秦桧儿子又娶了郑居中的孙女，两家可谓世代姻亲。郑居中次子郑亿年曾在伪齐任职，归宋后受到秦桧庇护，成为秦党成员。宋高宗还为他安排差事，与万俟卨等人一起负责修建宋徽宗永祐陵。

当然，秦桧重点栽培的还是儿子秦熺。其实秦熺不是他的亲生子。妻子王氏善妒，自己又没有生育，便过继了王晚庶子，取名秦熺。秦熺在绍兴和议后进入仕途，先后任秘书郎、秘书少监、礼部侍郎、翰林学士。绍兴十八年（1148），短短六年时间，即迁知枢密院事。父子二人同列执政，可谓朝堂一大风景。秦熺自己都感到不好意思，请求避亲，宋高宗还为秦桧开脱："熺出朕亲除，可谓士人之荣也。"[①]

从宋高宗这句话不难看出，秦桧之所以敢为所欲为，完全是宋高宗纵容的结果。

由于宋高宗的纵容，朝野上下对秦桧争相攀附。绍兴二十四年（1154），秦桧的孙子秦埙参加进士考，礼部省试的主考官魏思逊、汤思退等，认为秦埙参加科考是他们谋求富贵的良机，为此欢呼雀跃："吾曹可以富贵矣！"[②]在这样一群人的操作下，秦埙被定为省试第一，排名前列的也大多是秦党子弟。殿试时，有人揭发其省试舞弊，宋高宗也听到了一些风声，将秦埙调整为第三，状元给了乌江人张孝祥，第二名就是秦府塾师曹冠，同榜进士还有范成大、杨万里、虞允文。陆游也参加了这一榜考试，但在省试中被刷了下来，他自认为是因为喜欢谈论收复中原。

宋高宗并非不知道秦桧之奸，为何还要纵容他呢？甚至，秦桧任宰相一直到生命最后，老死相位，这在宋朝历史上绝无仅有。难道真的是金国不容许更换宰相？

事情并非那么简单。

北宋帝王极力限制相权，避免相权独大，为的是让朝中各方

---

① ［宋］李心传：《建炎以来系年要录》卷一百五十四"绍兴十五年十月庚寅"条，商务印书馆，1936年，第2488页。
② 同上书，卷一百六十六"绍兴二十四年三月辛酉"条，第2712页。

势力处于平衡状态，不至于威胁皇权。北宋限制相权的方法有二：一是频繁换相，二是台谏不受宰相管辖，亦不准由宰相举荐。

台谏的另一职责是监督皇权，不能让皇帝一个人说了算，以避免决策失误。草拟诏书的翰林学士、中书舍人、知制诰中，运转诏书的通进司、银台司等，也都有监督皇权的职能。[①]

宋神宗推行变法，有意弱化台谏，增强皇帝权威，从而形成了独裁的趋势。

南宋长期处于战时状态，客观上需要提高行政效率，适当集权于一人，所以台谏几乎成了党争的工具。皇权一旦失去监督，就有迅速膨胀的动能。宋高宗任用秦桧，秦桧排除异己，任用唯唯诺诺之辈，表面上是在张目相权，实际上在为皇权独裁扫清障碍。

秦桧只是宋高宗的代理人而已。有些事情，宋高宗碍于皇帝身份，不能明说，比如恢复祖宗基业的口号不能不提，但实际上，宋高宗的首要政治任务已经转为内政，转为巩固皇权，这一点就不能大张旗鼓地宣扬。秦桧善于揣摩皇帝心思，站在前台，君臣演一出双簧，显得十分合适。比如驱逐主战派、杀害岳飞，借秦桧之手，就没有太多心理负担，政治上也可进可退，如果局势失控，还可以拿秦桧当替罪羊。

那么，宋高宗不怕秦桧相权独大，威胁皇权吗？

根本不会。

---

① 关于对北宋皇权的制约，详见拙作《大宋文官：变法视角下的宋朝士大夫观察》，现代出版社，2021年，第175、178、179页。

秦桧的政治对立面很多，洛学在士大夫中有深厚的基础，在民族意识觉醒的背景下，主战派得到老百姓的拥护，秦桧只能勉强收拾局面而已，远远谈不上一手遮天。

如秦桧为孙子秦埙谋功名时，本想让秦埙在平江府参加锁厅试，派亲信找到平江府观察推官萧燧，许诺让他做主考官，萧燧不客气地拒绝了："初仕敢欺心耶！"[1] 直言自己新入仕途，不敢违背良心。不得已，秦埙只好移到秀州参加考试。

高登在古县（今广西永福县西北）当县令，秦桧的父亲曾在此任职，广西经略安抚使要在这里为秦桧父亲建祠，高登抗命："桧为相亡状，祠不可立。"[2] 称秦桧做宰相不称职，不能立祠。

权相之权，来自皇帝授权，离开皇帝，权相什么也不是。秦桧未死，想让秦熺接替相位，宋高宗却逼迫秦熺致仕。秦桧刚死，宋高宗就开展了一场"更化"运动，去除秦桧的影响。

事实证明，秦桧跋扈朝堂，只是皇权与相权的一场交易。

北宋之后实行文人政治，加上儒学君君臣臣思维深入人心，中国再未发生过相权架空皇权之事。

谀颂之风

古往今来，但凡完成一项政治目标，往往赞歌谀辞，颂扬功德，粉饰太平。

绍兴和议备受争论，更需文辞涂抹，以欺瞒民众，麻醉世人，

---

[1] ［元］脱脱等：《宋史》卷三百八十五《萧燧传》，中州古籍出版社，1998年，第1774页。
[2] 同上书，卷三百九十九《高登传》，第1834页。

也为自己寻找一点安慰。

太后回銮,是歌功颂德的好题材。有大臣上书,建议在全国范围内掀起歌诗献赋高潮,以在祭祀时汇报给天地祖宗。一时间朝野进献诗赋者千余人,不过由于"为赋新诗强称颂",有文采且条理通达的仅四百人,宋高宗都给予了加官晋爵的重奖。

这次大规模的歌功颂德,开启了以诗文阿谀竞进的先河,南宋由是形成风气,长盛不衰。一直到宋季贾似道当政,著名文人如吴文英、刘克庄都是他门下词客。

知黄州曾惇,是大文学家曾巩的从孙、故宰相曾布的孙子,但他浮薄无行,曾被罢官。或许受益于出身书香之家吧,曾惇的诗作得好,便大行"诗贿赂",一口气为秦桧写了十首诗,其中有"问谁整顿乾坤了,学语儿童道相公"的语句,极尽谀颂之能事。秦桧大喜,向宋高宗推荐曾惇,将他调到富裕的台州。

熊彦诗本是赵鼎门下客,赵鼎被逐,熊彦诗也坐废。但他不甘心,便改换门庭,打算投靠秦桧。绍兴十二年(1142)九月,秦桧拜太师,封魏国公,熊彦诗抓住机会,给秦桧上贺启,其中有联说:"大风动地,不移存赵之心;白刃在前,独奋安刘之略。""存赵",说的是拥立张邦昌时,秦桧上书请求金国保留赵氏为皇帝;"安刘"用的是西汉典故,刘邦死后,吕后当政,周勃诛杀诸吕,立汉文帝。熊彦诗将秦桧比作周勃,对社稷有再造之功。秦桧非常喜欢这一联句,多次引用,并不计前嫌,将熊彦诗举荐为永州知州。

平日里如此,若遇喜庆节日,这些文丐更是活跃。比如,十二月二十五日是秦桧的生日,"凡缙绅大夫之在有位者,莫不相与作为歌诗,以纪盛德而归成功。篇什之富,烂然如云,至于汗牛充宇,不可纪极"①。进献诗歌多得像天上的云彩。连慷慨爱国如张孝祥、张元幹也未能免俗。秦桧建有一处楼阁,名为"一德格天",张元幹《瑞鹤仙·寿》第一句"倚格天峻阁",即疑为秦桧祝寿而作。

周紫芝是苏东坡、张耒的崇拜者,绍兴十二年(1142)才得官,时年六十一岁。周紫芝诗集《太仓稊米集》中,谀颂秦桧父子的诗作竟多达八十三首,他本人对此毫不掩饰。

客观来说,歌功颂德者,也并非全部出于投机的心理。至少在一部分人看来,和议的签订,带来了社会稳定、生产恢复、民生改善,让大半国土免遭战火荼毒之苦,确实可喜可贺,也确是大功一件。以四川为例,和议签订后,每年税赋总额削减了462万缗②,于国、于臣、于民,不能不说是一件天大的好事。正如当时诗中所说:"官军不斫人家树,各自持钱去买薪。"③"但愿今年贼去早,春田处处无荒草。"④

周紫芝早年生活于社会下层,饱尝流离之苦,又目睹战乱之惨烈,面对得之不易的和平,其欣慰之情可以理解。

就像绍兴和议本身,对于南宋的半壁江山,是福音;对于恢

---

① [宋]周紫芝:《太仓稊米集》卷二十五《时宰生日乐府四首并序》,中国台北商务印书馆文渊阁《四库全书》影印本《太仓稊米集诗笺释》,1986年。
② [宋]李心传:《建炎以来系年要录》卷一百六十七"绍兴二十四年八月丁亥"条,商务印书馆,1936年,第2726页。
③ [宋]吴曾《能改斋漫录》卷十一,载《守山阁丛书》,清代影印本。
④ [宋]周紫芝:《太仓稊米集》卷九,中国台北商务印书馆文渊阁《四库全书》影印本《太仓稊米集诗笺释》,1986年。

复旧疆故土，是丧钟。

讨好秦桧的目的还是讨好宋高宗，因为在绍兴中后期，宋高宗几乎与秦桧一体，共享和议的"荣耀"。

彗星是一种天体，但在古代被认为不祥。每有彗星出现，皇帝都要采取一些措施消弭灾祸，最常见的是避殿、减膳、求直言，检讨施政过失。绍兴十六年（1146）五月，天上又出现了彗星，但是选人（候补官员）康与之上书，论证彗星不足畏。宋高宗和秦桧大喜，直接将康与之从候补官员擢拔为京官，放在监尚书六部的重要岗位上。从此康与之发挥精通音律的才能，以及谄媚的功夫，成为秦桧门下"十客"之一的"狎客"。"十客"是时人对秦桧身边谀人的称呼，有"刺客""逐客""娇客""上客""食客""门客""狎客""庄客""词客""恶客"等。

康与之做官后，有了更好的攀附机会，于是挖空心思讨好宋高宗。宋徽宗善画，宫中藏有珍品。一日，宋高宗观赏宋徽宗的画作，想起父亲在北国遭受的苦难，心中泛起羹墙之思，不禁流下了眼泪。过后，当值的宦官偷偷将画带回家欣赏，恰逢康与之前来拜访。宦官酒菜待客，拿出宋徽宗画作炫耀。中途宦官离席取食品，康与之竟拿起笔在画上题了一首诗，曰："玉辇宸游事已空，尚余奎藻绘春风。年年花鸟无穷恨，尽在苍梧夕照中。"宦官吓坏了，第二天跪在宋高宗面前请求死罪。宋高宗大怒，然而读了题诗后，脸色由阴转晴，只是稍有悲伤而已。①

从此，康与之专门为皇帝写应制诗词，谀艳粉饰。譬如一首

---

① ［宋］岳珂：《桯史》卷四，载《全宋笔记》第七编四，大象出版社，2015年，第218页。

《瑞鹤仙·上元应制》：

瑞烟浮禁苑。正绛阙春回，新正方半。冰轮桂华满。溢花衢歌市，芙蓉开遍。龙楼两观。见银烛、星球有烂。卷珠帘、尽日笙歌，盛集宝钗金钏。

堪羡。绮罗丛里，兰麝香中，正宜游玩。风柔夜暖。花影乱，笑声喧。闹蛾儿满路，成团打块，簇著冠儿斗转。喜皇都、旧日风光，太平再见。

通篇不知所云，但见花团锦簇、流光溢彩，而宋高宗要的正是这种太平繁华的效果，对康与之赏赐甚厚。

秦桧一方面通过文字狱打压不同舆论，一方面鼓励和倡导谀颂之风，其实目的都一样，那就是"国论定于一"，既然已经签订了协议，就不允许有不同意见者发声。

西湖歌舞

南宋都城临安是个国际化大都市，一点也不输北宋都城汴京。这里常年生活着皇族、朝臣、官僚和下层胥吏，还有太学、武学、宗学等高等学府两千多名学生以及几十万军队，当然少不了平民、商人、艺人、奴婢，人口规模超过百万。这里是大运河的起点，水路纵横，交通便利，是南宋的物流中心和最大的消费城市。

绍兴和议改变了南宋的政治生态和士民的生活方式，外部金国的军事压力骤减，内部盗贼蜂起、武将跋扈的问题得到了解决，财政空乏、民生困顿有所舒缓，帝王将相和士大夫又可以过上北宋汴京无忧无虑的日子了。于是，达官显贵和富豪商贾在临安花天酒地、醉死梦生，造就了无可比拟的经济繁荣、文化发达和歌舞升平。

据传，宋高宗退位后与儿子宋孝宗同游西湖，见断桥边一座小酒馆雅致清净，便落座沽酒，闲品风月。这座酒店殿堂内装饰着素绢屏风，上面题有一首词：

一春长费买花钱，日日醉湖边。玉骢惯识西泠路，骄嘶过、沽酒楼前。红杏香中歌舞，绿杨影里秋千。

暖风十里丽人天，花压鬓云偏。画船载取春归去，余情付、湖水湖烟。明日再携残酒，来寻陌上花钿。

父子二人对这首词产生了兴趣，因为词描绘了临安的繁华奢靡，有富贵之风，这正是皇家所追求的生活。问了店主人，才知道这是太学生俞国宝醉后所作。宋孝宗笑道："这首词写得不错，只是结尾寒酸了些，不如改成'明日重扶残醉'。"[1]

太学生能够写出如此纵情声色的诗词，皇帝还嫌不够，一些忧国忧民之士为此痛心不已："暖风熏得游人醉，直把杭州作汴州。"

战时，宋高宗不事奢靡，勤俭度日，意在为臣子和三军做一

---

[1] ［宋］周密：《武林旧事》卷三，载《全宋笔记》第八编二，大象出版社，2017年，第37、38页。

个表率，让大家同仇敌忾，为社稷卖命。比如，南渡后，宋高宗不再穿绫罗绸缎，只穿素色衣服。有一次他听说老百姓开店，牌匾上写有"供御绣服"的字样，意思是生产绣有精美图案的服饰专供宫中。宋高宗很生气，下令严查，得知是十年前汴京的老店招，便下令撤去。[①]他还严禁官僚士人穿着镶嵌黄金的衣服，打击奢靡之风。

宋徽宗爱古器珍玩，宫中辟宣和殿专门存放其藏品，收藏有青铜器839件、名画6396件、书帖1214件。[②]尽管宋高宗无法公开批评他的父亲，尽管他自己的字写得也很漂亮，但他认为君主不应该沉溺于奇珍异宝。宋高宗从临安驾幸建康，"帝不以玩好自随，御舟三十余艘，所载书籍而已"[③]。

对于宫殿，宋高宗也因陋就简。临安初建皇宫，为了不跟百姓抢地方，只能建在城南的凤凰山。第一批只建宫室百间，监工请求增加数量，宋高宗不许。那时宫殿少，而且连个房廊都没有，日常朝会百官站在殿外，若遇刮风下雨，只能躲避在屋檐下面。一直到绍兴十一年，皇宫北面的御街还是泥土路，皇帝出行只是临时撒一层黄沙而已。

以绍兴十二年（1142）和议签订为标志，宋高宗一改勤俭习气，逐渐变得"阔绰"起来。

这一年，新建宫殿的步伐明显加快。年底，宋高宗诏令修建

---

① [宋]李心传：《建炎以来系年要录》卷五十一"绍兴二年二月己卯"条，商务印书馆，1936年，第906页。
② 见拙作《宋徽宗：皇帝、艺术家、俘囚》，万卷出版公司，2023年，第84、106页。
③ [宋]李心传：《建炎以来系年要录》卷八十一"绍兴四年十月戊戌"条，商务印书馆，1936年，第1337页。

垂拱殿、崇政殿。垂拱殿是日常视朝的地方，崇政殿供举行各种礼仪。绍兴十五年（1145），又增建钦先孝思殿，供节日进香。之后又大建纯福殿、损斋、复古殿、穆清殿、祥曦殿、福宁殿等，整个皇宫已粗具规模。

当然，太平年间，逐步增修皇宫也在情理之中。然而，等绍兴三十二年（1162）宋高宗禅位后，在皇宫外修建自己的寝宫德寿宫，已经极尽奢侈之能事了。

宋徽宗禅位给宋钦宗，住在他任端王时的原府邸、皇宫北面的龙德宫。宋高宗仿效父亲，也要在宫外建宫。秦桧旧宅在现今杭州鼓楼处，南宋名为朝天门，位于皇宫之北，东为望仙楼，可远眺吴山，是一块风水宝地。秦桧死后，宋高宗即将秦家撵到建康，将这块地方收归国有。德寿宫即用秦府旧址，在上面大兴土木，建造新宫。

德寿宫建有德寿殿、后殿、灵芝殿、射厅、寝殿、食殿等十余座殿院，还有亭台楼阁，以供休闲娱乐，如灿锦亭、清妍亭、静乐堂等。

宋高宗爱湖山之胜，杭州又是人间天堂、江南福地，德寿宫就是一座微缩版的小杭州。宫中建有十余亩大池，以竹筒为管道，引西湖水注入其中，景物酷似西湖。湖中栽种千叶白莲，是佛教中一种有福报的花，号称最尊贵的莲花。平日里，池中有小舟数十只，供应杂艺、嘌唱、鼓板以及蔬果，与西湖中并无二致。

大池旁叠石为山，仿照杭州飞来峰，极其工巧。大池西建有高楼，用苏轼"赖有高楼能聚远，一时收拾与闲人"的诗意，取名"聚远楼"。聚远楼是德寿宫最高的建筑，夏天登上高楼，飒然凉风吹拂，暑气尽退，号称"瑶台第一重"。香远堂是晚宴的地方，堂东有万岁桥，长六丈余，全部用四川的玉石筑成，"四畔雕镂栏槛，莹彻可爱。桥中心做四面亭，用新罗白罗木盖造，极为雅洁"①。

不仅如此，德寿宫还有专门游戏的地方，如球场、射厅，宋高宗经常在这里看踢球、射箭，以及抛彩球、蹴秋千、百戏。

宫中的吃喝用度，十分有排场。御榻、御屏、酒器、香奁、器用，全部是用水晶做的。宫内道路两旁的走廊里，仿效西湖景区，铺放珠翠、花朵、玩具、匹帛，及花篮、闹竿、市食等，像是市集，还能玩赌掷游戏。宫中还有御用乐队，女童五十人，教坊工二百人，"待月初上，箫韶齐举，缥缈相应，如在霄汉"②。

德寿宫在南宋末废弃，20世纪80年代后陆续考定出其旧址，2020年重修，2022年对外开放。现在从外表看，临街是一座白墙红廊、拾级而上的建筑，在车水马龙的街道旁格外显眼。

德寿宫的开销，最初一个月四万贯，一年便是四十八万贯，远高于给金国的岁币。这还只是宋高宗一个人的开支，并不包括宫内各类人的薪俸。宋孝宗朝宰相周必大记述，宋高宗死后，龙德宫开销减少了约七十万缗。③

宋高宗本人奢侈若此，臣子士民当然不遑多让了。

高官最热衷的就是建府第。由于大多南渡之人，府第皆仿效

---

① [宋]周密：《武林旧事》卷七，载《全宋笔记》第八编二，大象出版社，2017年，第104页。
② 同上。
③ 王曾瑜：《宋高宗传》，中国书籍出版社，2016年，第243页。

汴京样式，黄瓦朱门，门前有系马铜圈、石狮子，十分气派。建的府第多了，西湖之东几条街，华厦连云，杭州俨然太平大都会。为了接待外国使者，枢密院授意临安府建造一座外宾楼，位于西子湖畔，占地近百亩。尤具讽刺意味的是，外宾楼取名"太平楼"，大有忘记仇恨、化敌为友、乐不思蜀之意。

有了安乐窝，接下来便是温柔乡。宋高宗最信任的御用医生王继先，蓄有名妓刘荣奴，在外面专门建造一座府院供她居住，饮食起居赛过王侯。他的儿子王悦道也蓄妓名金盼盼，在刘荣奴宅的旁边盖了一处院子，父子比邻而居。两座宅子终日歌舞宴乐，有时就合并到一处，大伤风化，以致路人纷纷侧目。

官僚如此，子弟更不肖。据《鸿庆居士集》记载，临安有贵公子群，约数十人，皆锦衣方巾，风度翩翩。他们每人两匹马，一匹乘坐，一匹预备，每当夕阳西下的时候，驰骋于西湖湖滨及虎跑寺、天竺寺之间，可谓肥马轻裘，百姓苦之。他们赛马时，仆人到附近的茶肆酒楼纵酒狂饮，等主人返回，扬长而去，竟不结账。这数十人，有秦桧、吕颐浩的孙子，赵鼎的亲眷，刘光世、张俊、王德的子侄辈。

君臣虽然奢靡荒谬，但绍兴和议也为南宋带来了超过北宋汴京的繁华。

建炎南渡，不仅渡来了大批官员、士兵，许多士民、商贩为躲避战争，也来到临时首府临安。潮水般涌进的人群，使城市人口数量急剧增加，推动了城市商业、手工业的发展。同时，北人带来中原的经营风格、生活习惯，南北交融，进一步提升了临安的生活、文化品位。

临安仿效汴京，城市中心轴也是御街。御街两侧多住官员和富绅，这里是金银珠宝和高档奢侈品汇聚的地方，亦有煎白肠、羊鹅事件、糕、粥、粉羹这样的早餐点心，还有养生用品，各色物件，琳琅满目。其他如前后洋街、后市街等，"自大街及诸坊巷，大小铺席，连门俱是，即无虚空之屋"。即使夜里，"杭城大街，买卖昼夜不绝。夜交三四鼓，游人始稀；五更鼓钟鸣，卖早市场者又开店"。① 可谓夜以继日、没日没夜。

由于商业发达，有些临安市民一日三餐都不下厨，只要愿意花钱就能吃到美食，省时又省力。

文化娱乐与商业发展恰如一对姊妹，一荣俱荣，不可能此消彼长。南宋一年有大大小小七十多个节庆日，莫不以赏心乐事的娱乐为主线。民间舞蹈、杂耍、百戏这样的表演成群结队，绵延十数里。平日里艺人们追逐于闹市，称为"赶趁"。而茶肆酒楼更是娱乐的重要场所，有些设说话表演，有些设鼓乐吹弹，有些设歌伎舞女，花样百出，各逞其能。西湖上更是游乐的理想去处，西湖天下景，朝昏晴雨，四序总宜，娱乐活动无时不有，四季不断。

当然，更专业的场所是瓦市勾栏，临安盛时，城内有五个瓦市，城外更多。瓦市内专业的演出场所叫勾栏，最大的瓦市有勾栏达十三座。南宋时已经有杂剧、影戏、傀儡戏等，这些都在勾栏内演出。

---

① ［宋］吴自牧：《梦粱录》卷十七，载《全宋笔记》第八编五，大象出版社，2017年，第221、222页。

市井最能看出一个地方繁荣与否。南宋的临安，商业物品、娱乐形式虽然与汴京相近，但"自高宗皇帝驻跸于杭，而杭山水明秀，民物康阜，视京师其过十倍矣"[①]。这里的"京师"指汴京，意指临安的繁华早已超过了昔日的汴京。

一纸绍兴和议，以牺牲自尊为代价，完成了南宋建国，随之带来奢侈享乐，也带来物阜民丰。

功耶？过耶？

---

① ［宋］灌圃耐得翁：《都城纪胜》序，载《全宋笔记》第八编五，大象出版社，2017年，第5页。

大事记(1130—1142)

建炎四年(1130)

四月十二日,宋高宗从海上逃难回来,驻跸越州。

三月、四月,黄天荡之战。

四月下旬,吕颐浩罢去右相。

五月上旬,范宗尹守尚书右仆射。

五月下旬,用范宗尹建议,建立藩镇。

六月中旬,罢御营使,兵权重归枢密院,宰相兼知枢密院事;军制改革,御前五军改为神武军,御营五军改为神武副军,其将佐并属枢密院。

七月,"柔福帝姬"入宫,封福国长公主。

七月二十七日,金国册封刘豫为伪齐皇帝。

九月,富平之战。

十一月,为元祐党人吕公著等昭雪。

十一月,秦桧逃归越州行在。

绍兴元年（1131）

二月，秦桧拜参知政事。

二月，翰林学士汪藻上"驭将三说"，诸将皆愤，反驳"误国者皆文人"，自此文武二途，若冰炭之不相容。

五月至十月，和尚原之战。

五月，李成被张俊击败，降伪齐。

七月下旬，罢范宗尹相位。

八月二十三日，秦桧除右相。

九月，吕颐浩拜左相。

十月，赐死拥兵跋扈的鄂州守臣李允文。

十月，流寇范汝为占据建州。

十月二十六日，升越州为绍兴府。

十一月上旬，诏以会稽漕运不继，移跸临安，命营造宫室。

绍兴二年（1132）

正月，韩世忠平范汝为军，收建州。

正月初十至十四日，宋高宗从绍兴府移跸临安府。

二月，组建"御前忠锐军"。

三月，吕颐浩措置北伐，桑仲被部下杀害。

四月，吕颐浩都督江、淮、荆、浙诸军事，开府镇江。

四月，刘豫将伪齐都城从大名府迁到汴京。

闰四月，岳飞所部在贺州大破流寇曹成军。

五月，荣州团练使赵延寿叛乱，吕颐浩北伐流产。

五月，秦桧奏设修政局。

六月，蕲黄镇抚使孔彦舟叛降伪齐。

八月，通问使王伦被金国放还回南宋。

八月，秦桧罢右仆射。

九月，解散修政局。

九月，朱胜非除右仆射。

十二月，李横北伐，收复汝州。

绍兴三年（1133）

正月，权河南镇抚使翟琮及权知虢州董振收复西京洛阳；李横收复颍昌府。

二月，饶凤关之战。

三月，李横兵败牟陀冈。

六月，以韩肖胄为通问使、胡松年为通问副使，出访金国。

九月，罢免吕颐浩尚书左仆射。

九月，明确诸将领的地界和职责。

十月，伪齐将领李成占领襄阳等六郡。

十一月，韩肖胄、胡松年出使金国回朝，金国派使者李永寿、王翊回访。

绍兴四年（1134）

二月、三月，仙人关之战。

五月至八月，岳飞收复襄阳等六郡。

九月，金国起兵五万，助伪齐南侵。

九月,赵鼎除尚书右仆射。

十月,大仪镇之战。

十月下旬,宋高宗御驾亲征至平江府。

十二月下旬,金军退兵。

绍兴五年(1135)

正月二十五日,金太宗崩,金熙宗继位。

二月上旬,宋高宗从平江府回临安。

二月,赵鼎除尚书左仆射,张浚守右仆射。

二月至六月,岳飞平杨幺。

九月,赵鼎献《重修神宗实录》五十卷。

十二月,改神武军为行营护军。

绍兴六年(1136)

正月,《重修神宗实录》共二百卷完成。

二月,张浚命韩世忠围攻淮阳,完颜宗弼带金兵解围。

七月,刘光世收复寿春府。

八月,岳飞收复镇汝军、卢氏县、长水县等地。

九月初一,宋高宗驾幸建康,从张浚之请。

九月底,伪齐起三十万大军伐宋。

十月上中旬,藕塘关大捷。

十二月上旬,赵鼎罢相。

绍兴七年（1137）

正月下旬，南宋朝廷得知宋徽宗死讯。

二月，派王伦出使金国；罢黜刘光世兵权，军队移交都督府直管；宋高宗移跸建康。

三月，宋高宗许诺将淮西军交于岳飞统领，又改变主意，由都督府派参谋军事吕祉前去节制；岳飞自行解官服母丧。

七月，宋高宗三下诏，岳飞归于军中。

八月，淮西兵叛。

九月中旬，张浚罢相，赵鼎除尚书左仆射。

十一月，金人囚禁刘豫，伪齐灭亡。

十二月，出使金国的王伦还朝，表达了金国启动和谈的愿望。

绍兴八年（1138）

二月，宋高宗回銮临安。

四月，枢密副使王庶巡视沿江及两淮边防，继续收兵权。

五月，宋朝使臣王伦抵达金国京师，金熙宗许诺两国和议，归还宋徽宗梓宫、韦太后、渊圣皇帝及伪齐土地于南宋。

六月，金国使者抵达临安，南宋内部战、和争论激烈。

七月，王伦第四次出使金国。

十月，赵鼎罢相，秦桧独相。

十二月，秦桧代表宋高宗接受金国国书，宋、金第一次和议。

绍兴九年（1139）

正月，派王伦再次出使金国。

三月，东京留守王伦与金人交接河南地界。

五月，派判大宗正事赵士㒟到永安谒祭诸皇陵。

七月，金国发生政变，主张和议的完颜宗磐伏诛，完颜昌下狱，主战派完颜宗弼得势。

绍兴十年（1140）

五月，完颜宗弼四路大军南侵，夺回割让给南宋的土地。

五月、六月，顺昌之战，刘锜大胜完颜宗弼。

六月一日，南宋对金宣战。

七月上旬，郾城之战。

七月中旬，岳飞班师。

绍兴十一年（1141）

正月，完颜宗弼攻取庐州。

二月，柘皋之战。

三月，濠州之战。

四月，收兵权，任命张俊、韩世忠为枢密使，岳飞为枢密副使。

八月上旬，罢免岳飞枢密副使职务。

十月十三日，将岳飞下狱。

十二月二十九日，赐死岳飞。

绍兴十二年（1142）

二月，南宋向金国递交盟书。

三月二十三日，金国正式承认南宋为藩属，册封赵构为帝。

八月，迎还韦太后及宋徽宗梓宫。

九月，大赦天下，称颂"宗社再安"。

参考文献

一、古籍

［宋］张舜民：《画墁集》，载《知不足斋丛书》，清代影印本。

［宋］吴曾：《能改斋漫录》，载《守山阁丛书》，清代影印本。

［宋］周必大：《周益国文忠公集》一百七十二《杂著述》卷十《思陵录》，清道光二十八年（1848）刻本。

［宋］司马光：《司马文正公传家集》，哈佛燕京图书馆影印本。

［宋］楼钥：《攻媿集》，载《钦定四库全书·集部四·别集类》，影印古籍。

［宋］薛季宣编撰：《浪语集》，载《钦定四库全书·集部四·别集类》，影印古籍。

［宋］佚名：《两朝纲目备要》，载《钦定四库全书·史部二·编年类》，影印古籍。

［宋］张守：《毗陵集》，载《钦定四库全书·集部四·别集类》，影印古籍。

［宋］汪藻:《浮溪集》，文渊阁四库全书影印本。

［宋］李心传:《建炎以来系年要录》，商务印书馆，1936年。

［清］毕沅编著:《续资治通鉴》，中华书局，1957年。

［明］杨慎:《南诏野史》，成文出版社，1968年。

［唐］房玄龄等:《晋书》，中华书局，1974年。

［元］脱脱等:《金史》，中州古籍出版社，1998年。

［宋］程颢、程颐:《二程集》，中华书局，1981年。

［唐］李吉甫:《元和郡县图志》，贺次君校，中华书局，1983年。

［宋］朱熹:《四书章句集注》，中华书局，1983年。

［唐］温大雅:《大唐创业起居注》，上海古籍出版社，1983年。

［宋］庄绰:《鸡肋编》，中华书局，1983年。

［宋］黎靖德编:《朱子语类》，中华书局，1986年。

［宋］熊克:《中兴小纪》，顾吉辰、郭群一点校，福建人民出版社，1985年。

［宋］李焘:《续资治通鉴长编》，中华书局，1986年。

［元］马端临:《文献通考》，中华书局，1986年。

［清］黄宗羲:《宋元学案》，陈金生、梁连华校，中华书局，1986年。

［汉］司马迁:《史记》，中州古籍出版社，1986年。

［宋］周紫芝:《太仓稊米集诗笺释》，台北商务印书馆文渊阁《四库全书》影印本，1986年。

中华书局编辑部编:《宋元方志丛刊（第七册）·嘉泰会稽志》，中华书局，1990年。

［宋］胡寅:《斐然集》，中华书局，1993年。

［晋］陈寿:《三国志》,中州古籍出版社,1996年。

［元］脱脱等:《宋史》,中州古籍出版社,1998年。

福建省姓氏源流研究会游氏分会、闽台文化交流协会南平分会编:《宋·游酢文集》,延边大学出版社,1998年。

［宋］李心传:《建炎以来朝野杂记》,徐规点校,中华书局,2000年。

［宋］李纲:《李纲全集》,王瑞明点校,岳麓书社,2004年。

［清］黄以周等辑注:《续资治通鉴长编拾补》,顾吉辰点校,中华书局,2004年。

［清］顾祖禹:《读史方舆纪要》,中华书局,2005年。

［战国］孟轲:《孟子》,哈尔滨出版社,2007年。

［宋］朱弁:《曲洧旧闻》,载《全宋笔记》第三编七,大象出版社,2008年。

［宋］黄冀之:《南烬纪闻录》,载《全宋笔记》第四编四,大象出版社,2008年。

［宋］佚名:《建炎维扬遗录》,载《全宋笔记》第四编八,大象出版社,2008年。

［宋］王铚:《默记》,载《全宋笔记》第四编三,大象出版社,2008年。

［宋］沈作喆:《寓简》,载《全宋笔记》第四编五,大象出版社,2008年。

［明］郎瑛:《七修类稿》,上海书店出版社,2009年。

［明］李日华:《六研斋笔记》,郁震宏、李保阳点校,凤凰出版社,2010年。

［宋］确庵、耐庵编:《靖康稗史笺证》,中华书局,2010年。

［唐］吴兢:《贞观政要》,骈宇骞译注,中华书局,2011年。

［宋］胡寅:《读史管见》,刘依平校点,岳麓书社,2011年。

［宋］孟元老:《东京梦华录》,载《全宋笔记》第五编一,大象出版社,2012年。

［宋］陆游:《老学庵笔记》,载《全宋笔记》第五编八,大象出版社,2012年。

［春秋］孔子:《论语》,上海大学出版社,2012年。

王智勇、王蓉贵主编:《宋代诏令全集》,四川大学出版社,2012年。

［宋］沈括:《补笔谈》,载《全宋笔记》第二编三,大象出版社,2013年。

［宋］叶绍翁:《四朝闻见录》,载《全宋笔记》第六编九,大象出版社,2013年。

［宋］司马光编:《资治通鉴(精装典藏本)》,［元］胡三省音注,中华书局,2013年。

［清］徐松编:《宋会要辑稿》,刘琳等校点,上海古籍出版社,2014年。

［宋］佚名:《朝野遗记》,载《全宋笔记》第七编二,大象出版社,2015年。

［宋］陆游:《渭南文集校注》,马亚中、涂小马校注,浙江古籍出版社,2015年。

《宋史全文》,汪圣铎点校,中华书局,2016年。

［宋］田况:《儒林公议》,载《全宋笔记》第一编五,大象出

版社，2017年。

［宋］王巩：《闻见近录》，载《全宋笔记》第二编六，大象出版社，2017年。

［宋］叶梦得：《石林燕语》，载《全宋笔记》第二编十，大象出版社，2017年。

［宋］周密：《武林旧事》，载《全宋笔记》第八编二，大象出版社，2017年。

［宋］罗大经：《鹤林玉露》，载《全宋笔记》第八编三，大象出版社，2017年。

［宋］吴自牧：《梦粱录》，载《全宋笔记》第八编五，大象出版社，2017年。

［宋］朱胜非：《秀水闲居录》，载《全宋笔记》第九编一，大象出版社，2018年。

［宋］郭彖：《睽车志》，载《全宋笔记》第九编二，大象出版社，2018年。

［宋］佚名：《中兴两朝编年纲目》，燕永成点校，凤凰出版社，2018年。

［宋］徐梦莘：《三朝北盟会编》，上海古籍出版社，2019年。

［宋］岳珂编：《鄂国金佗稡编续编译注》，熊曦等译注，郑州大学出版社，2022年。

二、近著

吕思勉：《吕著中国通史》，华东师范大学出版社，1992年。

［法］谢和耐：《中国社会史》，耿昇译，江苏人民出版社，

1995年。

龚延明：《岳飞评传》，南京大学出版社，2001年。

邓广铭：《岳飞传》，生活·读书·新知三联书店，2007年。

王曾瑜：《尽忠报国：岳飞新传》，河北人民出版社，2007年。

韩酉山：《秦桧研究》，人民出版社，2008年。

杨联陞：《东汉的豪族》，商务印书馆，2011年。

［美］巴菲尔德：《危险的边疆：游牧帝国与中国》，袁剑译，江苏人民出版社，2011年。

［美］刘子健：《中国转向内在》，赵冬梅译，江苏人民出版社，2012年。

周啸天主编：《诗经楚辞鉴赏辞典》，商务印书馆，2012年。

何兹全、张国安：《魏晋南北朝史》，人民出版社，2013年。

郭建龙：《中央帝国的哲学密码》，鹭江出版社，2018年。

虞云国：《南宋行暮：宋光宗宋宁宗时代》，上海人民出版社，2018年。

虞云国：《南渡君臣：宋高宗及其时代》，上海人民出版社，2019年。

［日］寺地遵：《南宋初期政治史研究》，刘静贞、李今芸译，复旦大学出版社，2020年。

何俊：《南宋儒学建构》，上海人民出版社，2021年。

郭瑞祥：《大宋文官：变法视角下的宋朝士大夫观察》，现代出版社，2021年。

郭瑞祥：《宋徽宗：皇帝、艺术家、俘囚》，万卷出版公司，2023年。

三、论文

徐规:《朱仙镇之役与岳飞班师考辨》,载《杭州大学学报(哲学社会科学版)》1978年第1期。

王曾瑜:《秦桧事迹述评》,载《江西社会科学》1981年第4期。

周宝珠:《关于宋金黄天荡之战的几个史实问题》,载《史学月刊》1981年第5期。

林正秋:《杭州南宋皇宫探索——兼补订〈宋史·地理志〉》,载《中国地方志》1982年第1期。

汤开键;《试论南宋的营田》,载《兰州大学学报(社会科学版)》1982年第1期。

王仿生、王嘉勋:《金牌系属何物?》,载《西南师范大学学报(人文社会科学版)》1983年第1期。

朱崇业:《南宋政府的收兵权与对金议和》,载《江苏师范大学学报(哲学社会科学版)》1987年第1期。

聂乐和:《南宋建炎年间的兵变》,载《湘潭师范学院学报(社会科学版)》1991年第1期。

任崇岳:《南宋初年的经济与政治形势——绍兴和议研究之二》,载《郑州大学学报(哲学社会科学版)》1993年第1期。

华山:《南宋初的范汝为起义》,载《文史哲》1955年第4期。

高纪春:《宋高宗朝初年的王安石批判与洛学之兴》,载《中州学刊》1996年第1期。

陈志刚、王新锁:《略论赵鼎》,载《淮北师范大学学报(哲学社会科学版)》1998年第1期。

何忠礼:《略论南宋初年平定游寇的斗争》,载《浙江大学学报(人文社会科学版)》1999年第4期。

任仲书:《试论南宋初年高宗对金退避妥协的原因》,载《河南大学学报(社会科学版)》2001年第2期。

陈志刚:《南宋初年的党争及其影响》,载《淮北煤炭师院学报(哲学社会科学版)》2003年第1期。

李贵录:《为王伦辩诬》,载《山东师范大学学报(人文社会科学版)》2003年第3期。

杨峰:《南宋初年宋金"和""战"新探》,载《贵州文史丛刊》2003年第4期。

周祝伟:《7—10世纪钱塘江下游地区开发研究》,浙江大学博士学位论文,2004年。

李华瑞:《朱胜非与南宋初期和战》,载《文史》2004年第1期。

刘志华:《论宋代宰相制度的演变及其实质》,载《甘肃行政学院学报》2004年第2期。

张筱兑:《论南宋建炎中兴及江南民生》,载《大连民族学院学报》2004年第2期。

张劲:《南宋临安商业述论》,载《江苏商论》2004年第3期。

刘云军:《吕颐浩与南宋初年政治探研》,河北大学硕士学位论文,2005年。

郑永晓:《南宋诗坛四大家与江西诗派之关系》,载《南都学坛》2005年第1期。

陈志刚:《宋廷士大夫与绍兴八年和议——兼论南宋初年宋金和议的必然性》,载《淮北煤炭师范学院学报(哲学社会科学版)》

2005年第2期。

姚海英：《略论南宋临安的市民生活文化》，载《许昌学院学报》2005年第3期。

李坚、宋三平：《试论南宋高宗初年赣闽粤交界地区的动乱》，载《南昌大学学报（人文社会科学版）》2005年第6期。

宋志红：《论南宋初年韩世忠罢兵权》，载《青海社会科学》2006年第3期。

郑玲、钱建状：《秦桧与绍兴文坛的谀颂之风》，载《集美大学学报（哲学社会科学版）》2006年第3期。

王曾瑜：《宋朝卖官述略》，载《史学集刊》2006年第4期。

余礼所：《宋南渡词人康与之与秦桧关系考论》，载《河南广播电视大学学报》2008年第2期。

张清宏：《南宋临安的娱乐活动》，载《华夏文化》2008年第3期。

林正秋：《南宋定都杭州的经过与原因》，载《杭州：生活品质》2008年第3期。

徐吉军：《论中原文化对南宋都城临安的重大影响》，载《浙江社会科学》2008年第9期。

王鸿生：《中国传统政治的王道和霸道》，载《武汉大学学报（哲学社会科学版）》2009年第1期。

谌旭彬：《岳飞之死：南宋王朝的畸形成人礼》，载《传奇故事（百家讲坛中旬）》2009年第4期。

王瑞来：《宋代权相第一人（上）——君臣关系个案研究之五：丁谓论》，载《河南大学学报（社会科学版）》2009年第4期。

王瑞来:《宋代权相第一人(下)——君臣关系个案研究之五:丁谓论》,载《河南大学学报(社会科学版)》2009年第5期。

刘云、刁培俊:《宋代户帖制度的变迁》,载《江西师范大学学报(哲学社会科学版)》2009年第6期。

刘袖瑕:《略论唐初对突厥的政策》,载《咸宁学院学报》2010年第2期。

申小红:《试论南宋定都临安》,载《船山学刊》2011年第2期。

王建生:《南宋初"最爱元祐"语境下的文化重建》,载《中州学刊》2011年第3期。

黄海涛:《中国古代民族主义发展述论》,载《铜仁职业技术学院学报》2011年第6期。

董春林:《宋高宗南渡后的政治取向——基于建炎年间几起冤案的分析》,载《北方论丛》2012年第1期。

方彦寿:《"程门立雪"的文献考察》,载《合肥学院学报(社会科学版)》2012第1期。

杨燕:《"白登之围"与汉匈合约》,载《经济与社会发展》2012年第4期。

陶萍萍:《张浚与南宋初期政治军事演变关系研究》,上海师范大学,2014年。

胡文宁:《伪齐政权研究》,西北大学博士学位论文,2014年。

汤文博、葛金芳:《"榷货盐钱以赡军费"——南宋初期(1127—1141)江淮地区驻军军费考》,载《盐业史研究》2014年第1期。

曾祥波:《南宋初年的建都之议及其影响》,载《国学学刊》

2014 年第 1 期。

王路平：《北宋末年至南宋初年阵法及其影响》，载《长安大学学报（社会科学版）》2015 年第 2 期。

金容完：《关于南宋初期范汝为变乱的考察》，载《宋史研究论丛》2015 年第 2 期。

李正中、李景盛：《宋代宰相制度的变化》，载《合肥师范学院学报》2015 年第 5 期。

王斌：《宋朝农民起义新探》，载《和田师范专科学校学报》2015 年第 6 期。

窦若旸：《浅谈南宋初年宋金财政形势》，载《青年时代》2015 年第 22 期。

刘未：《南宋德寿宫址考》，载《浙江学刊》2016 年第 3 期。

李征鸿：《试论"秦桧归国"问题》，载《红河学院学报》2017 年第 4 期。

万川：《从证据制度的角度看岳飞冤案》，载《兰台世界》2017 年第 8 期。

赵耀文：《南宋初期军事统领体制探研——以"家军"运行体制为中心》，上海师范大学，2018 年。

杨立：《徐俯与江西诗派》，重庆师范大学硕士学位论文，2018 年。

裘博元：《南宋初年财政秩序的重构——以月桩钱为线索》，西北大学硕士学位论文，2018 年。

龚延明：《南宋行在所临安府研究》，载《中原文化研究》2018 年第 3 期。

牛文翰：《中晚唐门阀世族研究》，河南科技大学硕士学位论文，2019年。

梁桂元：《李光仕宦交游研究》，河北大学硕士学位论文，2019年。

陈希丰：《南宋初年"建都论"中的京湖之议——兼论建炎三年驻跸地之争》，载《暨南史学》2019年第1期。

张童心、李威乐：《南宋定都临安城原因探析》，载《甘肃广播电视大学学报》2019年第4期。

藕蕾：《南宋初年"赵鼎集团"研究》，河南大学硕士学位论文，2020年。

张晓航：《杨存中与南宋初期军政研究》，西北师范大学硕士学位论文，2020年。

姚永辉：《高宗绍兴视学礼与南宋初期的政治》，载《中国经学》2020年第2期。

靳玮鑫：《赵鼎与南宋政权的确立（1127—1138）》，杭州师范大学硕士学位论文，2021年。

闻轩轩：《"绍祖宗垂创之基"——艺祖情结与南宋初期政治》，载《宋史研究论丛》2021年第1期。

高建新：《大唐长安与"丝绸之路"上的多民族交往、交流与交融——以唐诗为考察中心》，载《西北民族大学学报（哲学社会科学版）》2021年第5期。

殷健：《评述建炎年间的黄天荡之战》，载《科教文汇（中旬刊）》2021年第14期。

王泽青：《张浚与岳飞关系再论——兼谈南宋初年的文武矛

盾》，载《洛阳理工学院学报（社会科学版）》2022年第1期。

诸葛忆兵：《论宋高宗朝科举制度之演变》，载《华南师范大学学报（社会科学版）》2022年第2期。

何志标：《魏晋南北朝时期长江流域的水战与造船》，载《北部湾大学学报》2022年第5期。

杨军、武智慧：《唐代和亲与天下一家》，载《赤峰学院学报（汉文哲学社会科学版）》2022年第11期。

彭民权：《南宋初期诏令与文风的演变》，载《山东师范大学学报（社会科学版）》2023年第1期。

穆琛：《宋高宗初期的驻跸之争与迁还中原的中兴目标》，载《烟台大学学报（哲学社会科学版）》2023年第1期。

冯敏：《隋唐时期中华民族多元一体格局的新发展》，载《怀化学院学报》2023年第1期。

题 献

书稿创作后期，眼睛不适，给我带来困扰。我家叫咕噜的猫咪常卧于案头，日夜陪伴着我，给予我极大的精神慰藉。书稿完成后，我到成都治疗眼睛，咕噜却因猫传腹，经历痛苦挣扎后告别了世间。咕噜很乖，或熟睡于书卷之上，或用滴溜溜的双眼凝视着我，充满孩童般的天真。李清照与赵明诚有"赌书泼茶"的故事，纳兰性德以此回忆亡妻："赌书消得泼茶香，当时只道是寻常。"

夫妻间的陪伴若此，人与宠物何尝不是！

失去了倍觉可贵。请允许我以本书纪念可爱的毛孩子——咕噜。